전기차 배터리 순환경제

전기차 배터리 순환경제

김연규 · 노태우 · 안상욱 · 서창배 · 강유덕 · 김주희 · 김현정 · 최정현 지음

Electric Vehicle
Battery
Circular Economy

한울
아카데미

차례

서문

글로벌 전기차 배터리 공급망(Global EV Battery Supply Chain)이 급변하고 있다. 전기자동차를 최종 제품으로 하는 공급망인 전기차 글로벌 공급망은 배터리 부품 제조가 공급망의 가장 중요한 단계이기 때문에 전기차 배터리 공급망이라고도 할 수 있으며 전 세계에 걸쳐 많은 국가들이 단계별로 개입되어 있기 때문에 복잡한 공급망이라 할 수 있다.

미국 인플레이션 감축법(IRA)에서 적절히 분석하고 있듯이 전기차 배터리 공급망은 크게 핵심광물(critical minerals)과 구성물질(constituent materials)에 관한 단계, 배터리 부품(battery components) 단계, 셀 제조와 팩 조립 단계, 전기차 생산 단계, 사용 후 배터리 재활용 단계로 나뉜다.

글로벌 전기차 배터리 공급망 차원에서 미국, 유럽, 일본, 한국이 가장 강점을 드러내고 부가가치를 많이 창출할 수 있는 부분은 전기차 생산일 것이다. 그러나 최근 전기차 생산과 수출에서도 중국의 추격이 거세지고 있다. 중국은 내연차와 전기차를 합친 전체 자동차 수출 면에서 2022년에는 독일을 추월했으며 2023년에는 일본까지 제치고 세계 자동차 수출 1위 국가가 되었다.

배터리 셀 제조사는 중국 4곳, 한국 3곳, 일본 3곳이 세계 시장의 90%를 차지하고 있다. 배터리 기술과 생산 능력에서는 미국과 유럽연합(EU)이 크게 뒤처져 있다. 미국 테슬라와 유럽 전기차 업체들은 배터리 공급망의 마지막 단계인 배터리팩 조립에만 집중하고 있는 반면, 배터리 원료 채굴, 가공, 소재화, 배터리셀 제조는 주로 한국, 중국에서 이뤄지고 있다.

배터리 셀 제조 공장은 미국과 유럽이 비교적 빠른 속도로 중국을 따라갈 수 있을 것이다. 전기차 배터리 전주기에 가장 큰 영향을 미치는 가장 중요한 요인은 핵심광물과 구성물질의 확보 및 가공이다.

전기차 배터리 밸류체인에서 가장 빠르게 성장하는 부문이 배터리 재사용·재활용 산업이다. 환경부에 따르면 세계 2차전지 시장은 2020년 524억 달러에서 2030년 3,976억 달러 규모로 성장하리라 추정된다. 이 중 전기차 비율이 83% 정도다. 향후 폐배터리가 엄청난 규모로 쏟아져 나올 수밖에 없다. 한국도 전기차 보급이 2019년 3만 5천 대에서 2022년 12만 대로 4배 가까이 늘었다. 2025년에는 113만 대까지 증가할 것이다.

환경부는 최근 폐배터리를 '폐기물'이 아닌 '순환자원'으로 간주하여 폐기물 관련 규제를 전면적으로 푼다고 밝혔다. 전기차 시장이 커지면서 배터리 제조에 들어가는 핵심광물 확보가 갈수록 중요해지고 있는 반면 한국에서는 배터리 재료인 핵심광물이 나오지 않는다. 중국은 핵심광물에 대한 수출을 점차 옥죄고 있다. 한국 정부는 폐배터리 재활용을 늘려 핵심광물을 확보하는 '배터리 순환 시스템'을 구축하려고 한다.

글로벌 전기차 배터리 공급망은 핵심광물 채굴―가공 소재화―배터리 부품 제조―전기차 생산―사용 후 배터리 재활용으로 이어지는 거대한 첨단산업 체인이자 국가산업의 경쟁 무대이다. 공급망 구축 경쟁이 본격적으로 시작된 가운데 시장 규모가 기하급수적으로 확대되고 있고 국가

마다 공급망 전주기에 대한 장악력을 강화하기 위해 국가 능력을 총동원하고 있다.

　이 책의 목적은 세계 주요 국가들의 사용 후 배터리 재활용 정책을 둘러싼 움직임과 기술 현황을 파악해서 한국의 배터리 순환 시스템을 구축하기 위한 시사점을 도출하는 데 이바지하는 것이다.

2023년 12월 22일

한양대학교 에너지환경연구원 원장 김연규

전기차 배터리 순환경제 현황과 전망

김연규 한양대학교 국제학대학원 및 에너지환경연구원 원장
한양대학교 국제학부 및 일반대학원 글로벌 기후환경학과 교수

탄소중립을 위한 전 세계적인 노력은 전기차 시장의 성장으로 연결되고 있다. 각국 정부는 수송 분야의 온실가스를 저감하기 위해 전기차 보급 확대를 위한 보조금 지급 및 내연기관차 판매금지계획 발표 등을 지속적으로 추진하고 있다. 이에 따라 각국의 전기차 보급이 예상보다 빨라지는 가운데, 효용 만료나 폐기 등을 통해 발생하는 폐배터리의 배출 또한 급증할 것으로 전망된다. 전기차 배터리의 성능 보증기간은 통상 5~10년으로 한국도 2011년 본격적인 전기차 양산을 시작한 지 10년이 지나면서 폐배터리 회수·처리에 대한 고민이 시작되고 있다.

전기차 배터리의 기능적인 수명은 충전 능력이 80% 이하가 되는 시점으로 사용자의 충전 습관이나 주행 환경 등에 따라 사용 후 배터리 발생 시기는 달라질 수 있다. 순간적으로 고출력을 내야 하는 자동차의 특성상

배터리 충전 능력이 80% 이하로 떨어지면 운행 시 위험을 초래할 가능성이 높아지며, 주행거리 감소나 충전속도 저하, 급속 방전 등의 문제가 발생하므로 교체가 불가피하다.

　폐배터리를 처리하기 위해 단순히 매립하거나 소각하는 행위는 심각한 환경오염을 일으킬 수 있다. 또한 리튬·코발트 등 배터리 소재 수요는 폭증하는 반면 채굴량은 한정되어 있어 핵심소재를 둘러싼 지정학적 리스크가 팽배한 실정이다. 따라서 폐배터리 처리에 있어 환경적인 측면과 경제적인 측면을 모두 고려한 폐배터리 재활용·재사용 산업이 주목받고 있다.

1. 순환경제: 분석의 틀

　자원순환과 순환경제, 물질, 폐기물 관리(Materials & Waste Management)에 대한 국제적 논의가 본격적으로 등장한 시기는 2000년대 초로 거슬러 올라간다. 글로벌 공급망 위기로 자원안보에 대한 우려가 높아지면서 최근 세계 경제 패러다임은 제품 생산과정에 투입된 자원을 제품 수명이 다하면 함께 폐기하는 선형경제 구조에서 자원의 재사용·순환 등 자원과 에너지 투입을 최소화하는 새로운 경제모델인 순환경제 구조로 전환되고 있다.

　현재까지는 탄소감축과 탄소중립은 재생에너지 전환과 에너지 효율성 향상 두 가지 방식에 실현되는 것으로 인식되어 왔으나 기후변화 대응 차원에서 사각지대로 남아 있는 영역이 '산업과 농업식품 부문의 탄소배출'이다. '감축이 어려운 부문(harder-to-abate sectors)'으로 알려진 이 산업배출 영역은 전체 글로벌 탄소배출의 45%를 차지한다. 화석연료 등 에너지 사용으로 인한 배출은 55%에 불과하다. 시멘트, 철강, 알루미늄, 플라스틱, 식품 등 주로 생산공정에서 물과 금속 등 물질을 사용하여 제품을 만드는 부문으로서, 이러한 산업배출 감축 수단이 지금까지는 주로 공급 측면에만 치중되었으나 최근에는 수요 측면, 즉, 생산에 투입되는 물질 사용의 감축과 재사용 등 순환경제를 통한 감축과 물질 관리에 커다란 관심이 모아지고 있다.

물질 순환은 탄소감축을 가져올 뿐 아니라 생산과정의 에너지 사용도 감축시킴으로써, 순환경제 방식을 통해 2050년까지 산업부문 탄소배출의 56% 감축이 가능하다. 이러한 감축 규모는 2050년까지 9.3Gt CO2e 정도에 해당하며 모든 운송부문의 전체 탄소감축량과 동일한 규모이다. 이를 위해서는 2050년까지 철강 75%, 알루미늄 50%, 플라스틱 56%가 재자원화되어 생산과정에 재투입 순환되어야 한다.

현대의 생산 및 소비 방식은 여전히 선형경제에 기반하고 있다. 자원은 채굴, 처리, 사용되며 궁극적으로 대부분 폐기물로 버려진다. 많은 양의 처리되지 않은 폐기물이 여러 개발도상국에서 무단 투기되고 선진국에서도 매립, 소각된다. 오늘날 지구가 직면한 과제 중 하나는 폐기물 발생량을 줄이는 것이며 이로써 끝이 아니다. 폐기물 관리 목표를 순환경제 목표와 일치시켜야 한다.

순환경제 개념은 2012년 엘렌 맥아더(Ellen MacArthur) 재단이 환경 및 사회 지속가능성을 경제 개발에 통합하는 방안으로 순환경제를 제안하고 정부와 기업의 참여를 독려하는 일련의 보고서를 발표하면서 세상에 알려졌다. 순환경제가 무엇인지에 대한 관점은 다양하고 통일된 정의는 없으나, 이 연구는 엘렌 맥아더 재단이 제안한 정의를 출발점으로 삼는다 (Ellen MacArthur Foundation, 2019: 1~71).

순환경제는 "생태계의 탄력성, 물질 흐름의 순환적 사용 및 기술 혁신을 구현한 제품 수명의 연장을 고려하여 물질, 물과 에너지 사용의 효율성을 촉진하는 생산 및 소비 시스템, 행위자 간의 제휴 및 협력 그리고 지속가능한 발전에 기반한 새로운 비즈니스 모델을 창출하는 경제"이다(European Commission, 2020: 1~19).

바이오매스, 화석연료, 금속 및 광물과 같은 물질의 전 세계 소비는 향후 40년간 두 배 증가할 것으로 예상되지만, 연간 폐기물 발생량은 2050년까지 70% 증가할 것으로 예상된다. 전 세계적으로 폐기물 관리는 선진국에서는 어느 정도 효과가 나타나고 있는 반면 순환경제로의 전환은 아직 갈 길이 멀다(Preston, 2012).

서클 이코노미(Circle Economy)(Fraser, Haigh and Conde Soria, 2023)는 전세계 경제가 얼마나 순환적인지를 측정하는 서클 갭(Circular Gap) 보고서를 발행한다. 완벽한 순환경제는 자원이 낭비되지 않고 끝없이 재사용, 재활용되는 경제이다. 보고서에 따르면 세계 경제는 순환이행 정도는 8.6%이다. 이는 지구 자원의 91% 이상이 낭비되고 있음을 의미한다. 이러한 자원 낭비는 온실가스(GHG) 배출량에 상당한 영향을 미친다. GHG의 45%는 화석연료, 55%는 원자재 채굴 및 처리, 생산공정의 물질 사용과 관련이 있다. 생물다양성 손실과 물 문제의 90% 이상이 원자재 채굴 및 처리 과정에서 발생한다.

순환경제는 폐기물 발생, 플라스틱 오염, 기후변화, 생물다양성 손실 문제를 획기적으로 개선할 수 있는 21세기의 경제발전 이론이다. 순환경제와 관련해 많은 국가가 가장 고민하는 문제는 생활폐기물(household waste)과 산업폐기물(industrial waste), 특수폐기물(special waste)에 섞여 있는 플라스틱, 주요 핵심광물, 종이를 어떻게 고품질로 처리, 회수(waste treatment & recovery)해서 재자원화(valorization)하느냐이다.

지금까지의 폐기물 관리는 다양한 폐기물 종류 중 도시의 고체 폐기물 (MSW: Municipal Solid Waste)에 특별한 관심을 가져왔다. MSW는 가정과 기업에서 발생하는 폐기물이다. 지자체, 지방단체 및 민간 기업이 이 폐기물을 수거할 책임이 있다. MSW는 폐기물 분류상 가장 이질적이며 대부분이 음식물 쓰레기이다. MSW에는 수은이 포함된 폐기 배터리와 같은 유해 폐기물도 포함된다. 플라스틱, 종이, 목재, 유리, 직물, 고무, 가죽 및 금속은 전 세계 MSW의 공통 구성요소이다.

21세기 국가 경쟁력과 경제 생산성은 물질 생산성(material efficiency)에 대한 국가 역량이 결정할 것이다. 물질 생산성이 높은 국가는 폐기물 배출도 줄어들고 폐기물에서 재자원화한 물질과 자원을 재활용하는 비율이 광산에서 채굴하거나 해외에서 원자재로 수입하는 비율보다 높아질 것이다.

물질 생산성이 낮은 국가는 점점 늘어나는 폐기물 배출로 온실가스 배출과 토양·해양 환경오염의 심각한 문제를 겪는 동시에 자원과 물질은 대부분 해외 원자재 수입에 의존함으로써 자원안보와 공급망 위기에 취약하게 노출된다. 개발도상국들은 광물과 부존자원이 풍부해 광물 채굴과 수출에 의존하는 경제이기 때문에 선진 자원수입국들이 점점 물질 효율적이고 순환적 경제(a resource-efficient & circular economy)로 전환함에 따라 중장기적으로 자원수출 의존적 경제발전 모델은 큰 위기에 봉착하게 되어 있다.

폐기물 발생(waste generation)과 그 관리(waste management)는 국가와 지역에 따라 크게 다르다. 고체 폐기물(solid waste)의 양과 특성에 대한 이해는 지속가능한 관리를 위한 전제 조건이다. 폐기물은 발생원, 속성 및 지리적 위치에 따라 규정된다. 개발도상국들은 물질 생산성이 낮고 폐기물 관리에 심각한 문제가 있다. 유럽연합(EU)과 OECD 국가들, 그리고 한국은 물질 생산성과 폐기물 관리의 세계 선두 그룹이다. 유럽 국가들과 한국은 1990년대 환경오염과 온실가스 다배출 산업의 친환경적 관리 성과를 냈으며 2000년대와 2010년대 산업폐기물, 생활폐기물, 도시 고체폐기물 처리에 괄목할 만한 성과를 내어 일부 국가에서는 폐기물 배출의 80%가 줄어들었다(OECD, 2018). 2017년 기준 EU의 MSW 47%가 재활용(재자원화)되거나 퇴비화되었다.

순환경제 연구의 큰 개념적 전제는 순환경제는 폐기물 관리에서 출발한다는 점이다. 재자원화를 통해 얻은 2차물질을 생산공정에 원료로 재투입함으로써 생산부문에서 순환경제 전환이 이루어진다. 많은 국가가 단순 선형경제에 기반하고 있기 때문에 기본 산업에 투입되는 물질 대부분이 폐기물로 버려지고 있다.

선진국의 성공적인 폐기물 관리의 가장 중요한 비결은 폐기물 매립(landfilling)과 최종 폐기(final disposal)를 줄이고 재활용, 재자원화를 통해 생산공정에 2차물질로 다시 투입하는 것이다. 소비 측면에서는 다음과 같은 "R-행위(R-behavior)"를 장려한 결과이다(UNEP, 2023).

- Reduce(줄이기/줄이다)
- Refuse(거절하기/거절하다)
- Redesign(재디자인/재설계하다)
- Reuse(재사용하기/재사용하다)
- Repair(수리/수리하다)
- Refurbish(재정비/재정비하다)
- Remanufacturing(재제조)

- Repurpose(재목적화/재목적화하다)
- Recycling(재활용하기)

2. 폐배터리 순환경제: 현황과 전망

전기차 보급이 급증하고 있다. 2022년 1~12월 세계 각국에 차량 등록된 전기차 총 대수는 1,083만 대로 전년 대비 61.3% 상승했다. SNE리서치의 Tracker를 기반으로 예측한 Global Monthly EV & Battery Shipment Forecast에 따르면 2023년 전기차 인도량은 약 1,478만대 수준으로 전망되었다.

SNE리서치에 따르면 2015~2017년 1% 안팎에 불과했던 전기차 침투율(전체 차량 판매규모 대비 전기차 비중)은 지난해 13%를 기록했다. 전기차용 2차전지 수요는 2015년 28GWh에서 지난해 492GWh로 증가했다. SNE리서치는 2035년 한 해, 글로벌 신규 전기차 판매대수를 약 8천만 대로 예측했다. 침투율은 약 90%에 달할 전망이다. 이에 따라 전기차용 2차전지 수요도 2023년 687GWh에서 2035년 5.3TWh(테라와트시, 1TWh는 1천 GWh)로 성장할 것이다.

Mckinsey컨설팅은 최근 발표한 2030 글로벌 전기차 배터리 전망에서 2030년까지 배터리 공급 규모를 4.6TWh로 낙관적으로 제시했다.

McKinsey컨설팅 보고서의 가장 흥미로운 점은 2030년까지 전기차 배터리 산업의 업스트림에서 다운스트림까지의 총 부가가치 창출 규모를 4천억 달러로 전망하고 밸류체인별로 나누어 보고 있다는 것이다. 밸류체인 부문 가운데 가장 빠르게 성장하는 산업이 배터리 재사용·재활용 산업

그림 1-1 글로벌 전기차 보급 규모

글로벌 전기차 배터리 수요 및 공급 전망 (단위: GWh)

- ■ 수요
- ■ 공급

	2020	2021	2022	2023	2024	2025	2026	2027	2028	2029	2030
수요	197	330	542	790	1,088	1,438	1,744	2,165	2,661	3,262	4,028
공급	450	594	785	1,025	1,365	1,716	2,200	2,677	3,154	3,509	3,843

자료: SNE리서치.

그림 1-2 글로벌 전기차 배터리 수요 및 공급 전망

글로벌 EV(BEV+PHEV) 배송 동향(단위: K units)

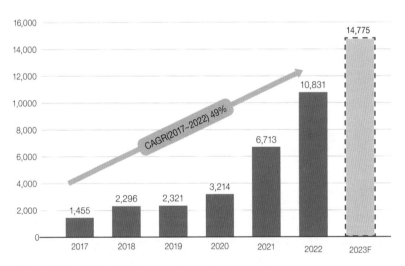

CAGR(2017~2022) 49%

2017	2018	2019	2020	2021	2022	2023F
1,455	2,296	2,321	3,214	6,713	10,831	14,775

자료: 머니투데이(2021.10.13).

그림 1-3 McKinsey 2030 글로벌 전기차 수요 전망

글로벌 리튬이온 배터리 수요(단위: GWh)

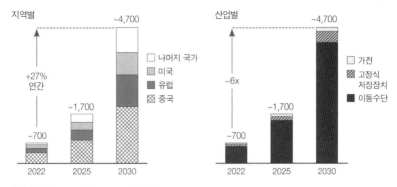

지역별

+27%
연간

~700
~1,700
~4,700

2022　2025　2030

□ 나머지 국가
▨ 미국
■ 유럽
⊠ 중국

산업별

~6x

~700
~1,700
~4,700

2022　2025　2030

□ 가전
▨ 고정식
저장장치
■ 이동수단

자료: McKinsey & Company(2023).

그림 1-4 McKinsey 2030 전기차 밸류체인별 전망

2030년 수익 (단위: 십억 달러)

~400

~5x

185

118

61
39

~85

2020　2030

	채굴	정제	활성 물질	셀	팩	재사용·재활용
총합	34(9%)	52(13%)	110(27%)	121(30%)	74(18%)	13(3%)
중국	15	22	54	53	34	6
유럽	10	15	31	37	22	3
미국	6	9	14	20	11	2
기타 국가	3	5	11	11	7	2

자료: McKinsey & Company(2023: 3).

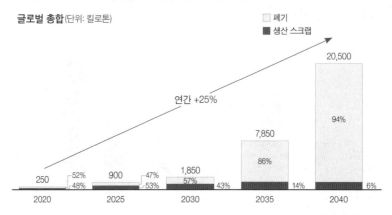

그림 1-5 McKinsey 2030 전기차 배터리 재활용 산업 전망

글로벌 총합(단위: 킬로톤)

☐ 폐기
■ 생산 스크랩

연간 +25%

	2020	2025	2030	2035	2040
총합	250	900	1,850	7,850	20,500
폐기	52%	47%	57%	86%	94%
생산 스크랩	48%	53%	43%	14%	6%

자료: McKinsey & Company(2023: 2).

이다. McKinsey 컨설팅은 2023년 3월 배터리 재활용 산업에 대한 새로운 보고서를 내놓았다.

현재 폐배터리는 배터리 생산과정에서 생기는 불량품이 폐배터리로 나오고 있지만 향후 전기차에서 폐배터리가 쏟아져 나올 것으로 예상된다. SNE리서치에 따르면 글로벌 전기차 폐배터리 재활용 시장 규모는 2020년 4천억 원에 불과했지만 2030년 21조 원, 2040년 87조 원까지 확대될 것으로 전망했다. 또한 2020년 14GWh였던 배터리 재활용 시장 규모가 2025년 배터리 수요의 9% 수준인 92GWh, 2030년 배터리 수요의 14%인 415GWh까지 연평균 40% 급성장할 것이라고 내다봤다. 이는 같은 기간 전 세계 전기차용 배터리 시장의 연평균 예상 성장률인 34%를 뛰어넘는 수치이다.

국내 전기차 폐배터리 배출량에 대해서는 여러 기관에서 다양한 전망을 제시하고 있으며 에너지경제연구원 자료에 따르면 2029년에 약 8만 개

그림 1-6 글로벌 전기차 폐배터리 발생량 전망

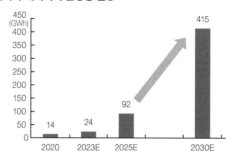

자료: 하이투자증권(2022).

표 1-1 국내 전기차 폐배터리 배출 추정치

연도	2021	2022	2023	2024	2025	2026	2027	2028	2029
개수(개)	440	1,099	2,355	4,831	8,321	17,426	29,508	51,500	78,981
중량(톤)	104	261	559	1,147	1,976	4,139	7,008	12,231	18,758
회수자원 가치 (백만 원)	1,109	2,769	5,935	12,174	20,969	43,914	74,360	129,780	199,032

자료: 에너지경제연구원(2018).

그림 1-7 폐배터리 재활용을 통한 자원 회수량 예상치 (단위: 톤)

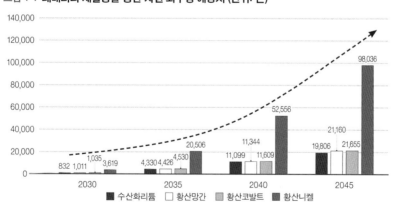

자료: 한국지질자원연구원(2023).

의 폐배터리가 발생할 것으로 전망된다. 국내 전기차 폐배터리에서 회수되는 자원의 잠재적 잔존가치는 2029년 약 2천억 원에 달할 것으로 예상된다.

한국지질자원연구원에 따르면 국내 전기차 보급 확대에 따라 폐배터리 재활용이 늘어날 2035년 이후에는 배터리 생산에 필요한 핵심원료의 자체 조달분이 급증하게 된다. 환경부의 '2030년 전기차 보급 목표'를 토대로 국내 전기차 보급량을 설정하고 추세선을 적용하여 폐배터리 발생량을 추정한 결과, 연간 재활용될 폐배터리는 2030년 1.8만 톤(4만 개), 2035년 9만 톤(18.4만 개), 2040년 22.5만 톤(40.6만 개)으로 나타났다.

구체적으로는 2045년에 수산화리튬(LiOH) 2만 톤, 황산망간(MnSO$_4$) 2.1만 톤, 황산코발트(CoSO$_4$) 2.2만 톤, 황산니켈(NiSO$_4$) 9.8만 톤가량을 전기차 폐배터리 재활용으로 회수할 수 있다는 전망이다. 이는 해당 원료의 2022년 수입량 대비 28%, 41배, 25배, 13배에 해당하는 수치이다.

2045년 폐배터리 재활용으로 회수 가능한 수산화리튬 2만 톤은 약 63만 개의 NCM811 배터리를 새로 만드는 데 필요한 양이라고 분석했다. 배터리 1개 용량을 2030년 이후 주로 보급될 것으로 예상되는 100kWh로 가정했을 때 63만 개의 용량은 63GWh로 국내 2차전지 생산능력인 32GWh의 2배에 달하는 수치이다. NCM622 모델로는 56만 개를 생산할 수 있다. 황산코발트를 기준으로는 NCM622 43만 개, NCM811 97만 개를 제조할 수 있다(NCM811이 NCM622보다 코발트 함량이 적어 더 많은 배터리를 제조할 수 있다).

전반적으로 글로벌 차원의 배터리 재활용을 통해 코발트, 리튬, 망간, 니켈의 총 연간 수요는 2030년 3%, 2040년 11%, 2050년 28% 감소할 수 있다. 리튬인산철(LFP)과 하이니켈 NMC 양극재로의 전환을 가정하면 코발트와 망간의 총 수요는 리튬과 니켈보다 느린 속도로 증가할 것이다. 따라서 재활용은 리튬 및 니켈보다 코발트 및 망간에 대한 미래 수요의 더 많은 부분을 충족시킬 수 있을 것이다. 재활용으로 인한 코발트와 망간 채굴의 연간 수요는 2030년 10%와 7%, 2040년 19%와 16%, 2050년 34% 와 31% 감소할 것이다. 리튬과 니켈의 수요는 2030년에 1%와 2%만 감소 할 것이다. 이러한 차이는 배터리 재활용에서 리튬을 회수하는 것이 코발 트, 망간 및 니켈을 회수하는 것보다 더 어렵기 때문이다.

2020~2040년 배터리 광물의 누적 수요는 리튬 1,100만~1,200만 톤, 니 켈 4,800만~5,500만 톤, 코발트 300만~400만 톤, 망간 500만~600만 톤이 될 것이다.

3. 폐배터리 재활용에 대한 경제성 평가

폐배터리 재활용에서 전 처리 단계의 고비용에 의해 배터리 종류와 금 속 가치에 따라 재활용 시 경제성이 미흡할 수 있으나 1차 재사용 후 2차 재활용을 통해 경제성 제고가 가능함을 확인했다. 현재까지 재사용 경제 성에 대한 평가 자료는 없으나 과도한 안전성 확보 비용, 규모의 경제 미 달성 등으로 경제성이 미흡하다고 일부 전문가들은 말한다.

재활용 비용을 살펴보면, 50kWh 배터리팩 기준으로 탈거·방전(3.2) 운 반(1.4), 해체(3.3) 재활용 전 처리(2.5), 후 처리(7.6) 등 18$/kWh가 소요된 다. 이때 재활용 전 처리는 블랙매스(Black Mass)를 만드는 과정을 뜻하며 이 비용에는 매입 및 진단평가 비용이 제외된다.

현재 사용 후 배터리 판매를 위해 한국환경공단은 사업 활성화를 목적

표 1-2 사용 후 배터리 매각 현황(일부)

차종	코나	아이오닉	SM3
등록연월	2020.7	2018.3	2014.4
용량(kWh)	64	28	26.6
SoH(%)	88.0	86.7	68.5
가격(천 원)	3,400	805	250
$/kWh	44.27	24.0	7.83

자료: 순환자원정보센터; KISTEP(2022).

표 1-3 연도별 배터리 내 금속 가치($/kWh)

구분	2020	2021	2022
NCM(Ni>80%)	21	23	40
NCM(80%>Ni>40%)	22	24	45
NCM(Ni<40%)	28	30	59
NCA	22	25	43
LFP	11	12	26

자료 : SNE리서치; KISTEP(2022).

그림 1-8 사용 후 배터리의 재사용·재활용 연계를 통한 경제성 확보

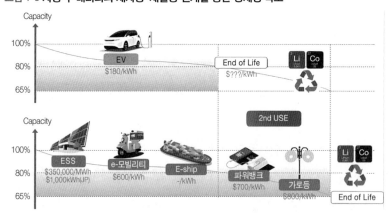

자료 : 한국전지산업협회.

으로 정책적으로 50% 수준의 할인 금액을 공고하고 있다.

유가금속으로 칭하는 리튬, 마그네슘, 인듐, 희토류는 배터리의 핵심소재인데 최근 중국 등 주요 수출국의 정책에 따라 공급량이 좌우되고 가치는 큰 폭으로 변동하고 있다. 2020년 말 대비 현재 리튬 가격은 616%, 니켈은 53%, 코발트는 130% 상승했다.

소량으로 제작되는 e-모빌리티, 가로등의 배터리 가격은 매우 고가인데 전기차 사용 후 배터리의 1차 재사용 후, 2차 재활용을 통해 추가로 부가가치를 창출할 수 있다.

4. 폐배터리 산업의 구조와 분류

폐배터리 산업은 사용이 종료된 전기차 배터리의 잔존가치를 평가하여 그 결과에 따라 재사용·재제조·재활용하는 산업이다. 폐배터리 산업의 밸류체인은 [배출] → [분리·보관] → [검사·평가] → [재사용·재제조·재활용]으로 구성된다.

[배출] 단계에서 전기차 소유주는 사용 종료로 폐차하거나 고장 수리 혹은 정비를 위해 업체에 맡겨 배터리를 배출한다. [분리·보관] 단계에서는 앞서 폐차·정비 업체에서 분리한 배터리를 보관하며, 반납 대상 배터리의 경우는 지자체에 반납한다. 반납 의무가 없는 배터리는 성능 검사·평가 이후 판매할 수 있다. [검사·평가] 단계에서는 폐차업체나 지자체에 보관된 배터리를 민관 검사기관에서 성능 검사·평가를 진행한다. 잔존수명을 나타내는 SoH(State of Health)를 기준으로 80% 이상은 재사용, 65~90%는 재제조, 65% 미만은 재활용 대상 배터리로 분류한다. [재사용·재제조·재

그림 1-9 **폐배터리 산업 밸류체인**

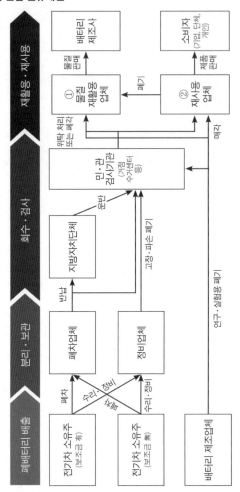

자료: 삼정KPMG(2022).

활용 단계에서는 산업별 공정에 따라 원료물질 및 제품으로 제조한다.

배터리 재사용은 잔존수명이 80% 이상인 배터리를 다시 교체용으로 전기차에 사용하거나 배터리팩 그대로 ESS에 적용하는 것이다. 신차의 교통사고로 배터리 상태가 초기 성능과 동일하거나 양호한 운행 조건에서

그림 1-10 배터리 재사용·재제조·재활용

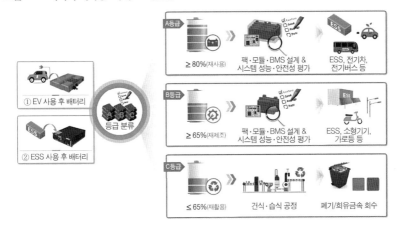

자료: 한국전지산업협회.

보증 기간이 만료된 전기차 배터리를 대상으로 한다. 배터리팩 자체를 그대로 활용하기 때문에 해체, 재조립 공정이 불필요하므로 추가로 비용이 발생하지 않는다.

배터리 재제조는 잔존수명이 65~80%인 배터리팩을 모듈 단위로 성능 및 안전성 평가를 실시한 후 모듈 수준에서 재구성하여 새로운 배터리 관리 시스템(BMS: Battery Management System)과 연결해 다른 제품에 적용하는 것이다. 배터리의 기능적인 면을 필요로 하는 다양한 제품에 적용할 수 있고 제조 원가를 절감할 수 있는 것이 장점이다. 보통 ESS, 캠핑용 전원 장치, 전동 휠체어, 전기 이륜차, 소형 카트, 태양광 가로등에 활용된다.

배터리 재활용은 재사용이나 재제조가 불가능한 잔존수명 65% 이하 배터리를 폐기물로 처리하기 전에 배터리에 함유된 희귀금속을 추출하는 것이다. 재활용 과정은 배터리의 폭발 위험을 제거한 후 파쇄와 분쇄, 선별 공정을 고쳐 습식 또는 건식+습식 방식으로 금속(코발트(Co), 니켈(Ni),

구리(Cu), 망간(Mn), 리튬(Li))을 회수한다.

폐배터리 재활용 공정은 크게 습식, 건식으로 나뉜다. 글로벌 기업인 GEM, Huayou Cobalt, BRUNP, Umicore은 습식업체이다. 각 공정마다 장단점이 있지만 최근 리튬가격 급등, 이산화탄소 규제 강화, 에너지 가격 상승 이슈가 부각되고 있어 향후 습식 공정을 채택하는 업체가 더 주목받을 것으로 예상된다.

습식 공정은 광석, 폐기물 등을 물, 수용액 유기용매와 반응시켜 금속을 얻는다. 장점은 연소 과정이 불필요하며 이산화탄소 배출이 없다는 점과 건식 공정에서 회수하기 어려운 리튬과 망간을 추출할 수 있다는 점이다. 다만 저온에서 수행하기 때문에 공정에 요구되는 시간이 길고 대량 처리가 어렵다.

건식 공정은 열을 이용하여 금속을 녹이는 기술이다. 대량 처리가 가능하여 많은 업체가 채택 중이지만 이산화탄소 배출이 불가피하고, 용융로 설비가 필요해 초기 투자비용이 많이 든다는 단점이 있다.

배터리를 재활용할 경우, 천연광물 상태에서 채굴하는 것보다 정제 비

표 1-4 폐배터리 재활용 공정 방식 구분

구분		습식	건식
전 처리		팩 해체 파쇄·분쇄를 통해 Black Powder 생산	팩 해체 후 용융로에 투입
제련	공정	Black Powder+약품 → 금속 용액+물+산소	배터리팩+산소, 흑연 → 금속 합금+CO_2+Slag
	중간 산물	금속 용액	금속 합금
	장점	• 건식 공정에서 회수가 힘든 망간, 리튬 추출 가능	• 대량처리 가능
	단점	• 긴 공정 시간 • 금속 외 유기성 폐기물 다량 발생	• 용융로 등 투자 비용이 높음 • 이산화탄소 배출 불가피
정제·제품화		코발트, 니켈, 구리, 망간, 리튬 회수	코발트, 니켈, 구리 회수

자료: 한국미래기술교육연구원.

용을 절감할 수 있으며 배터리 종류별로 다양한 수익성을 창출할 수 있다. NCM811은 전체 셀 제조 비용에서 재료비 비중이 2020년 기준 71%를 차지한다. 전기차 배터리(LFP/NCM811/NCM622/NCM111) 중에서 NCM111를 재활용하면 kWh당 42달러(약 5만 3천 원) 가치가 창출되어 가장 수익성이 높은 반면, LFP 배터리의 수익성은 15달러(약 1만 9천 원)로 가장 낮을 것으로 예상된다. 24kWh급 삼원계 배터리 재활용은 팩당 600~900달러(약 76만~114만 원) 매출을 기대할 수 있다.

광산에서 발견되는 최고 등급의 리튬 농도는 2~2.5%인 반면, 재활용으로 추출한 리튬 농도는 이것의 4~5배에 이른다.

5. 결론

한국은 2020년부터 총 171억 원의 예산을 투입하여 '미래폐자원거점수거센터' 6개를 구축하여 운영하고 있다. 해당 센터의 주요 기능은 사용 후 배터리의 회수·성능평가·보관·매각이며, 2022년 1월부터는 수도권·충청권·호남권·영남권 거점수거센터의 운영 주체인 한국환경공단을 통해 배터리 매각 및 입찰을 진행하고 있다.

2021년 7월 '2030 2차전지 산업(K-Battery) 발전전략'을 수립하면서 사용 후 배터리 산업의 시장 활성화를 위한 전방위적인 육성 정책을 추진하고 있다. 배터리 재활용을 활성화하기 위해 사용 후 배터리 재활용을 통한 핵심소재 공급을 위한 설비구축 확대, 재활용 기업에 대한 온실가스 감축 외부사업 방법론 개발지원 및 금융혜택 제공 방안을 검토하고 있다. 시장 활성화를 위해 '사용 후 배터리 산업화 센터'를 통한 응용 제품별 적정 배터리 선택, 제품 디자인 및 성능 안전성 개선 등 제품화 기술을 지원하고 사용 후 배터리를 활용한 제품의 안전성과 사업성을 검증하기 위해 실증 특례를 적용하는 규제샌드박스 사업 또한 추진하고 있다. 마지막으로 관련 부처 시스템을 통합하는 '종합정보관리시스템'을 구축하여 제품화를 지원하고 산업의 전 과정 평가·관리를 실시하고 있다.

하지만 사용 후 배터리의 안전성 확보를 위한 표준화된 평가 방법이나 기준은 미미한 상황이다. 기존 배터리에서는 화재 문제가 발생하지 않았으나 재제조 및 재활용 시 내구성 미확보, 셀 불량 등의 이유로 발화가 일어날 수 있다. 이에 따라 재활용 시 발생할 수 있는 배터리 화재, 불량 문제 진단 및 사전 예방을 위한 방안이 요구되고 있다. 급증하는 폐배터리 발생량에 대응할 수 있도록 효율적인 평가방법 개발과 사용 후 배터리의 제도적 절차 및 안전성 검증을 위한 법령 및 기준 마련, 폐배터리 재활용을 위한 구체적이고 일원화된 기준 마련이 요구된다.

참고문헌

국제무역통상연구원. 2022. 「전기차 배터리 재활용 산업 동향 및 시사점: 중국 사례 중심으로」.

머니투데이. 2021.10.13. "282조 원 쏟아부었지만… 2030년까지도 전기차 배터리 부족".

삼성증권. 2022. 「E-Waste 산업-EV 배터리가 핵심이 될 E-Waste 시장」.

삼정KPMG. 2022. 「배터리 순환경제, 전기차 폐배터리 시장의 부상과 기업의 대응전략」.

세미나허브. 2022.11.10. 탄소중립을 위한 전기차 사용 후 배터리 재사용·재활용 기술 확보 방안 세미나.

KDB미래전략연구소. 2022. 「국내 전기차 사용 후 배터리 산업 현황과 의미」.

한국과학기술기획평가원. 2022. 「전기차 사용 후 배터리 산업 생태계 활성화 방안」.

한국과학기술정보연구원. 2021. 「전기자동차 폐배터리의 재활용·재사용 산업 확대에 따른 기업의 사업기회와 추진전략」.

한국기계연구원. 2022. 「폐배터리 재활용 산업 글로벌 동향과 시사점」.

한국환경정책·평가연구원. 2017. 「2차전지의 폐자원흐름 분석 및 자원순환성 제고방안」.

Ellen MacArthur Foundation. 2019. "COMPLETING THE PICTURE: How the circular economy tackles climate change." vol.1, pp. 1~71.

European Commission. 2020. "A New Circular Economy Action Plan." *For a Cleaner and More Competitive Europe*.

Fraser, Matthew, Laxmi Haigh and Alvaro Conde Soria. 2023. "The Circularity Gap Report 2023".

McKinsey & Company. 2023.1.16. "Battery 2030: Resilient, Sustainable, and Circular".

McKinsey & Company. 2023.3.23. "Battery recycling takes the driver's seat".

Preston, Felix. 2012. "A Global Redesign? Shaping the Circular Economy".

UNEP(United Nations Environment Programme). 2023. "Unlocking Circular Economy Finance in Latin America and the Caribbean: The Catalyst for a Positive Change—Findings and recommendations for Policymakers and the Financial Sector".

배터리 기업과 ESG

노태우 한양대학교 국제학부 부교수

1. 배터리 기업을 둘러싼 환경 변화

현시대에서 배터리를 둘러싼 시장은 소비자에게 실용적 가치를 제공할 뿐만 아니라 글로벌 기술 패권을 위한 핵심 기술이기 때문에 상당히 중요한 위치로 올라서고 있다. 미국 IRA(Inflation Reduction Act)와 중국의 제조 2025를 살펴보면 양국 모두 배터리 제조강국을 목표로 경쟁하고 있음을 알 수 있다. 석유와 같은 화학연료의 시대가 끝에 다다르면서, 파리협정에 근거하여 탄소감축을 지향하는 글로벌 트렌드가 이미 진행 중이기 때문이다. 탄소감축을 지향하는 국가 중 미국, 중국, 독일, 일본 모두 내연기관차 생산 감축을 선언했고 미래에는 생산 중단까지 예정된 상황이다. 지구온난화와 같은 세계적인 이슈를 비롯하여 친환경화 및 탄소중립이 중

표 2-1 **국가별 EV 판매 증가율**

국가	2018	2019	2020	2021
미국	24.3%	3.9%	9.1%	86.2%
중국	61.7%	-4.0%	10.9%	157.5%
일본	46.66%	-19.79%	-31.52%	58.73%
독일	-	-	206.83%	83.33%

자료: KOTRA(2022); Statista(2022).

요해지고 있으며, 이는 배터리의 중요성을 더욱 부각시킨다. 배터리는 친환경 에너지를 저장하고 화석연료에 대한 의존도를 줄일 대안으로 각광받고 있기 때문에 많은 국가가 친환경 전환을 목표로 2차전지 산업에 지속적으로 투자하고 있다. 국가뿐만 아니라, 기업과 소비자 수준에서도 배터리는 큰 관심을 끌고 있다. 예를 들어 소비자는 전기자동차(EV: Electric Vehicle) 구매에 더 적극적이며 미국, 독일, 중국, 일본에서는 전기차 판매 증가율이 증가하는 추세이다(표 2-1 참조).

　국가별 EV 판매 증가율을 살펴보면 일본을 제외한 미국, 중국, 독일에서 큰 폭의 증가가 있음을 알 수 있다. 전 세계 소비자의 EV 선호도가 빠르게 증가함에 따라 미국, 영국, 독일, 일본 등 자동차 산업 강국은 에너지 저장장치(ESS: Energy Storage System)에 대한 투자를 늘리고 있다. ESS는 생산된 에너지를 저장하는 역할을 하며 크게 산업용과 가정용으로 나뉜다. ESS는 발전할수록 물리적인 부피가 줄고 효율성은 증가한다. EV용 배터리 및 배터리 충전소를 운영하기 위해서는 효율적인 배터리가 필요한데, 이때 ESS를 사용할 수 있다. 현대 사회에서 배터리는 다양한 분야에서 활용된다. 사륜 자동차뿐만 아니라, 이륜·삼륜 기계, 그리고 작은 IT·의료 기기에도 모두 배터리가 사용된다. 현재는 가격이 저렴하고 성능이 양호한 리튬이온 배터리가 가장 보편적으로 사용되고 있지만 더욱 친환경적이고 효율적인 신배터리 소재들이 개발 중이다. 배터리 소재의 경우 분리막, 양극재, 음극재, 전해질로 구성되며 미국, 캐나다, 일본, 중국, 독일, 한국을 포함한 많은 국가가 투자, 생산, 개발에 집중하고 있다. 이에 더하여 배터리의 생산, 사용, 그리고 처분 과정에서도 환경 파괴가 발생하기 때문에 유럽연합(EU) 국가들은 EU 신화학물질관리제도 규정에 따라 화학물질에 대한 분류, 표기, 포장에 대한 규정을 지정하여 환경 파괴를 최소화하려는 노력을 보이고 있다(KOTRA, 2022).

1) 탄소중립

폐배터리는 환경을 파괴시키는 원인 중 하나이다. 배터리의 생산과 사용 및 처분 단계에서 발생하는 환경 파괴를 최소화하고자 많은 국가가 배터리 순환 체계를 도입하기 위해 노력하고 있다. 이때 추출한 금속을 재활용하거나 재사용한다. 배터리 생산과정에서 금속의 재활용 및 재사용은 증가하는 배터리 원자재 수요에 관한 경제적인 부담을 줄여주고 환경에 긍정적인 효과를 불러온다(KITA, 2022).

KPMG(2023b)에 따르면 배터리 기업의 탄소중립에는 배터리 기술, 저장 혁신, 원자재의 안정적인 공급이 필요하고 이를 이해하기 위해서는 배터리 산업의 밸류체인을 이해할 필요가 있다. 배터리 산업의 밸류체인은 그림 2-1과 같이 업스트림, 미드스트림, 다운스트림, 폐기의 4단계로 이루어진다.

업스트림 부문에서는 배터리의 핵심 원자재인 리튬, 니켈, 그리고 코발트의 매장량이 중요하다. 리튬은 칠레, 오스트레일리아, 아르헨티나에 상

그림 2-1 배터리 밸류체인의 구성: 업스트림/미드스트림/다운스트림/폐기

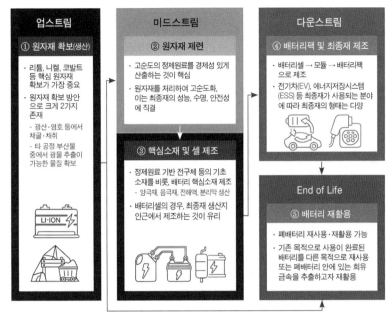

자료: KPMG(2023b).

당량이 매장되어 있고, 니켈의 상당량은 중국, 오스트레일리아, 인도네시아에 매장되어 있다. 코발트 생산량의 70%는 콩고민주공화국이 차지한다. 배터리의 3대 원자재 매장량을 살펴보면 중국이 이 중 두 가지인 리튬과 니켈의 점유율이 크다는 것을 알 수 있다.

중국은 미드스트림에 해당하는 원자재의 세정·정제, 핵심소재 및 셀 제조 부문에서도 영향력이 상당하다. 중국은 리튬, 니켈, 코발트의 채굴뿐 아니라 제련도 세계에서 점유율이 가장 높은데, 전 세계적으로 제련된 리튬의 70%를, 코발트는 64%를 공급한다. 배터리의 셀을 만들기 위해서는 핵심소재인 양극재, 음극재, 전해액, 분리막이 필요하다.

다운스트림에 해당하는 배터리팩 제조 과정에서 배터리팩은 필요에 따

그림 2-2 배터리 순환경제에 주목하는 이유

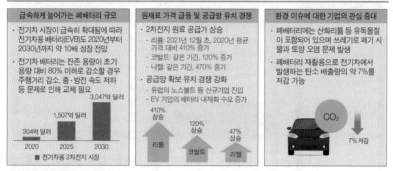

급격히 증가하는 폐배터리, 원재료 확보 이슈, 환경문제에 대한 기업의 관심 증대로 인해 배터리 순환경제가 부상

급속하게 늘어가는 폐배터리 규모
- 전기차 시장이 급속히 확대됨에 따라 전기차용 배터리(EVB)도 2020년부터 2030년까지 약 10배 성장 전망
- 전기차 배터리는 잔존 용량이 초기 용량 대비 80% 이하로 감소할 경우 주행거리 감소, 충·방전 속도 저하 등 문제로 인해 교체 필요

3,047억 달러
1,507억 달러
304억 달러
2020   2025   2030
■ 전기차용 2차전지 시장

원재료 가격 급등 및 공급망 유치 경쟁
- 2차전지 원료 공급가 상승
  - 리튬: 2021년 12월 초, 2020년 평균 가격 대비 410% 증가
  - 코발트: 같은 기간, 120% 증가
  - 니켈: 같은 기간, 470% 증가
- 공급망 확보 유치 경쟁 강화
  - 유럽의 노스볼트 등 신규기업 진입
  - EV 기업의 배터리 내재화 수요 증가

410% 상승   120% 상승   47% 상승
리튬   코발트   니켈

환경 이슈에 대한 기업의 관심 증대
- 폐배터리에는 산화리튬 등 유독물질이 포함되어 있으며 쓰레기로 폐기 시 물과 토양 오염 문제 발생
- 폐배터리 재활용으로 전기차에서 발생하는 탄소 배출량의 약 7%를 저감 가능

CO_2
7% 저감

자료: KPMG(2022).

라 다양한 크기 및 모양으로 제작된다. 앞서 언급된 셀을 연결시키는 것이 우리가 알고 있는 배터리이다. 배터리가 사용되는 소형 IT 기기, EV, ESS의 수요가 지속적으로 증가하면서 배터리 생산은 앞으로 더욱 늘어날 전망이다.

마지막 폐기(EoL: End of Life) 단계에서는 더 이상 원래 목적으로 활용하기에 무리가 있는 배터리를 재사용 또는 재활용한다. 일반적으로 EV에 들어가는 대용량 배터리는 수명 및 안전성 검사 후 ESS와 같은 용도로 사용하며, 소형 배터리나 더 이상 재사용이 불가능한 배터리는 분해해서 코발트, 니켈과 같은 유용한 금속을 추출하고 다시 새로운 배터리를 제조하는데 사용한다.

폐배터리, 원재료 가격 급등, 공급망 유치 경쟁과 같은 이유로 배터리 순환경제에 관심을 가질 필요가 있다. 배터리 순환경제를 시행하는 데는 여러 가지 방법이 있지만, 배터리 디자인 자체를 변경해야 한다는 주장이 있다. 각 배터리마다 설계 방법, 효율성, 크기, 화학적 구성이 상이하여 재활용 및 재사용이 어렵기 때문이다. KPMG의 EMA 자동차 및 ESG 책임자 Goran Mazar은 배터리 설계가 표준화되지 않다는 점을 강조하며, 설계뿐 아니라 제조 공정에도 표준화가 필요하다고 주장한다. 순환적 비즈니스의 수익성은 운영 효율성에 달려 있다. 이를 달성하기 위해서는 모듈화의 증가, 부품수명 향상, 레이아웃의 표준화, 분해 용이성과 같은 노력이 필요하다. 이에 관해 네덜란드 KPMG의 글로벌 순환경제 책임자 Around Walrecht도 자동차 OEM 기업은 순환경제의 발전을 위해 배터리 종류, EoL, End-of-Use에 대한 정보를 표준화해야 한다고 주장했다(KPMG, 2022, 2023a).

2. 배터리 기업의 성장과 위협

1) 신흥 기업의 부상

전 세계 배터리 시장의 점유율은 한국, 중국, 일본이 대부분을 차지하고 있다(표 2-2 참조). 테슬라의 배터리는 현재 파나소닉(Panasonic)에 의존하고 있어 표에서 제외했다.

이 연구의 분석 대상은 배터리 시장 점유율이 높은 한국, 중국, 일본 기업 중심이지만, 아시아 대륙 중심으로만 분석이 이루어지지 않도록 유럽 기업인 스웨덴의 노스볼트(Northvolt)도 추가했다. 분석은 환경을 포함한 STEEP(Social, Technology, Ecological, Economic, Political) 분석을 사용한다.

배터리 산업을 사회적, 정치적 시각에서 바라볼 때 원자재의 매장량 문제를 무시할 수 없다. 배터리의 핵심 원자재인 리튬, 니켈, 코발트의 상당

표 2-2 기업 및 국가별 배터리 시장 점유율

	기업	국가	시장 점유율 (판매율)	시장 점유율 (출하량, GWh)
1	CATL	중국	27.50%	39.10%
2	LG Energy Solution	한국	12.30%	14.90%
3	BYD	중국	9.60%	12.20%
4	Samsung SDI	한국	6.00%	5.20%
5	SK On	한국	4.60%	6.40%
6	Panasonic	일본	3.60%	7.10%
7	Guoxuan	중국	2.80%	2.50%
8	CALB	중국	2.50%	3.50%
9	EVE	중국	1.10%	1.30%
10	SVOLT	중국	0.90%	1.20%

자료: SNE리서치(2023).

그림 2-3 청정에너지 금속이 생산되는 국가

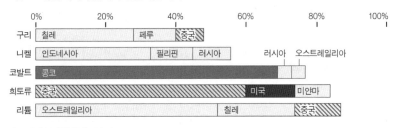

자료: IMPACT ON(2021).

량은 칠레, 오스트레일리아, 아르헨티나, 중국, 인도네시아, 콩고민주공화국과 같은 몇몇 국가에 집중 매장되어 있다. 특히 중국은 니켈과 리튬의 매장량이 적지 않을뿐더러, 일대일로 덕에 전 세계 코발트의 70% 생산을 담당하는 콩고민주공화국과 관계가 원만하여 배터리 원자재 부문에서 타 국가에 비해 우위를 점하고 있다(그림 2-3 참조)(EMERICs, 2021; KPMG, 2023b).

기술적인 관점에서 각국 기업은 이미 차세대 배터리 개발을 위해 노력

그림 2-4 글로벌 ESS 시장 점유율

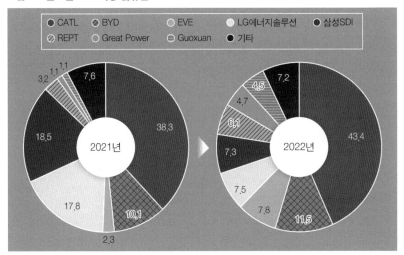

자료: Business Watch(2023).

하고 있으며 이미 생산 중인 기업도 있다. 대한민국에서는 삼성SDI와 LG에너지솔루션이 차세대 배터리를 개발하고 있다. 두 기업 모두 기존 배터리보다 부피가 작고 수명이 긴 배터리를 제작하는 데 박차를 가하고 있으며 다른 원자재를 사용하려는 노력도 보이고 있다. 배터리뿐만 아니라 ESS 개발에도 신경 쓰고 있다(LG에너지솔루션, 2023a; 삼성SDI, 2023a). 중국은 BYD와 CATL이 새로운 배터리와 ESS를 개발 중이며 이 중 CATL은 배터리와 ESS 모두 세계 시장 점유율 1위를 자랑한다(그림 2-4 참조)(BYD, 2020; CATL, 2020, 2022). 일본에서는 파나소닉이 일반 소비자용 충전지를 혁신하여 제품 다양성을 높이고 산업용 1차전지 및 2차전지의 안전성을 확보하는 데 투자하고 있으며, 노스볼트 역시 유럽에서 친환경 차세대 배터리 생산을 위해 투자하고 있다. 향후에는 재활용 및 재사용이 용이하며 대용량 에너지를 담을 수 있는 획기적인 기술을 먼저 개발하는 기업이 앞으로의 우위를 차지할 것으로 예상된다.

마지막 경제 및 환경 측면이다. 미래 기업활동에서 친환경과 탄소중립으로의 전략이 명확해진 와중에 기업은 친환경 전략을 구축해야 지속적으로 성장할 수 있으며, 이러한 성장이 국가 경제력에 궁극적인 역할을 행사할 수 있다. 미래 핵심기술인 배터리와 ESS 역시 각 기업의 성장뿐 아니라 국가 발전에도 도움이 될 것으로 예측된다. 세계 배터리 리더 기업인 BYD, CATL, 삼성SDI, LG에너지솔루션, 노스볼트 모두 차세대 배터리 및 ESS를 연구 중이며, 단순히 배터리 성능뿐만 아니라 친환경성을 고려하여 재활용이 용이한 배터리와 ESS 제작을 핵심 목표로 하고 있다(BYD, 2020).

2) ESG: 기회와 위협이라는 양면성

각국 정부는 배터리 기업들이 밸류체인을 효율적으로 구축·운영할 수 있도록 지원한다. 2023년 상반기 미국, 일본, EU 등 선진국은 ESG 기반을 구축하기 위해 노력 중이다. 미국의 조 바이든 행정부는 ESG 이니셔티브를 지속적으로 추진하고 있다. 설문조사 결과를 보면 대중과 투자자는 ESG 이니셔티브를 지지한다. 미국인의 85%는 기업이 사회에 미치는 영향을 더 투명하게 공개해야 한다고 생각하며(그림 2-5 참조), 기관 투자자들의 78%는 ESG 문제 해결을 위한 투자가 필요하다고 생각한다. 미국의 변호사인 마틴 립톤은 "ESG와 주주 가치 사이에 잘못된 이분법이 있다. 이사와 임원은 주주 이익을 극대화하기 위해 법에 따른 수탁 의무가 있다. 이러한 의무는 기후 관련 위험을 포함한 물질적 위험을 식별하고 해결하는 데까지 확대되어야 한다"고 주장했다(대한상공회의소, 2023).

IRA는 파리협약에 의거한 탄소감축 목표를 추진하고 있다. 백악관은

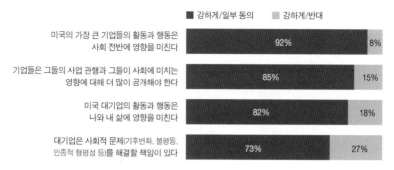

그림 2-5 **미국 대기업의 인적 자본 및 환경 영향 설문조사 결과**

■ 강하게/일부 동의   ■ 강하게/반대

미국의 가장 큰 기업들의 활동과 행동은 사회 전반에 영향을 미친다	92%	8%
기업들은 그들의 사업 관행과 그들이 사회에 미치는 영향에 대해 더 많이 공개해야 한다	85%	15%
미국 대기업의 활동과 행동은 나와 내 삶에 영향을 미친다	82%	18%
대기업은 사회적 문제(기후변화, 불평등, 인종적 형평성 등)를 해결할 책임이 있다	73%	27%

자료: IMPACT ON(2022).

환경보호에 신경을 기울이지 않을 경우 21세기 말에는 연간 최소 250억 달러에서 최대 1,280억 달러를 자연재해, 환경보호, 의료비용 등에 지출해야 할 것으로 예상한다. 또한 2030년까지 IRA를 통해 최소 0.7조 달러에서 1.8조 달러의 경제적 이익이 발생할 것으로 예상한다(The White House, 2022).

ESG 이니셔티브에 대한 반발의 목소리도 존재한다. 2023년 미 하원에서는 바이든 행정부의 ESG 이니셔티브가 기각되었다. 연방정부의 움직임과 반대로 ESG 반대 입법을 추진하는 주도 있다. 18개 주가 ESG 관련 활동 제한 법률을 제정 및 제안했으며, 25건의 소송이 노동부를 상대로 ESG 규칙에 제기되었고, 18명의 주 법무장관은 자산관리자들이 고객 자산을 ESG 이니셔티브에 사용하지 않도록 경고했다(대한상공회의소, 2023).

ESG에 대한 회의적인 시선 외에도, 미국을 포함한 각국에 아직 ESG를 향한 많은 위협과 방해 요인이 존재한다. 기업이 ESG 같은 새로운 분야에 도전하기 위해서는 큰 투자가 필요하고, 투자 대비 수익을 장담할 수 없는 리스크가 있다. 더욱이 많은 투자자나 이해관계자에게 ESG의 이미지는

그림 2-6 2030년 리튬이온 배터리 밸류체인

글로벌 리튬이온 배터리 수요(단위: GWh)

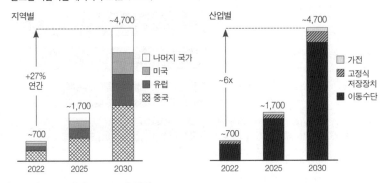

자료: McKinsey & Company(2023).

자선단체처럼 수익과 관련 없는 사회 공헌적 개념으로 비친다. 그러나 ESG는 내재적 위험성에도 불구하고 기업이 장기적 수익성을 확보하고 안정적으로 성장하는 데 필수적인 방향으로, 위험하고 자선적인 활동이라는 이미지에서 벗어나 미래 비즈니스의 핵심 우선순위로 변화할 필요가 있다(GARP, 2019).

McKinsey & Company(2023)는 리튬이온 배터리의 밸류체인은 2030년 4천억 달러(약 5,102억 400만 원)까지 성장할 것으로 예상한다(그림 2-6 참조).

배터리 밸류체인의 지속적인 성장은 ESG에 위협이 될 수 있다. 우선 환경적으로 보았을 때 배터리의 원재료 추출 및 정제 과정에서 토지 황폐화, 생물다양성 피해, 유해 폐기물(수질, 토양, 대기) 배출, 불법적 배터리 폐기로 인한 독성 오염과 같은 문제를 꼽을 수 있다. 사회적 관점에서는 노동법 위반, 아동 및 강제 노동, 원주민 권리 문제가 발생할 수 있다. 마지막으로 지배 구조적 관점에서는 배터리 밸류체인에 속한 기업의 이해관계 충돌이나 부패, 뇌물, 무력 분쟁, 탈세 등의 문제가 있다. 기술 발전은 이러한 ESG 위협 요소를 해결하는 방법 중 하나로 꼽는다. 많은 기업이 개발 중인 차세대 배터리가 대표적인 예시이다. 배터리의 주요 소재인 리튬은 2030년경 수요 대비 55% 부족할 것으로 예상되며, 니켈은 수요보다 공급이 8% 부족할 것으로 예상된다. 현재 가장 많이 사용되는 리튬이온 배터리를 대체하기 위해서 다른 소재를 이용한 배터리도 개발 중이다. 각종 위협에도 불구하고 2030년 순환 배터리 밸류체인을 구축할 수 있다면 환경적으로는 물론 기업적으로도 더 많은 부가가치를 창출할 수 있을 것이다. 더욱이 완전 순환 배터리 밸류체인을 달성한다면 공급 부족과 가격 변동성으로 인한 피해를 최소화할 수 있을 뿐만 아니라 폐기물 문제를 해결하고 리퍼비시(Refurbish), 중고 배터리 등 새로운 비즈니스 모델을 통해 추가 수익을 얻을 수 있으리라 기대된다.

배터리 재활용 기술이 성숙해지면 리튬이온 배터리의 수거, 재활용, 재사용, 수리의 폐쇄 루프(closed-loop) 공급망을 구축할 수 있다. 이 공급망은 2040년까지 60억 달러(약 7조 6831억)의 수익을 창출할 수 있으리라 기대된다.

3. 향후

ESG의 미래에 대해서는 가지각색의 의견과 전망이 있다. JPMorgan Chase(2022)는 ESG가 단기적인 유행에 그치지 않고 장기적으로 지속될 것이라 전망하는 다섯 가지 이유를 소개했다. ESG는 ① 투자자에게 수요가 있고, ② 기술 발전으로 친환경 제품의 혁신이 일어나고 있으며, ③ 기업의 ESG 활동이 장려되고 있고, ④ 연구 및 투자가 지속가능한 성과에 집중되고 있으며, ⑤ ESG가 산업계에 새로운 기회와 리스크를 창출하고 있다는 점이다. ESG에 대한 투자는 빠르게 증가하여 2021년에는 5천억 달러 이상이 ESG 통합 펀드로 유입되었다. 이러한 추세는 앞으로도 계속될 전망이다. 또 지속가능한 투자로의 전환이 개인 저축자에서 시작하여 대형 기관 주도로 이동하고 있다는 점도 ESG에 힘을 실어준다. 지속가능한 경제를 달성하기 위해서 꾸준히 ESG 프레임워크가 개발 및 개선되고 있으며, 이러한 변화는 기업이 투자자를 비롯한 이해관계자의 요구에 부합하려는 동기에 의해 이루어진다. 더욱이 기술 발전으로 친환경적인 제품이 꾸준히 개발되고 있으며, AI 기술을 활용하여 데이터를 분석하고 기업의 ESG 활동을 이행할 보다 폭넓은 인사이트가 도출되고 있다. 이러한 추세에 맞춰 기업이 장기적으로 성공하기 위해서는 각국의 규제와 ESG 문제에 대한 조치의 필요성을 이해하고, 자원을 신중하게 관리하며, 직원을 존중하고, 사업장 인근의 자연환경을 보호해야 할 것이다. 마지막으로, 세계가 저탄소 미래로 나아가는 과정에서 개별 기업은 회복 탄력성(Resilience)과 경쟁력을 동시에 갖춰야 한다. 투자자는 기후변화로부터 야기되는 부정적인 변화에 기업이 잘 대응할 수 있는지를 중요하게 고려할 것이기 때문이다. 이러한 요인을 고려할 때 미래에는 ESG가 더욱 중요해질 전망이다.

소비자, 주주, 직원의 압박과 함께 투자자와 금융기관 사이에서 지속가능성에 대한 위협이 곧 투자 위험이라는 인식이 확산되며 ESG 보고의 중요성이 강조되고 있다. 미국증권거래위원회(U.S. Securities and Exchange Commission)는 TCFD(Task Force on Climate related Financial Disclosures)에 따른 공시 필요성을 강조했으며, S&P는 글로벌 다우존스의 지속가능성 지수를 기준으로 한 관련 정보의 공시를 선호한다고 밝혔다. ESG 성과가 전 세계적으로 중요한 의제로 떠오름에 따라 앞으로는 ESG 보고가 더욱 강조되는 변화가 닥칠 것으로 예측된다.

그러나 ESG가 더욱 발전하기 위해서는 해결해야 할 문제도 존재한다. 현재 전 세계에는 수많은 ESG 보고 및 지침에 대한 프레임워크가 있기 때문에 이들이 상호 중복되는 경우가 빈번하다. 일례로 TCFD는 기후 관련 이슈가 기업의 재무성과에 미치는 영향에 집중하며, SASB(The Sustainability Accounting Standards Board)는 광범위한 관점에서 중요한 지속가능성 이슈가 기업의 재무성과에 미치는 영향을 평가한다. 따라서 지속가능성 문제 중 기후 관련 문제가 재무성과에 미치는 영향을 평가하는 부문에서 TCFD와 중복되는 부문이 있다(IBM, 2022).

Financial Times(2022b)는 ESG의 미래를 긍정적인 면과 부정적인 면에서 모두 분석했다. 부정적인 미래는 기업이 이미지와 수익에만 집중하여 ESG가 본래의 의미를 잃는 상황이다. 긍정적인 미래는 목적 주도적 접근 방식(Purpose-led approach)이 표준이 되고, 기업은 이미지와 수익에만 집중하지 않고 사회와 비즈니스가 함께 성장하는 방법을 찾으려고 노력하는 것이다. 부정적인 미래보다 긍정적인 미래로 나아가기 위해서 파이낸셜타임스는 사회적으로 가치 있게 설계된 비즈니스가 위기 상황에서도 지속될 수 있다는 사회적 사고, 회복탄력성 개선과 사회적 영향력, 장기적인 지속가능성을 우선시하는 기업 대표의 사고방식이 필요한 것으로 분석했다.

4. 주요국 배터리 기업과 ESG 전략

앞서 살펴본 세계적인 배터리 기업의 경쟁 및 환경 변화를 통해 향후 배터리 기업의 ESG 기회와 위험을 알아보았다. 배터리 기업의 전망에 대한 이해도를 높이기 위해 배터리 시장에서 규모와 국가별 특성을 반영하여 LG에너지솔루션(한국), 삼성SDI(한국), 파나소닉(일본), CATL(중국), BYD(중국), 노스볼트(스웨덴)을 조사 대상으로 선정했다. 4절에서는 각 기업의 발전 과정과 핵심 사업, 그리고 ESG 전략을 살펴본다. 이에 더해 각 기업의 최근 재무적 성과와 ESG 성과의 변화를 파악해본다. 기업의 성과를 정량적으로 평가하기 위한 데이터는 MSCI와 Compustat를 통해 획득

표 2-3 MSCI ESG 평가 기준(35개)

환경 (0~10까지 점수 부여)				사회 (0~10까지 점수 부여)				지배 구조 (0~10까지 점수 부여)	
기후변화	천연자원	오염·쓰레기	환경 관련 기회	인적 자원	제품에 대한 책임	이해관계자 관리	사회적 기회	지배 구조	기업 형태
이산화탄소 배출	수자원 이용량	독성물질 배출 및 폐기물	클린테크	노사관계	제품 안전성과 품질	윤리적 자원 조달	통신 접근성	이사회 구조	기업 윤리
제품의 탄소 발자국	생물 다양성과 토양 사용	포장재 및 쓰레기	친환경 건축	건강과 안전	화학물질로부터의 안전	지역사회와의 관계	금융 접근성	급여	투명한 납세
금융의 환경 영향	원자재 수급	전기 사용량	재생 에너지	인적자원 개발	소비자에 대한 금융 측면 보호		헬스케어 접근성	소유와 경영 분리 등 오너십 구조	
기후변화 대응				공급망 내 근로기준 법 준수	개인정보 보안		영양·보건 분야의 기회	회계	
					책임 있는 투자				
					건강 및 인구통계학적 위기에 대한 보장				

자료: MSCI(2023a).

했다. MSCI는 다양한 정보를 제공하며 시장의 투명성을 높이고 시장 참여자의 합리적인 투자 의사결정에 기여하는 것을 목표로 한다. 특히 1990년부터 지난 30년간 기관 투자자의 효과적인 ESG 투자를 위한 ESG 지표를 지속적으로 개발했고, 현재 세계 최대 규모의 ESG 정보 제공기관으로 성장했다(MSCI, 2023a). 표 2-3은 MSCI가 제공하는 ESG 지표의 구체적인 항목을 보여주고, 각각의 E, S, G 평가 점수는 배터리 기업의 ESG 성과를 분석하는 데 활용된다.

각 기업의 재무성과를 평가하기 위한 데이터는 Compustat를 통해 획득했다. Compustat는 1950년부터 북미 기업에 관한 정보를 제공했으며 현재는 글로벌 기업에 대한 다양한 정보를 제공한다. 헬스케어, 에너지, 통신 등 12개 산업을 대상으로 기업의 연차 보고서와 언론 보도, 제3자 기관 같은 다양한 원천을 통해 기업 정보를 수집 및 제공한다(S&P Global, 2023).

다만 사례 기업의 데이터 수집 과정에는 한계점이 있었다. 노스볼트는 비상장 기업이기 때문에 ESG 및 재무성과 검토를 위한 데이터를 수집하기 어려웠다. 따라서 배터리 기업의 성과지표 변화 분석은 노스볼트를 제외하고 이루어졌다.

1) LG에너지솔루션

LG에너지솔루션은 자동차 배터리, 소형 배터리, ESS 사업을 중심으로 에너지 저장 솔루션을 개발하고 제조한다. LG그룹은 1992년에 리튬이온 배터리 연구를 시작했다. 이후 국내 최초로 리튬이온 배터리 양산에 성공하자 자동차 배터리, ESS까지 시장을 확장했다(조선일보, 2021). 2020년에는 LG화학의 전지사업본부가 물적분할이 되어 오늘날의 LG에너지솔루션이 탄생했다(디일렉, 2020). 김종현 전 대표가 초대 대표이사였으며, 권영수 대표가 2021년 이후로 현재까지 대표이사직을 맡고 있다.

권영수 대표는 서울대학교 경영학 학사와 카이스트 산업공학 석사를 취득했고, 그룹 내에서는 재무 전문가로 인정받는다. 그는 1979년 LG전자에 입사하여 LG필립스LCD, LG디스플레이, LG화학에서 근무하며 능력을 인정받았으며, 기업이 성장하려면 핵심 기술에 대한 지식을 습득하는 것이 중요하다고 강조했다. 또한 그는 LG에너지솔루션의 대표로서 배터리 안전성을 확보하기 위해 노력을 기울인 결과 2022년에는 성공적인 성과를 거두었다고 평가받는다(Business Post, 2023a). 2022년 LG에너지솔루션은 매출 25.6조 원을 기록했고, 직원 수는 국내 1만 442명과 국외 2만 3,735명으로 총 3만 4,177명이다(LG에너지솔루션, 2023b). 지적재산권도 국내 8,574건과 국외 1만 8,067건으로 총 2만 6,641건을 보유하고 있다. R&D 투자 규모도 꾸준히 증가해 8,760억 원과 인력 3,923명이 투입되었다(LG에너지솔루션, 2023a). 대표이사로 선임된 지 약 2년 반밖에 되지 않았지만 그는 LG에너지솔루션이 국내 배터리 산업에서 독보적인 선도주자가 되도록 크게 기여한 인물로 평가받는다.

전기자동차 배터리에는 전기에너지를 충전 또는 방전하여 사용할 수 있는 배터리셀이 있다. 이 셀들을 외부 충격에서 보호할 수 있도록 프레임에 넣으면 모듈이 만들어진다. 셀들의 집합인 모듈에 배터리 관리 시스템(BMS: Battery Management System)이나 냉각 장치를 추가하면 팩이 된다. 이렇게 셀과 모듈로 구성된 배터리팩이 최종적으로 전기자동차에 적용된다(삼성SDI, 2017). LG에너지솔루션은 파우치 타입의 배터리셀을 개발하여 다양한 길이와 넓이로 구현할 수 있도록 했다. 그리고 LG에너지솔루션의 배터리셀은 고용량 고출력의 성능과 동시에 급속 충전 기술을 탑재했다.

그림 2-7 LG에너지솔루션 전기차 배터리셀 생산 실적

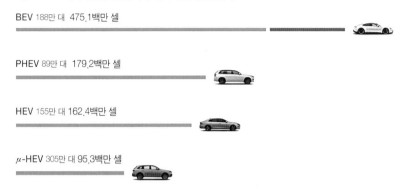

BEV 188만 대 475.1백만 셀

PHEV 89만 대 179.2백만 셀

HEV 155만 대 162.4백만 셀

μ-HEV 305만 대 95.3백만 셀

자료: LG에너지솔루션(2023b).

LG에너지솔루션의 모듈과 팩도 다양한 길이와 크기의 디자인으로 제공되어 고객의 최종 제품이 어떤 형태이든지 탑재하기가 용이하게 개발되었다. 이렇게 LG에너지솔루션은 디자인뿐만 아니라 효율적인 냉각 시스템, 가벼운 중량을 핵심 기술력으로 내세운다. 특히 LG에너지솔루션의 BMS는 높은 안전성을 위한 정밀 진단을 제공하며 50V부터 800V까지 다양한 전압을 구현할 수 있도록 개발되었다. BMS는 전기자동차와 같은 승용차부터 전기버스나 화물운송차와 같은 사업차까지 적용 가능하다. 이처럼 LG에너지솔루션은 고객에게 최적화된 높은 기술력을 제공하며 중국, 미국, 폴란드와 생산협력 체계를 구축함으로써 전기차 배터리 생산 실적을 극대화할 수 있다(그림 2-7 참조)(LG에너지솔루션, 2023b).

소형 배터리 사업에서 LG에너지솔루션의 핵심 경쟁력은 고성능 배터리와 세계 최초로 개발한 프리폼 배터리이다. 프리폼 배터리는 일반적인 배터리와는 달리 형태가 자유롭고, 제품의 부피와 모양의 제약을 줄였다. 최적화된 배터리 디자인을 제공함으로써 프리폼 배터리는 높은 에너지 밀도를 가지고 있으면서도 공간 활용을 극대화할 수 있도록 설계되었다. 이러한 경쟁력 덕분에 LG에너지솔루션의 소형 배터리는 스마트폰이나 노트북 같은 IT 기기부터 웨어러블 기기까지 적용 가능하다. 원통형 배터리에서는 고밀도 고출력의 성능을 제공할 수 있도록 하여 경쟁력을 높였다. 파우치 역시 얇은 두께에서도 고밀도를 유지하여 다양한 배터리 디자인을 구현할 수 있게 했다(LG에너지솔루션, 2023b).

　이러한 혁신적인 기술이 가능했던 이유는 LG에너지솔루션이 라미네이션 & 스태킹(Lamination & Stacking) 기술을 개발해냈기 때문이다. 이 기술은 배터리 케이스에 배터리 소재를 넣기 위한 공정 기술 중 하나로, 여러 바이셀(Bi-cell)을 쌓고 접을 수 있는 구조를 통해 케이스에 여러 겹의 배터리 소재를 쌓을 수 있다. 바이셀은 전극과 분리막을 결합한 것으로, 바이셀에 음극으로만 구성된 하프셀(Half-cell)을 붙이는 작업이 라미네이션이다. 이렇게 라미네이션한 소재에 음극과 양극을 쌓는 스태킹을 반복하면 여러 겹의 바이셀이 쌓인 배터리 소재가 만들어진다. 라미네이션 & 스태킹 기술을 통해 LG에너지솔루션은 작은 부피로도 고밀도의 에너지를 저장할 수 있는 배터리를 생산해냈다(Battery Inside, 2022).

　라미네이션 & 스태킹 기술은 소형 배터리뿐 아니라 ESS에도 적용되었다. ESS에는 전력망용, 주택용, 그리고 UPS(백업 전원 솔루션)용 제품이 있다. 전력망용 ESS는 주로 발전소, 공장, 학교, 사무실과 같은 상업용 건물에 설치되는 전력 저장 장치이다. 주택용 ESS는 태양광 패널과 연결하여 낮에 태양열에서 생산된 전기를 저장하는 데 사용된다. UPS용 ESS는 주로 데이터 센터나 통신시설처럼 끊임없이 전력을 끌어와야 하는 시설을 보호하는 용도로 쓰인다. ESS에 라미네이션 & 스태킹 기술을 사용하여 고도의 공정을 거치면 ESS가 균일한 출력을 낼 수 있다. 이러한 기술은

그림 2-8 **LG에너지솔루션 ESS 사업 범위**

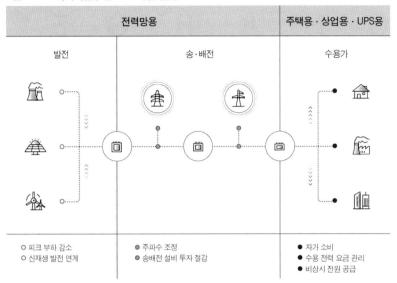

전력망용		주택용 · 상업용 · UPS용
발전	송·배전	수용가

○ 피크 부하 감소
○ 신재생 발전 연계
● 주파수 조정
● 송배전 설비 투자 절감
● 자가 소비
● 수용 전력 요금 관리
● 비상시 전원 공급

자료: LG에너지솔루션(2023c).

ESS의 안정적인 구조와 배터리 수명 연장에 기여한다. ESS를 다양한 셀 (Cell), 팩(Pack), 랙(Rack) 제품에 탑재하면 고객 최적화 솔루션을 제공할 수 있다(LG에너지솔루션, 2023c). LG에너지솔루션은 세계 최초로 전기차 배터리를 생산한 이후 자동차 배터리, 소형 배터리, ESS 사업에서 활발히 활동하고 있다. 오늘날 배터리 업계에서 가장 많은 특허를 보유한 기업이다.

LG에너지솔루션(2021)이 발행한 ESG 보고서에 따르면, LG에너지솔루션은 ESG 분야에서 지속가능한 경영을 강조한다. LG에너지솔루션은 ESG를 실현하기 위해 당사만의 비전인 "We CHARGE toward a better future"를 선포했다. CHARGE 비전은 Climate Action & Circular Economy, Human Value Management, Advanced EH&S, Responsible & Impactful Business, Good Governance, ESG Disclosure & Communication

표 2-4 LG에너지솔루션 ESG 비전

C	H	A	R	G	E
Climate Action & Circular Economy	Human Value Management	Advanced EH&S	Responsible & Impactful Business	Good Governance	ESG Disclosure & Communication
기후행동 2050년까지 탄소중립 달성	**인권경영** 인권 Risk Free 사업장 구축	**제품 책임** 2022년까지 제품 친환경성 100% 확보	**책임 있는 공급망 관리** 2030년까지 ESG Low Risk 그룹 90% 이상 확보	**컴플라이언스**	**커뮤니케이션**
자원 선순환 2025년까지 Closed Loop 구축	**인적자본** 다양성, 공정성, 포용성 증진	**환경보건안전** 환경안전 중대사고 제로화	**동반성장 및 지역사회 임팩트** 상생 협력 기업 이미지 제고	**거버넌스**	**ESG 이니셔티브**

자료: LG에너지솔루션(2021).

표 2-5 LG에너지솔루션 18개 ESG 핵심 과제

① 온실가스 감축 로드맵 관리
② 에너지 효율 관리/개선
③ 탄소배출 저감
④ Perfect Closed Loop 구축
⑤ 물 리스크 관리체계 수립
⑥ 생물다양성 리스크 관리체계 수립
⑦ 전 밸류체인 ESG 리스크 관리
⑧ 다양성, 공정성, 포용성 고려 조직문화 관리
⑨ 제품 친환경성 관리 강화
⑩ 사업장 환경, 안전, 보건 관리 강화
⑪ 주요 원재료 Due Dilligence 강화
⑫ 동반성장/상생협력 프로그램 운영
⑬ 글로벌 소셜 임팩트 활동
⑭ 전사 컴플라이언스 체계 고도화 및 인증
⑮ 거버넌스 체계 개선 및 투명성 강화
⑯ ESG위원회 전문성 강화
⑰ ESG 정보 투명성 강화
⑱ 이니셔티브 활동 강화

자료: LG에너지솔루션(2021).

의 약자이며 각 비전에 대한 내용이 표 2-4에 정리되어 있다. LG에너지솔루션은 CHANGE 비전에 맞게 총 18개의 핵심 과제를 설정하여 ESG 경영으로 운영하고자 노력하고 있다(표 2-5 참조). 비전 및 과제 설정에 더해, LG에너지솔루션은 총 5인의 위원 중 4인이 사외이사로 이루어진 ESG위원회를 구성했다. ESG위원회에서는 환경, 안전, 사회적 책임, 고객 가치, 주주 가치, 지배 구조 등 중장기적 ESG 목표를 고려하여 심의한다. 또한 ESG 담당 조직을 ESG 전략 팀과 ESG Impact 팀 2개로 나누어 세부적인 목표의 실현을 지원한다.

LG에너지솔루션은 탄소중립을 위해 크게 세 가지 목표를 수립했다. 첫 번째는 2030년까지 RE100(Renewable Electricity 100%)과 EV100(Electric Vehicle 100%) 달성이다. LG에너지솔루션은 2021년에 배터리 업계 최초로 RE100과 EV100에 동시 가입했다. 게다가 폴란드와 미국에 위치한 공장들은 녹색요금제제도와 REC(Renewable Energy Certificates) 제도를 통해 이미 사용 전력의 100%를 재생에너지로 전환하여 운영하고 있다. 향후 글로벌 공장까지 포함한 모든 생산공장의 탄소중립은 2025년까지, R&D 센터 등 비제조 사업장의 탄소중립은 2030년까지를 목표로 하고 있다.

두 번째는 2040년까지 배터리 제조와 Scope 1&2의 탄소중립이다. Scope 1은 직접적으로 탄소배출에 기여하는 기업 영역을, Scope 2는 간접적으로 탄소배출에 기여하는 기업 영역을 뜻한다. 이러한 목표를 달성하기 위해서는 연료에 대한 대안이 필요하다. 바이오매스나 수소 등의 친환경 에너지원이 연료의 대안이 될 수 있다. 전력과 같이 대체가 불가능한 에너지원은 외부 탄소저감 실적으로 상쇄할 수 있다. 탄소저감 실적으로 상쇄하는 전략을 이행시키기 위해 LG에너지솔루션은 배터리를 활용한 탄소상쇄사업 개발을 검토하고 있다.

세 번째는 2050년까지 배터리 전 밸류체인의 탄소중립 달성이다. 이 목표에서는 배터리 전 과정 평가를 통해 탄소 발생 핫스팟을 찾아 탄소배출량을 효과적으로 감축하는 일이 관건이다. LG에너지솔루션은 ESG 전략의 궁극적 목표가 2050년까지 탄소 네거티브 달성이라고 선언했다.

그림 2-9 LG에너지솔루션 LCA 수행 단계

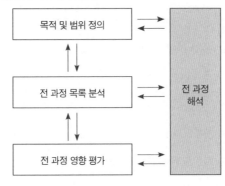

자료: LG에너지솔루션(2021).

표 2-6 LG에너지솔루션 LCA 단계별 수행 내용

1. 목적 및 범위 정의	• LCA 수행 목적/범위 규정 • 대상 제품, 전 과정 평가의 각 단계별 수행범위 규정
2. 목록 분석	• 제품 전 과정에 투입 및 산출되는 에너지, 물질 데이터 수집 • 전 과정 목록 결과 계산, 작성
3. 영향평가	• 2단계에서 분석된 투입물, 산출물이 지구온난화 같은 환경 측면에 미치는 영향을 과학적으로 평가
4. 해석	• 목록 분석과 영향평가 결과를 연구 목적에 맞게 해석

자료: LG에너지솔루션(2021).

수립된 탄소중립 목표들을 위해 LG에너지솔루션은 가장 먼저 전 과정 평가(LCA: Life-Cycle Assessment)를 도입했다. LCA는 한 제품의 원료 채집부터 가공, 조립, 운송, 사용, 그리고 폐기까지 제품의 생애주기 과정에서 발생하는 배출의 환경 영향을 분석하는 기법이다. LG에너지솔루션의 LCA 수행 단계와 상세 내용은 그림 2-9와 표 2-6에서 확인할 수 있다. LCA는 2019년에 도입되어 LG에너지솔루션 탄소중립 전략의 중요한 기준으로 사용되고 있다. LCA를 이용하면 제품의 탄소배출 정보를 수집할 수 있다. LG에너지솔루션은 수집된 배출 정보를 반영하여 지침을 제정하거나 제품별 탄소발자국 로드맵을 구축했다. 평가 결과, 배터리의 셀 생산과정 중 약 20~30%, 공급망에서 약 70~80%의 온실가스가 발생하는 것으로 나타났다. LG에너지솔루션은 평가 결과를 기반으로 많은 양의 온실가스가 발생하는 공급망 협력회사들을 중심으로 온실가스 배출 핫스팟을 파악하려 노력하고 있다. LG에너지솔루션은 공급망 협력회사들이 해당되는 Scope 3의 탄소배출량 감축을 위해서 2025년까지 협력회사의 재생전력 100% 사용 의무화 전략을 세웠다. 그리고 LG에너지솔루션은 LCA의 즉각적인 효과를 위해 분석 결과를 유럽의 PEF, 국내 EPD 등의 인증 시스템과 연동할 계획이라고 밝혔다(LG에너지솔루션, 2021).

탄소배출 저감을 위한 또 다른 전략은 완전 선순환 체계를 구축하는 것이다. 완전 선순환 체계는 배터리 밸류체인 전반을 포괄하는 100% 탄소중립 자원 선순환 체계를 뜻한다. 지속가능한 배터리 밸류체인을 위해서는 배터리 순환 생태계에서 회수된 폐배터리를 재사용하거나 재사용 불가능한 배터리는 분해하여 리튬, 코발트 니켈, 망간 등 금속을 추출한 후 재활용해야 한다. LG에너지솔루션의 배터리 순환 생태계는 그림 2-10에

그림 2-10 LG에너지솔루션 배터리 순환 생태계

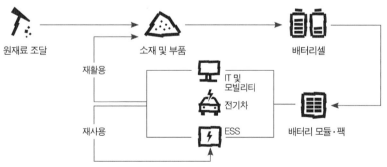

자료: LG에너지솔루션(2021).

서 확인할 수 있다. 배터리 재사용의 기준은 수거된 폐배터리의 잔존수명인 SoH(State of Health)에 기반한다. 재사용 기준을 충족하는 폐배터리는 활용 목적에 따른 등급을 부여하고, 등급에 맞게 새로운 제품에 재사용된다. LG에너지솔루션은 배터리 선순환 체계와 더불어 폐기물 관리에도 힘쓰고 있다. 먼저 매립 폐기물량의 저감을 위해 사업장의 자원순환율을 관리하고 있다. 이미 중국 난징 사업장은 글로벌 인증기관인 UL(Underwriter Laboratories)로부터 자원순환율 100%를 인정받았다. 그리고 LG에너지솔루션 미국 배터리 공장(LGESMI)은 미국위생협회로부터 매립 폐기물이 전체 폐기물의 1% 미만임을 인정받았고 2018년부터 폐기물 매립 제로 인증을 취득했다. 소각 폐기물의 경우는 자체 처리 기술을 개발했다. 중국 난징 사업장은 이를 활용하여 소각 폐기물을 감소시켰다. 위험 폐기물의 경우도 중국 난징 사업장에서 위험 폐기물의 85%를 차지하는 폐NMP(전극재료 용매) 재활용 신기술을 개발했다. 이로써 위험 폐기물 배출량과 운반의 위험성이 대폭 감소되었다.

탄소중립 목표를 위해 LG에너지솔루션은 당사가 내세우는 LCA와 완전 선순환 체계를 국내외 협력회사에도 적용할 수 있도록 다양한 관리 전략을 사용하고 있다. 먼저, 당사 내에서 ESG 인식을 높이기 위해 다양성, 공정성, 포용성에 기반한 조직문화를 구성하고자 노력하고 있다. LG에너지솔루션은 조직문화를 개선하기 위해 여섯 가지의 핵심 활동을 공표했다(표 2-7 참조). 조직문화 핵심 활동을 정착시키면서 LG에너지솔루션은 건강하면서도 효율적인 조직문화가 생성될 수 있도록 했다. LG에너지솔루션은 여섯 가지의 조직문화 활동 목표에 더해 노사 관리에도 신경 쓰고 있으며, 세계인권선언, 유엔 글로벌콤팩트 인권노동 원칙, 유엔 기업과 인권이행 원칙, 국제노동기구 핵심 협약 등 국제 표준을 기준으로 노동법을 준수

표 2-7 LG에너지솔루션 조직문화 핵심 활동

1. 핵심 업무에 집중하는 보고/회의 문화	• 보기 좋게 꾸미는 보고서 금지 • 회의 시간에는 논의와 의사결정만 • 사전에 자료 공유 및 숙지
2. 성과에만 집중하는 자율근무 문화	• 가장 편한 곳에서 능률이 오르는 시간에 업무 • 완전 Flextime 제도, 원격근무제
3. '님' 호칭을 통한 수평문화	• 직급, 직책에 무관하게 언제 어디서나 '님'으로 호칭
4. 감사와 칭찬이 넘치는 긍정문화	• LGCynergy로 마음 전달 • 샌드위치 화법(칭찬-솔직한 피드백-격려) 정착 • 의미 있는 실패 격려
5. 건강과 심리를 케어하는 즐거운 직장문화	• 일할 때 일하고 쉴 때는 확실히
6. 이웃에게 사랑을 전하는 나눔문화	• 봉사활동 적극 지원

자료: LG에너지솔루션(2021).

표 2-8 LG에너지솔루션 노사관리 방침

구분	내용
인도적 대우	모든 임직원을 인격적으로 존중하고, 정신적 또는 신체적 강압, 폭언 등의 비인도적인 대우나 위협이 없는 안전한 근로환경을 조성하기 위해 노력한다
강제노동 금지	정신적, 신체적 자유를 부당하게 구속하거나 임직원의 의사에 반하는 노동을 강요하지 않는다. 고용조건으로 개인의 신분증, 여권 또는 노동허가증의 원본 양도를 요구하지 않는다
아동노동 금지	각 국가 및 지역 법에서 정한 최저 고용연령을 준수하며, 만 16세 미만의 아동노동은 일괄적으로 금지한다. 만 18세 미만의 청소년 고용 시 안전보건상 유해한 업무(야간 및 초과 근무 포함)를 부여하지 않는다
차별금지	모든 임직원에게 채용과 승진, 보상, 훈련 등의 기회를 균등하게 제공하고, 성별, 연령, 인종, 종교, 노조활동, 장애, 임신, 결혼 여부 및 사회적 신분 등에 따른 일체의 차별을 금지한다
근로시간	각 국가 및 지역 법에서 정한 정규, 초과 근로시간 및 휴무 관련규정을 준수하며, 정규 근로시간을 초과하여 근무할 것을 강요하지 않는다. 초과 근로 시(법에서 정한 한도 내)에는 관련 법에 근거한 초과 근무수당을 지급한다
임금 및 복리후생	모든 임직원에게 각 국가 및 지역 법에서 정한 최저임금을 상회하는 수준의 임금을 지급한다
결사의 자유	각 국가 및 지역 법에서 보장하는 결사의 자유나 단체교섭의 권리를 인정하고, 임직원이 협박이나 보복의 두려움 없이 회사와 원활히 의사소통할 수 있는 환경을 조성한다. 또한 노동조합 결성, 가입 및 활동 등을 이유로 부당한 처우를 하지 않는다

자료: LG에너지솔루션(2021).

그림 2-11 LG에너지솔루션 협력회사 ESG 평가 프로세스

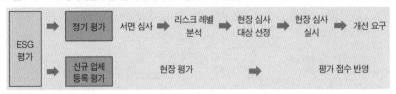

자료: LG에너지솔루션(2021).

하고 있다(표 2-8 참조). 그리고 LG에너지솔루션은 당사의 노사 관리를 유지하기 위해 지속적인 모니터링으로 인권 및 노동 관련 위험요소를 점검하고 있다.

협력회사와 효과적으로 협력하기 위해 LG에너지솔루션은 협력사 ESG 평가 프로세스를 진행시키고 있다. 공급망 내 협력회사들에 대한 ESG 평가는 OECD 실사 가이던스에 근거하여 이루어진다. 그리고 글로벌 공급망의 ESG를 관리하기 위해 RMI(Responsible Minerals Initiative) 등 글로벌 협의체에 회원사로 참여하여 유지하고 있다. 협력회사 ESG 평가 항목들은 정기평가와 신규업체 등록평가 모두에 적용된다(그림 2-11 참조). 정기평가는 국내외 협력사 모두를 대상으로 하며 ESG 평가 부문이 정기평가의 20%를 차지한다. 그 결과, 전년 대비 2021년 협력사의 CSR 총점은 10% 이상 상승했다. 그러나 에너지 및 온실가스 항목의 점수는 낮아 향후 협력회사들의 ESG 인식의 제고가 필요하다는 평가이다. 신규업체 등록평가에서는 현장평가 항목 중 ESG 항목을 10개 추가했다. 이는 최종평가 점수에 반영하여 신규업체 등록 시 평가 기준으로 삼는다. LG에너지솔루션은 이와 같은 ESG 전략을 통해 사회적 가치 창출과 환경보호에 기여하고자 다양한 노력을 기울이고 있다. 이러한 노력은 LG에너지솔루션이 지속가능한 비즈니스 운영을 추구하며 배터리 업계의 환경 영향을 개선하기

그림 2-12 LG에너지솔루션 ESG 성과

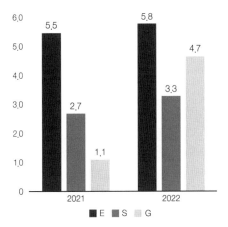

자료: MSCI(2023b).

위해 힘쓰고 있음을 시사한다.

그림 2-12는 LG에너지솔루션의 ESG 성과를 보여준다. 그림 2-7의 ESG 비전에서 밝힌 바와 같이 LG에너지솔루션은 CHARGE 비전을 중심으로 지속가능한 경영환경 조성에 힘쓰고 있다. 2022년의 ESG 성과는 2021년 보다 모든 척도에서 증가한 것으로 나타났고, 지배 구조에서의 혁신이 특히 두드러졌다. LG에너지솔루션의 2022년 G 성과는 4.7점으로 2021년 1.1점에 비해 약 327% 증가했다. LG에너지솔루션은 현재 감사위원회(경영 투명성 개선), 사외이사후보추천위원회(사외이사 선임 공정성 강화), 내부 거래위원회(내부거래 투명성 강화), 그리고 ESG위원회(ESG 정책 강화)로 구성된 이사회를 운영하고 있다. 특히 2021년에 공표된 ISO37301 기준에 따라 조직의 준법 통제 체제를 국제 표준에 맞도록 유지하며 지배 구조 건전성을 유지하기 위해 노력하고 있다. 이에 더하여, LG에너지솔루션은 2021년 인천 도서지역의 에너지저장장치와 태양광 설비를 연계하여 에너

표 2-9 LG에너지솔루션 재무성과 (단위: 백만 달러)

구분	2021	2022
매출	17,851,906	25,598,609
순수익	607,138	767,236
ROA	0.026	0.020
ROE	0.076	0.041
ROS	0.034	0.030

자료: Compustat(2023).

지 자립을 지원했고, 지역사회 공헌을 위해 장학금과 물품을 지원했다(LG에너지솔루션, 2022b). 기업 내부적으로는 생산공정에 사용된 에너지를 분석하여 에너지 저감 활동을 적극적으로 추진했다. 그 결과 약 45%의 재생에너지 전환율을 달성했다(LG에너지솔루션, 2022a).

표 2-9는 LG에너지솔루션의 재무성과를 보여준다. 최근 LG에너지솔루션은 오창산업단지에 4조 원을 투자하여 2026년까지 국내 배터리 생산 인프라 확대를 결정했고(디일렉, 2022), 미국 애리조나 주에도 약 4조 2천억 원 규모의 원통형 배터리 생산공장 투자를 결정했다(디지털데일리, 2023). 대규모 투자가 지속되면서 2022년의 ROA, ROE, ROS는 2021년에 비해 다소 감소한 것으로 나타났다.

그럼에도 불구하고, 2022년 LG에너지솔루션의 재무성과는 크게 증가했다. 매출은 2021년 대비 약 43% 증가했고, 순이익도 전년 대비 약 26% 증가했다. SNE리서치 조사에 따르면 2023년 1~5월 글로벌 전기차 배터리 사용량(중국 제외)을 기준으로 LG에너지솔루션은 점유율 27.4%를 기록하며 글로벌 점유율 1위를 달성했다(파이낸셜투데이, 2023). LG에너지솔루션의 재무성과는 대규모 투자를 통한 인프라 확보와 높은 점유율을 바탕으로 지속적인 증가가 기대된다.

2) 삼성SDI

삼성SDI는 첨단 소재를 축으로 전기자동차용, IT용, ESS용 2차전지 사업과 반도체용, 디스플레이용 전자재료 사업을 전개하고 있다. 초기 삼성SDI는 삼성-NEC라는 이름으로 브라운관 사업을 진행하다 여러 국외 전자 업체를 인수하면서 1999년부터는 삼성SDI로 기업명을 바꾸어 배터리 업계에 진출했다. 삼성SDI는 업계 최고용량의 원형 리튬이온 배터리를 개발하는 등 점차 시장에 자리 잡았고, 2008년에 신설된 삼성모바일디스플레이로 디스플레이 사업이 이전되자 2차전지 사업에 집중하게 되었다. 삼성SDI는 2차전지 사업에 본격적으로 투자하면서 세계 시장 점유율 1위를 달성하는 등 강력한 진보를 보여주고 있다(이코노믹리뷰, 2020). 삼성SDI의 초대 대표이사는 조용달이며, 현재 대표이사는 최윤호이다.

최윤호 대표이사는 성균관대학교 경영학 학사를 취득하고 줄곧 삼성에서 근무했다. 그는 1987년 삼성전자 가전사업부 경리 팀으로 입사하여 삼성전자와 삼성미래전략실에서 다양한 부서와 직책을 맡으며 삼성 기업인으로 성장했다. 최윤호 대표는 특히 재무와 전략 분야의 경험이 풍부하며, 깔끔한 일 처리가 특징이라는 평가를 받는다. 그리고 수익성 위주의 질적 성장을 선호하는 기업가로 알려져 있다. 이러한 특징 덕분에 삼성SDI는 2022년에 배터리사업을 핵심으로 하는 에너지 부문에서 최대 실적을 끌어낼 수 있었다. 최윤호 대표는 삼성SDI 대표이사로서 최근 ESG 경영을 대폭 강화했다(Business Post, 2023b). 2020년 기준 삼성SDI는 11.3조 원의 매출을 기록했으며 자본금은 총 3,567억이다. 직원 수는 2021년 기준 총 1만 1,352명이다. 지적재산권 건수는 총 1만 3,304건이며 미국, 유럽, 중국 주요 시장에서 7,287건의 특허를 확보하여 글로벌 시장에서 힘을 강화했다. R&D에는 525,959백만 원을 투자했고 이는 매출액 대비 8.32%이다. 삼성SDI의 대표이사직을 맡은 기간이 길지 않지만, 최윤호 대표는 풍부한 경영 재무적 경험과 전략적인 기업가 자질로 삼성SDI가 배터리 업계에서 인정받을 수 있도록 이끈 인물이다.

삼성SDI는 소형 배터리 사업에서 다양한 기술 개발에 투자하고 있다. 2000년에 시작한 리튬이온 배터리부터 세계 최초로 출시한 플렉시블(flexible) 배터리까지 다양한 배터리 제품을 보유하고 있다. 2014년에는 소형 배터리 사업에서 시장 점유율 26.8%를 기록하며 1위를 달성하기도 했다. 현재 삼성SDI가 제공하는 소형 배터리로는 원형 배터리와 파우치가 있다. 이 제품들은 IT 기기부터 Non-IT 기기까지 다양한 제품에 적용 가능하다. 개발에 많은 투자를 하고 있는 만큼, 삼성SDI는 전시회에 참석하여 당사의 배터리 기술을 시장에 선보이고 있다. 2017년에는 유로바이크 전시회에 참석하여 전기자전거용 리튬이온 배터리, 다양한 디자인의 배터리 팩과 셀, 그리고 배터리팩 블루투스 기능 등 신기술을 소개했다. 최근에 삼성SDI는 프리폼 배터리 용량을 25% 증가시키는 성과를 보였으며, 특히 굴곡이 있는 디자인에 부합하도록 개발했다(삼성SDI, 2023b).

모바일 배터리와 같이 소형 배터리 사업에서 많은 노하우를 축적해온 삼성SDI는 이를 바탕으로 전기자동차 배터리 시장으로 사업을 확장하여 전기자동차를 위한 고효율, 고밀도의 자동차용 배터리를 개발했다. 이미 활성화된 자동차 배터리 시장에 자리매김하기 위해 삼성SDI는 기술 경쟁력 확보와 제품 차별화에 힘썼다. 이러한 전략을 실현하기 위해 삼성SDI는 글로벌 전기차 배터리 생산 체제를 구축했다. 이 체제는 한국 울산, 중국 시안, 그리고 헝가리에 준공된 공장으로 돌아가는 배터리 삼각 생산 체제를 뜻한다. 2018년 삼성SDI는 디트로이트 모터쇼에 참석하여 전기차 대중화를 위한 고용량 배터리와 금속 충전이 가능한 혁신 소재 등 기술 개발의 결과물을 보여주었다. 삼성SDI는 전기자동차 배터리 사업이 자동차의 지속가능한 혁신을 위한 핵심이라고 생각하기 때문에 늘 친환경 솔루션을 위한 기술을 개발, 생산하려고 한다(삼성SDI, 2023a).

삼성SDI는 소형 배터리 사업 경험을 바탕으로 ESS 사업까지 진출했다. 고객의 다양한 니즈를 충족시키기 위해 다양한 용도의 ESS 제품을 출시하고 있다. ESS 제품으로는 전력용, 상업용, 가정용, 통신용, UPS용이 제공된다. 삼성SDI의 ESS는 우수한 성능뿐만 아니라 긴 수명과 안전성을 바탕으로 높은 경제성을 자랑한다. 특히 미국 캘리포니아 지역에서는 세계 최대규모의 ESS를 공급하고 있다. 또한 해발 5천 미터 티베트 고산지대에 당사의 ESS를 제공하는 등 극한 환경에도 도전하고 있다. 삼성SDI는 자동차 배터리와 마찬가지로 ESS가 청정 지구를 위한 선택이라고 믿고 있다. 오늘날 ESS는 기존 화력, 원자력 발전에서 친환경 에너지의 비중을 높이고, 에너지의 효율적인 생산과 소비를 위한 제품이라는 평가를 받고 있다(삼성SDI, 2023a).

대표이사가 ESG 경영을 강조하는 만큼, 삼성SDI는 2002년부터 지속가능한 경영을 추구해왔다. 2003년부터는 해외 선진기업을 벤치마킹하며 지속가능경영의 비전을 수립해왔다. 그리고 국내 최초로 지속가능보고서를 발행하기도 했다. 삼성SDI의 초기 지속가능경영은 Triple Bottom Line(TBL) 기반이었다. 오늘날에는 "초격차 ESG IMPACT 리더"라는 비전을 기반으로 환경 사회적 가치로 제품 경쟁력을 제고하고 밸류체인 파트너십을 강화하며 이해관계자 중심의 경영을 추구한다. 삼성SDI IMPACT 비전의 의미는 그림 2-13에서 확인할 수 있다. 삼성SDI의 ESG 경영은 IMPACT가 축약하고 있는 비전에 맞게 세부 목표를 세운 것이 특징이다.

그림 2-13 **삼성SDI IMPACT 비전**

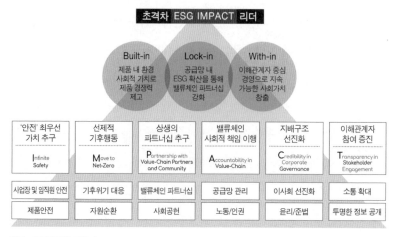

자료: 삼성SDI(2023c).

삼성SDI IMPACT의 첫 번째 비전인 Infinite Safety의 주 목표는 매해 상해사고 0건 기록이다. 이를 위해 사업장 및 임직원 안전과 제품안전 확보에 집중하고 있다. 먼저, 사업장 및 임직원 안전을 위해 최고안전책임자 직위에 임원을 새로 선임했다. 이에 더해 안전환경 전담 조직을 구성하여 사내 안전관리에 힘쓰고 있다. 특히 임직원 안전관리를 위해서는 안전보건교육을, 사업장 안전관리를 위해서는 안전환경 통합시스템 및 제조현장 안전인증을 강화했다. 삼성SDI는 당사뿐만 아니라 협력회사들의 안전까지도 관리한다. 공급망 내 협력회사들의 안전수준 평가를 실시하여 기준에 미치지 못하는 협력회사들의 안전보건 개선을 지원하고 있다. 특히 공급망 내 화학물질 관리를 위해 사내 규제물질 등급 및 승인 제도를 도입했다. 다음으로, 제품 안전도 관리한다. 제품 제조단계 전반에 품질경영시스템을 적용시켜 제품의 품질과 안전을 동시에 확보하고자 노력하고 있다. 품질경영시스템은 제품 제조과정에서 안전을 최우선으로 하고 품질을 확보하는 원칙에 기반한다. 여기서 품질 확보는 제품 자체의 품질과 국내외로 양산되는 제품의 품질이 균일한 상태를 뜻한다. 배터리의 경우 배터리 제품의 안전성이 중요한 문제로 대두되고 있기 때문에, 삼성SDI는 배터리 안전성에 신경을 많이 쓴다. 배터리 안전성 강화 전략에는 개발기종 자체의 안전성 확보도 있지만, ESS를 위한 소화 약제 분사 시스템 같은 기술도 있다.

두 번째 비전인 Move to Net-Zero는 기후위기 대응, 자원순환 및 환경영향 관리를 목표로 한다. 2022년 삼성SDI는 기후위기에 대응하기 위해 지속가능경영위원회와 지속가능경영협의회를 중심으로 기후위기 대응 최고의사결정기구를 신설했다. 삼성SDI가 기후위기 대응의 핵심으로 생각하는 방안은 온실가스 감축이다. 삼성SDI는 국내외 사업장 재생에너지 100% 전환을 위해 노력하고 있다(삼성SDI, 2023c). 이 노력에 대한 결과물로 2022년에 적극적인 재생에너지 전환을 인정받아 RE100에 가입할 수 있었

그림 2-14 **삼성SDI 공정 스크랩 회수 거점**

자료: 삼성SDI(2023c).

다(중앙일보, 2022). 그리고 재생에너지 인증서 구매 및 직접구매계약 등 다양한 방안을 활용하고 있다. 또한 전 사업장에 에너지 기술 지원을 함으로써 에너지 사용을 절감하여 온실가스 감축에 기여하고 있다. 삼성SDI는 LCA를 수행하여 탄소발자국을 산정했다. LCA 결과는 공급망 내 협력회사들과 함께 탄소감축 절감 방안에 반영된다. 그리고 재활용 순환체계 방안을 구축하여 폐배터리를 회수하고 원자재를 재활용 또는 재사용하여 자원순환을 운영한다. 재활용 순환 체계는 천안 및 울산 국내 사업장뿐만 아니라 말레이시아, 헝가리 등 국외 사업장까지 포함한다(그림 2-14 참조). 이에 더해, 폐기물, 수자원, 대기오염물질 관리도 진행하고 있다.

세 번째 비전인 Partnership with Value-Chain Partners and Community는 밸류체인 파트너십과 사회 공헌을 위해 수립되었다. 먼저, 협력회사들을 1~3차 파트너사로 구분했다. 그리고 그룹별로 행동 규범을 수립하고 파트너사 협의회를 통해 동반 성장을 실현하고 있다. 이러한 밸류체인 파트너십 실현은 협력회사와의 경영 자문을 통해 밸류체인을 더욱 발전시켜 나간다(삼성SDI, 2023c). 이와 같은 상생협력 강화를 위해 협력회사들에게 상생형 스마트 공장을 지원하고 있다. 상생형 스마트 공장은 협력회사 생산 시설에 ICT 연계 운영 시스템과 제조 자동화 시스템을 구축하는 것이다. 그리고 성과공유제를 도입하여 밸류체인 내에 긍정적인 발전을 이뤄내고 있다(서울경제, 2023). 다음으로, 사회공헌을 위한 삼성공동사업으로 삼성드림클래스, 삼성청년SW아카데미 등을 시행하고 있다. 임직원도 함께 사회공헌에 기여할 수 있도록 참여형 프로그램을 진행하고 있다.

네 번째 비전인 Accountability in Value-Chain은 공급망 관리, 노동과 인권, 인재 개발, 조직문화를 선도한다. 먼저, S-Partner 인증 제도는 공급망의 지속가능성을 관리하는 데 용이하다. 이 제도는 RBA(Responsible Busi-

그림 2-15 **삼성SDI S-Partner인증 평가 프로세스**

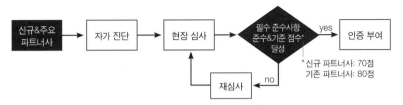

자료: 삼성SDI(2023c).

그림 2-16 **삼성SDI Blind Survey 프로세스**

자료: 삼성SDI(2023c).

ness Alliance), ILO(International Labour Organization), ISO(International Organization for Standardization) 등 국제기구가 제시한 기준을 기반으로 운영된다. S-Partner 인증 제도 평가 프로세스는 그림 2-15에서 확인할 수 있다. 이에 더하여 Responsible Sourcing 정책, 리스크 실사 체계, 제3자 심사 등 다양한 방식으로 공급망을 관리하고 있다. 이어서, 노동과 인권을 위해 Blind Survey(전사 임직원들에 대한 인권 리스크를 예방하기 위해 익명으로 실시하는 설문조사)를 도입했다. Blind Survey 프로세스는 그림 2-16에서 확인할 수 있다. 노동 환경을 위해 근로시간 단축 및 재택근무를 제공하는 유연근무제도를 도입하기도 했다. 다음으로, 밸류체인에서 사회적 책임을 이행하기 위해 인재 개발에 힘쓰고 있다. 우수한 인재를 발굴하기 위해 다양한 인력을 채용하려고 하며, 교육 및 성과평가를 통해 우수 임직원을

표 2-10 **삼성SDI 조직문화 5대 목표**

공정한 평가	• 평가교육 강화를 통한 평가자 역량 제고 • 과정 관리를 위한 중간평가, 피드백 등 평가 면담 확대를 통한 평가의 절차적 공정성 확보 및 평가 수용성 제고
팀원 육성	• 부서별 EA(Education Agent) 선발을 통해 직무별 특화된 교육 및 학습셀, 사내 세미나 등의 현업 주도형 학습 추진 • 직무변경 희망 시 원하는 부서에 지원할 수 있는 커리어마켓 제도를 신설해 임직원 커리어 개발 지원
열린 소통	• 자유로운 의견 교환 및 토론문화 조성을 위한 간담회 인프라 확충 • 경영진과 전 사원 간의 정기 타운홀 미팅을 통한 상호 소통 활성화
업무 효율화	• 고부가가치 업무에 몰입할 수 있는 문화를 확산하기 위한 업무 효율화 우수사례 발굴, 시상 • 회의시간 단축, 참석자 및 자료 간소화 등 효율적 회의문화 조성
협업 촉진	• 부서 간 협업문화를 조성하기 위한 업무 유관부서 간 교류 확대 • 부서 간 협업과제를 선정하여 유관부서가 함께 이를 해결하고, 우수 사례를 시상하는 협업과제 해결과정 운영

자료: 삼성SDI(2023c).

발굴, 개발하고 있다. 마지막으로, 사회적 책임을 이행할 수 있는 조직문화를 구성하기 위해 해외 선진기업의 조직문화를 참고하여 조직문화 5대 목표를 수립했다. 삼성SDI의 조직문화 5대 목표는 표 2-10에서 확인할 수 있다.

다섯 번째 비전인 Credibility in Corporate Governance는 이사회 선진화, 주주 권익 보호, 윤리 및 준법을 위해 세워진 지배구조 선진화를 추구한다. 먼저, 이사회 선진화를 위해 독립성, 다양성, 전문성을 고려하여 이사회를 구성한다. 특히 ESG 경영을 강조하는 만큼, 이사회 내에 ESG 경영 전문성을 강화하기 위해 2023년에 환경 전문가를 새롭게 선임했다. 그리고 이사회 내에 세분화된 위원회를 설립하여 이사회의 책임을 효율적, 전문적으로 수행할 수 있도록 했다. 현재 이사회 산하에는 경영위원회, 감사위원회, 내부거래위원회, 사외이사후보추천위원회, 보상위원회, 지속가능경영위원회 총 6개 위원회가 있다. 다음으로, 주주 권익 보호를 위해

2022년에 주주환원 정책을 발표했다. 이 정책은 주주 환원에 대한 예측 가능성을 높이기 위해 3년간 기본 배당금 1천 원에 해당하는 FCF(Free Cash Flow)의 5~10%를 추가 배당하는 정책이다. 마지막으로, 윤리 및 준법을 위해 당사의 준법경영체계를 조정했고, 준법경영 지원을 위해서는 CEO 직속 컴플라이언스 팀을 개설했다. 이 팀은 CPMS(Compliance Program Management System)를 운영하면서 준법의식을 고취시킨다. 또한 삼성준법감시위원회를 설립하여 당사와 주요 7개 관계사에 대한 준법감시 및 통제 기능을 강화했다. 그리고 임원진이 윤리경영을 실현할 수 있도록 윤리 교육을 실시하고 윤리신고제도를 도입했다.

여섯 번째 비전인 Transparency in Stakeholder Engagement는 이해관계자의 참여를 증진시킨다. 삼성SDI의 주요 이해관계자는 고객, 주주 및 투자자, 임직원, 파트너사, 지역사회 및 시민단체, 산업협회 및 대학연구기관, 정부, 언론이다. 각 이해관계자 그룹의 다양한 의견을 효율적으로 수렴하기 위해 블로그, 페이스북, 유튜브 등의 소통 채널을 운영한다. 그리고 이해관계자와 건강한 관계를 유지하기 위해 투명한 정보공개원칙을 따른다. 예를 들어, 단체급식거래 관련 제재현황 및 개선사항 같이 삼성 SDI 내의 문제와 그에 대한 해결 과정을 투명하게 공개하고 있다.

IMPACT 비전 외에 삼성SDI는 연구개발 활동에 많은 투자를 하는 것으로 알려져 있다. 배터리 소재 연구와 원료 수급 안정화를 위한 리사이클 연구뿐만 아니라 ESG 경영에 기여할 수 있는 연구개발 활동도 한다. 삼성 SDI의 연구개발조직 체계도는 그림 2-17에서 확인할 수 있다. 삼성SDI는 글로벌 지역별로 특화된 배터리를 개발하기 위해 독일, 미국, 중국에 신기술 연구소를 설립했다(삼성SDI, 2023c). 현재 배터리의 안전성과 수명을 개선할 전고체 배터리와 코발트 프리(Cobalt-free) 배터리를 연구개발 중이

그림 2-17 삼성SDI 연구개발조직 체계도

	단기, 제품 중심 ○◀┈┈┈┈┈┈┈┈┈┈┈┈┈┈┈┈┈┈┈┈┈┈┈┈┈➤○ 중장기, 혁신적		
조직	삼성SDI 사업부 개발팀	삼성SDI 연구소	삼성종합기술원
기능	제품 개발	플랫폼 성능 확보	미래 배터리 기술 연구
상세 R&R	상용화를 위한 제품 개발	차세대 소재 & 기술 플랫폼	프런티어 연구 & 신사업 테크놀로지 시딩(seeding)

자료: 삼성SDI(2023c).

다. 전고체 배터리는 액체 상태의 저해질을 고체로 대체한 배터리이며, 에너지 밀도와 성능 모두 뛰어나다. 코발트 프리 배터리는 배터리의 주원자재인 코발트의 수급 리스크를 완화하여 제조한 배터리이다. 코발트 함량을 줄인 코발트 리스(Cobalt-less)와 코발트 제로인 코발트 프리 양극재 개발도 추진하고 있다(뉴스투데이, 2023). 삼성SDI는 이에 더하여 배터리 리사이클링에도 힘쓰고 있다. 폐배터리 회수 확대를 위해 2022년에는 리사이클 연구 랩을 신설했고 협력회사와 기술협력 및 산학협력을 통해 리사이클링 신기술을 개발하겠다고 발표했다. 이처럼 활발한 연구개발 활동을 통해 삼성SDI는 꾸준히 특허를 확보함으로써 배터리 사업에서 입지를 다지고 있다. 삼성SDI를 포함하여 오늘날 한국 배터리사들은 미국 및 중국과 비교해도 더 많은 특허 건수를 기록하고 있다. 표 2-11에서 나라별 배터리 업계 누적 특허 수를 확인할 수 있다(삼성SDI, 2023c).

그림 2-18은 삼성SDI의 ESG 성과를 보여준다. 2018~2022년 5개년 ESG 성과를 분석한 결과, 기업의 사회적 성과를 나타내는 지표인 S는 비교적 변화 폭이 적어 안정적인 모습이다. 기업의 지배구조 성과를 나타내는 G는 전반적으로 증가 추세인 반면, 환경적 성과를 나타내는 E는 증가 추세

표 2-11 **국가별 배터리 업계 누적 특허등록 현황 (단위: 건)**

구분	2020	2021	2022
한국	5,070	5,231	5,782
미국	4,022	3,976	4,107
중국	2,038	2,042	2,326
일본	1,410	1,336	1,435
유럽	4,113	4,410	4,743
기타	983	740	804
합계	17,636	17,735	19,197

자료: 삼성SDI(2023c).

그림 2-18 **삼성SDI ESG 성과**

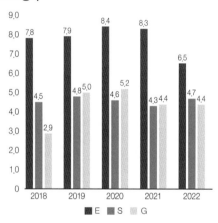

자료: MSCI(2023b).

를 보이다가 2022년에는 전년 대비 약 21% 감소했다. 삼성SDI의 환경성
과에 영향을 미치는 핵심 요인 중 하나는 액화천연가스(LNG)이다. LNG는
배터리 공정에서 드라이룸 환경을 조성하기 위해 사용된다. 드라이룸은
실내 공기조건이 노점(Dew Point) 영하 10℃ 이하로 유지되는 환경을 의미
하고, LNG는 드라이룸 환경 조성을 위한 보일러 설비 가동에 주로 사용된
다. 삼성SDI는 2022년 10월에 친환경 경영을 선언하며 환경성과 개선을

표 2-12 **삼성SDI 재무성과 (단위: 백만 달러)**

구분	2018	2019	2020	2021	2022
매출	9,158,272	10,097,426	11,294,770	13,553,220	20,124,070
순수익	686,003	348,802	562,282	1,144,550	1,910,056
ROA	0.035	0.018	0.026	0.044	0.063
ROE	0.058	0.028	0.043	0.078	0.116
ROS	0.075	0.035	0.050	0.084	0.095

자료: Compustat(2023).

위한 새로운 경영 전략을 발표했다. 예로 LNG 보일러를 전기보일러로 대체하고, 소각 설비는 LNG 미사용 흡착 설비로 교체하는 계획을 수립했다(매거진한경, 2022). 이에 더하여 전기차 활성화는 폐배터리 증가로 인한 환경 악영향을 수반하기 때문에, 배터리 리사이클링 비중을 높이기 위한 체계를 구축하여 환경성과 개선을 위해 노력하고 있다(데일리포스트, 2022).

표 2-12는 삼성SDI의 재무성과를 보여준다. 2018~2022년 매출은 연평균 성장률(CAGR) 약 22%를 기록하며 꾸준히 성장했고, 순수익도 CAGR 약 29%를 기록하며 상승세가 나타났다. 삼성SDI는 다른 배터리 업체에 비해 보수적으로 투자하는 경향이 있었지만, 미국 IRA에 대응하여 북미시장 확대에 주력했다. 예로, GM과 배터리 생산거점 확보를 위한 조인트벤처(JV) 설립에 합의했다. 양 사는 JV 설립에 약 30억 달러를 투자할 예정이고, 삼성SDI는 2026년 30GWh 이상의 전지 생산능력을 확보할 것으로 기대된다(매일경제, 2023b). 전 세계적으로 친환경 전환을 위해 배터리 시장이 많은 주목을 받고 있기 때문에, 삼성SDI의 재무성과는 지속적으로 개선될 것으로 예상된다.

3) 파나소닉

파나소닉(Panasonic)은 일본의 전자기기 복합기업으로 TV, 카메라, 노트북, 스마트폰, 배터리 등 다양한 전자제품을 제조한다. 파나소닉에서 배터리 사업을 담당하는 기업으로는 고객용 배터리를 제공하는 파나소닉 에너지(Panasonic Energy)와 산업용 배터리를 제공하는 파나소닉 인더스트리(Panasonic Industry)가 있다. 파나소닉 에너지의 초기명은 에너지 컴퍼니(the Energy Company)였으며, the Industrial Solutions Company, the US Company의 테슬라(Tesla) 에너지부, 파나소닉의 에너지 기술부를 기반으로 출범했다. 이후 파나소닉이 지주회사 체제로 전환하자 에너지 컴퍼니는 파나소닉 에너지로 기업명을 변경했다. 현재 파나소닉 에너지의 대표이사는 카즈오 타다노부이다(Panasonic Energy, 2023a). 2022년에 설립된 파나소닉 인더스트리는 전기 및 전자 부품과 제어장치 및 전자재료를 개발, 제조하는 기업이다. 파나소닉 인더스트리의 기존 기업명은 마쓰시타 일렉트로닉 컴포넌츠(Matsushita Electronic Components)이며 2005년에 파나소닉 일렉트릭 디바이스(Panasonic Electronic Devices)로 기업명을 변경했다. 이후 파나소닉 에너지와 같이 파나소닉이 지주회사 체제로 전환하면서 파나소닉 인더스트리라는 기업명으로 운영되고 있다(Panasonic Industry, 2023b). 2023년 기준 직원 수는 4만 2천 명이며 현재 파나소닉 인더스트리의 대표이사는 사카모토 신지이다(Panasonic Industry, 2023a).

카즈오 타다노부는 히로시마 대학교 공학 대학원을 졸업한 후 1992년 파나소닉에 입사했다. 그는 파나소닉 그룹에서 약 30년간 경력을 쌓으며 파나소닉 베테랑으로 성장했다. 입사 초기에 카즈오는 동남아시아의 전자 및 자동차 사업을 담당하는 리더직을 맡으며 성장했다. 2017년에는 에너지 사업에 합류하며 차세대 리튬이온 배터리 개발과 글로벌 전기차 보급 확대를 주도했다. 2022년부터는 파나소닉 에너지의 대표이사이자 사장으로 근무하고 있다(Panasonic Energy, 2023a). 카즈오는 전기자동차 시장이 확대함에 따라 증가하는 배터리 수요를 충족하는 것이 중요하다고 말했다(Hyundai NGV, 2022). 특히 그는 향후 북미시장에 초점을 맞출 것이라고 발표했으며 북미 지역의 배터리 생산능력을 3~4배 증가시키겠다는 포부를 밝혔다(Byline Network, 2022). 그리고 그는 테슬라를 최우선으로 하되 다른 완성차 업체들과의 작업 가능성도 배제하지 않겠다는 입장을 밝혔다. 인터뷰에서는 배터리 업계의 증설 경쟁에 회의적인 입장을 표했으며, 투자의 양보다 신기술 개발과 기존의 분야 중 발전 가능성이 있는 쪽에 투자하겠다며 했다(The Guru, 2021). 여러 인터뷰에서 말한 것처럼, 카즈오는 북미시장 공략과 기술개발에 공을 들이고 있다.

파나소닉 에너지는 개발에 힘쓰는 만큼 다양한 고객용 배터리 제품을 선보이고 있다. 먼저, 건전지로는 EVOLTA, 알칼리성 배터리, 망간 배터리를 출시하고 있다. EVOLTA는 파나소닉 배터리 중 가장 오래 지속되는데, 카메라 플래시처럼 배터리 소모량이 큰 장치에 적합하다. 알칼리성 배터리는 성능과 긴 수명, 안전성과 내구성의 균형을 맞춘 제품으로 방전량이 큰 장치에서 유용하다. 망간 배터리는 시계처럼 전력 소모가 적은 제품에 최적화되어 있으며, 스마트한 누수방지 기능이 있고 특정 독성 화학물질을 사용하지 않아 가족과 환경에 안전하다(Panasonic Energy, 2023b). 다음으로, 파나소닉은 충전식 배터리(스탠더드와 엔트리)를 제공하고 있다. 스탠더드 충전식 배터리는 고전류 애플리케이션부터 중전류 애플리케이션까지 다양한 용도로 사용 가능하며 고용량, 고전력을 제공한다. 엔트리 충전식 배터리는 비용을 절약하는 데 좋은 제품으로 낭비와 자원 사용량이 적어 친환경적이다. 특수 용도에 맞게 제작된 배터리로는 코인 리튬(Coin Lithium), 알칼리성 버튼(Alkaline Button), 원통형 리튬(Cylindrical Lithium), 아연 공기(Zinc Air)를 제공한다. 아연 공기 배터리는 차세대 보청기용으로 개발되었는데, 크기가 매우 작고 가볍다(Panasonic Energy, 2023a). 이처럼 파나소닉 에너지는 기술 혁신으로 다양한 고객용 배터리를 제조, 판매한다.

또 다른 파나소닉 에너지 제품에는 에네루프(Eneloop) 배터리가 있다. 에네루프 배터리는 건전지의 고성능과 충전지의 친환경적인 장점을 결합한 제품이다. 특히 총 2100회까지 충전이 가능하다는 점에서 일반 충전지의 장점을 월등히 뛰어넘는다(그림 2-19 참조). 파나소닉 에너지는 이 장점 때문에 에네루프 배터리를 재사용할 때마다 비용을 절약하고 지구를 보호할 수 있다는 메세지로 제품을 홍보한다. 성능 측면에서도 에네루프 배터리는 고전류 장치와 같이 안정적인 전압에서 더 나은 방전 성능을 나타낸다. 예를 들어 디지털 카메라에 에네루프 배터리를 적용하면 일반 건전지보다 약 4.5배 더 많은 사진을 촬영할 수 있다. 게다가 금속-수소 합금

그림 2-19 **파나소닉 에네루프 배터리 vs. 건전지**

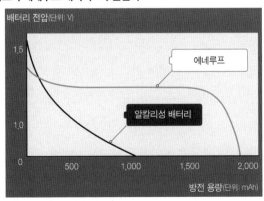

자료: Panasonic Energy(2023a).

격자를 개선하여 10년 보관 후에도 기존 용량의 70%를 유지할 수 있다. 이처럼 긴 수명뿐만 아니라 20~50℃의 온도 범위에서도 고성능을 유지할 수 있다. 심지어 -20~0℃의 극한 환경에서도 성능을 발휘할 수 있다. 현재 파나소닉은 에네루프 프로, 에네루프, 에네루프 라이트 총 세 가지 버전을 제공하고 있다(Panasonic Energy, 2023a).

사카모토 신지는 파나소닉 인더스트리의 대표이사로서 톱 라인에 집중한다는 자세로 경영에 임하고 있다. 그는 일본 내 정상을 노릴 뿐만 아니라 글로벌 시장에서도 정상을 달성하겠다는 뚜렷한 목표를 세웠다. 파나소닉 인더스트리는 국내 전자부품 대기업 4사에 도전장을 내밀었고, 전자재료와 커패시터 등 경쟁력 있는 분야를 핵심 사업으로 삼아 경영자원을 집중하고 있다. 사카모토는 이러한 노력으로 파나소닉 인더스트리의 2031년 3월기 매출을 약 1조 8천억 엔으로 끌어올리려는 계획을 밝혔다(日本経済新聞, 2022). 그는 최근 일본경제신문의 취재에서 2024년 초 스마트폰과 노트북을 비롯한 ICT 단말기 시장이 회복될 것이라는 전망을 내놓았다(日本経済新聞, 2023). 그가 밝힌 파나소닉 인더스트리의 미션은 다양한 디바이스 기술을 통해 더 나은 미래로 가는 길을 열고 사회에 지속적으로 기여하며 세상에 일어날 변화를 예측함으로써 고객과 함께 사회를 변화시키는 것이다(Panasonic Industry, 2023d). 이처럼 파나소닉 인더스트리는 사카모토를 주도로 발 빠르게 미래의 변화를 예측하여 움직이고 있다.

파나소닉 인더스트리는 주로 산업용 배터리를 제조, 판매한다. 먼저, 충전이 가능한 2차전지로는 리튬이온 배터리와 니켈수소 배터리가 제조되고 있다. 리튬이온 배터리는 원통형, 프리즘마클형, 파우치형, 핀형 형태로 제공되며, 니켈수소 배터리에 비해 에너지 밀도가 높아 더 작은 형태로도 높은 출력을 낼 수 있다. 또한 충전하여 반복적으로 사용할 수 있기 때문에 긴 수명이 장점이다. 일반적으로 충전지의 수명은 완전 충전과 방전 횟수로 정의되기 때문에 충전지의 수명은 완전 충전과 방전 횟수가 많을수록 길다. 파나소닉 인더스트리 배터리의 장점은 고용량과 높은 안전성이다. 배터리는 용량이 증가함에 따라 안전성을 확보하는 것이 핵심이다. 따라서 파나소닉 인더스트리는 더 나은 배터리 재료와 제조 공정을 지속적으로 개발하여 배터리 안전성을 확보하고자 한다. 특히 셀에서 팩과 모듈로 쌓아 올릴 때 더 안전할 수 있도록 배터리 제어 기술 개발에도 투자하고 있다. 이처럼 안전성에 투자하는 전략은 고객층이 높은 신뢰성을 유지하는 데 도움을 준다(Panasonic Industry, 2023c).

리튬이온 배터리 중 파나소닉 인더스트리는 핀형 리튬이온 배터리를 주력으로 삼고 있다. 핀형 리튬이온 배터리는 초소형 슬림 배터리로 제조된다. 초소형 슬림 배터리 형태는 스타일리시한 디자인을 살릴 수 있을 뿐만 아니라 높은 출력도 실현 가능하다. 그리고 20분 만에 80%를 충전하는 급속 충전을 제공하기 때문에 휴대용 기기에 적합하다. 이에 더하여 고강도 스테인리스 외장 케이스에 삽입되어 안전성과 신뢰성을 제공한다. 이러한 장점 때문에 핀형 리튬이온 배터리는 웨어러블 디바이스나 의료기기에 적합하다고 평가된다(Panasonic Industry, 2023d).

니켈수소 배터리는 넓은 온도 범위에서 작동하는 것이 장점이다. 온도 범위가 넓다는 것은 저온에서 고온까지 혹독한 환경에서도 무리 없이 작동한다는 의미이다. 그리고 이 배터리는 재활용성이 높고 충전과 방전을 반복할 수 있다는 점에서 친환경적이라고 평가받는다. 또한 니켈-카드뮴(Ni-Cd) 배터리를 대체할 수 있으며 이보다 수명이 더 길다. 니켈수소 배터리는 다양한 산업 분야에 사용된다. 자동차 산업에서는 TCU, eCall, 드라이브 레코더와 같이 자동차 전장 부품의 백업 배터리로 사용된다. 인프라 산업에서는 태양광 가로등, 해양 부포, 비상등, 유도등, 엘리베이터 비상 정지에 백업 배터리로 사용된다. 높은 안전성과 신뢰성을 요구하는 의료 기기나 고속방전 특성이 필요한 전동 공구에도 적합하다(Panasonic Industry, 2023c).

파나소닉 인더스트리는 2차전지와 더불어 충전식이 아닌 1차전지도 제조한다. 1차전지 중에는 리튬 배터리가 있다. 파나소닉 인더스트리의 리튬 배터리는 여러 종류의 배터리에 적용할 수 있다. 소형 장치용부터 비상용 백업 배터리까지 다양한 형태를 제공한다. 넓은 온도 범위에서 작동하며, 장기간 유지 보수가 어려운 실외기기에 적합하다. 특히 자동차 산업과 인프라 산업에 많이 쓰인다. 자동차 산업에서는 원격 키리스 엔트리, TPMS, eCall 등 전장 부품의 백업 배터리로 쓰인다. 인프라 산업에서는 가스 및 수도 계량기, 자동심장충격기, 화재경보기 등에 쓰인다. 건설기계, 농기계, 수위센서 등 실외기기나 무선 네트워크 기기에도 쓰이는데, 이들 기기는 배터리를 교체하기가 어렵기 때문에 일회용 리튬 배터리를 사용한다(Panasonic Industry, 2023d).

2022년 파나소닉 그룹은 지주회사 체제로 전환함으로써 자율책임경영의 이행과 중장기적 사업 경쟁력을 강화하고자 했다. 지주회사 체제에 따라 분사된 각 운영회사들은 권한과 책임이 대폭 확대되면서 외부 환경 변화에 더욱 빠르게 대응하고 사업 특성에 맞는 유연한 전략을 설계할 수 있었다. 지주회사는 각 운영회사의 관리를 위해 KPI와 같은 비재무 지표를 모니터링한다. 또한 그룹의 지속가능경영 추진을 위해 위원회를 수립하여 각 운영회사를 적극 지원하고 있다(그림 2-20 참조). 오늘날 파나소닉은 지속가능경영의 원칙을 따르며 매년 지속가능경영 보고서를 발행한다.

Panasonic Sustainability data book 2022에 따르면, 파나소닉의 지속가

그림 2-20 **파나소닉 그룹의 지속가능경영 추진 구조**

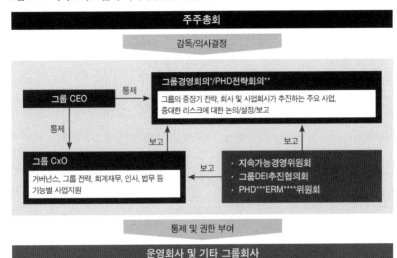

주: * 그룹경영회의_ 그룹 CEO 주재, 사업회사 사장, 각 부서장 등 임원 20명 내외로 구성
　　(월 1회 개최 원칙)
　　** PHD전략회의_ 그룹 CEO 주재, 인사, 회계, 법무 등 부서장을 포함한 임원 10명으로
　　구성(월 2회 개최 원칙)
　　*** PHD_ 파나소닉홀딩스 주식회사
　　**** ERM_ 기업위험관리
자료: Panasonic Group(2022).

능경영 철학은 세계 문화 발전에 기여하는 것이다. 파나소닉은 '기업은 사회의 공적 존재'라는 생각을 기초로 삼으며 사람, 돈, 상품 등 모든 경영자원이 사회로부터 나온다고 믿는다. 기업은 사회가 제공한 자원을 활용하여 사업을 영위하기 때문에 사회와 함께 발전해야 한다고 생각하는 것이다. 파나소닉은 ESG 관점에서 당사의 기본 경영 철학(BBP: Basic Business Philosophy)을 해석했다. BBP는 기후변화를 포함한 지구 환경문제 해결과 인류의 건강 및 복지에 기여하는 것을 명시한다. 이러한 BBP를 기반으로, 파나소닉 인더스트리는 자율책임경영, 기업가 정신 실천, 인적 자원 및 경영 극대화, 컴플라이언스를 규정한다. 결론적으로, 파나소닉 BBP의 핵심은 지구화 사회에 대한 기여를 유지, 확대하는 것이다.

파나소닉 그룹은 '환경 비전 2050'을 기반으로 중장기적인 환경 목표를 세웠다. 목표는 에너지 사용량 감축을 추진하는 동시에 사용량보다 더 많은 양의 청정에너지를 생산, 활용하는 것이다. 구체적으로는 제품의 에너지 절감 성능을 향상시키는 기술을 개발하고 제조 공정에 혁신을 도입하여 에너지 사용량을 줄이고 에너지 발전 및 저장 사업을 확대하여 에너지 생산량을 늘리는 것이다. 파나소닉은 2022년 환경에 관한 장기 비전인 'Panasonic GREEN IMPACT'를 발표했다. 이 비전은 파나소닉이 환경 목표를 위해 실행할 세 가지 행동(ACT)의 의미를 함축하고 있다(Panasonic Group, 2022). 첫 번째, OWN IMPACT는 밸류체인 전반에서 1억 1천만 톤의 이산화탄소 배출량을 줄이기 위한 행동이다. 이 ACT는 2050년까지 그룹 내 순배출량 제로를 달성하고자 한다. 두 번째, CONTRIBUTION IMPACT는 자동차 배터리를 탑재한 친환경 차량 판매, 공급망 소프트웨어 개발, 공기 질 및 공조 사업을 통해 고객 에너지 절감 1억 톤을 목표로 한다. 세 번째, FUTURE IMPACT는 수소에너지 및 기타 분야에서 새로운 기술과 사업을 창출하여 사회에너지 절감 1억 톤을 목표로 한다(전자신문, 2023).

기업 환경영향 관리를 위해 파나소닉은 사업장의 환경성을 관리, 모니터링하기 위해 모든 사업장에 에코 시스템을 도입했다(그림 2-21 참조). 이 시스템은 각 사업장의 월별 이산화탄소 배출량 데이터를 수집해준다. 파나소닉은 수집된 배출 정보를 바탕으로 사업장의 환경 영향을 효율적으로 관리 감독할 수 있다. 게다가 에코 시스템은 지역사회 주민의 민원이 들어오거나 특정 수치가 규제 수준을 초과하면 즉시 파나소닉 그룹의 품질환경사업부 관련 담당자에게 이메일로 알림이 가도록 되어 있다. 이에 더하여 파나소닉은 제품의 환경영향 관리에도 신경 쓰고 있다. 최근 제품

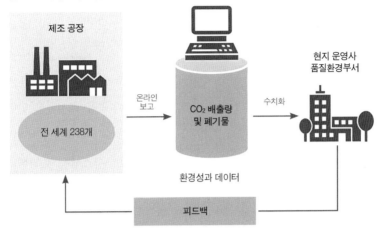

그림 2-21 **파나소닉 그룹 에코 시스템**

제조 공장

전 세계 238개

온라인 보고

CO_2 배출량 및 폐기물

수치화

현지 운영사 품질환경부서

환경성과 데이터

피드백

자료: Panasonic Group(2022).

에 포함되는 화학물질에 관한 법률이 더욱 엄격히 강화되었다. 이에 대응하기 위해 파나소닉은 당사 제품에 포함되는 화학물질을 관리하는 자체관리 시스템을 개발했다(Panasonic Group, 2022). 또한 REACH 규정에 따라 EU 공급망에서 화학물질 정보를 공개한다(EU, 2023).

파나소닉은 UN 및 ILO(국제노동기구)의 국제 기준과 법률을 기반으로 인권 관련 위험을 식별하고 예방하기 위해 노력하고 있다. 먼저, 그룹의 최고인사책임자가 인권 존중 이니셔티브를 책임지도록 하여 인권 및 노동 관리를 지원한다. 그룹 최고인사책임자의 성과 지표에는 인권 및 노동 관련 항목이 포함된다. 그리고 당사뿐만 아니라 협력사들과 협력하여 CSR 자체평가 이행을 추진한다. 특히 인사 부서는 운영회사들과 협력하여 그룹 사업장 전체에서 이니셔티브 추진을 지원한다. 정책적으로는 고용 및 직업 분야에서 차별 철폐를 추진하고 있다. 연령, 성별, 인종, 종교, 신분 등에 근거한 차별은 금지된다. 또한 윤리 및 규정 준수 강령을 수립하여 직장 내 차별 위험을 관리한다.

　인적 자원을 위해서 파나소닉은 '기업은 곧 사람이다'라는 슬로건을 만들고, 성별, 나이, 국적에 관계없이 다양한 인재를 발굴해내기 위해 노력하고 있다. 그리고 PGC(Panasonic Global Competencies)를 수립하여 리더에게 필요한 리더십 역량과 임직원에게 필요한 핵심 역량을 규정하고 있다. PGC는 사업장 전반에서 리더들에게 실질적인 이니셔티브 개선을 촉진한다. 또한 임직원의 의욕을 고취하고자 성과연동 보상시스템을 도입했다. 성과연동 보상 시스템은 이전 회계연도의 회사 실적에 따라 현재 회계연도의 보너스 수준을 책정하는 시스템이다. 이 시스템은 개인의 보너스 금액도 이전 회계연도의 개인 실적을 고려하여 측정한다(Panasonic Group, 2022).

　전 세계 약 1만 3천 개의 공급업체와 거래하고 있는 만큼, 파나소닉은 ESG를 이행하기 위해 전 공급망에 걸쳐 글로벌 비즈니스 파트너 활동을 추진하고 있다(Business Wire, 2022). 2022년에는 공급망 컴플라이언스 규정을 제정하여 공급망 CSR을 촉진시키고 있다. 이 규정을 기반으로 조달 업무의 철저한 이행과 더불어 정기적으로 관리 검토를 실시하는 것이다. 또한 사회와 이해관계자의 동향을 고려하여 필요에 따라 지속적으로 규정을 개선하고 있다. 게다가 파나소닉 공급망 CSR 지침을 설립하여 공급업체에 제시한다. 파나소닉은 국내외 구매계약 시 이 지침을 의무로 준수할 것을 요구한다(Panasonic Group, 2022).

　그림 2-22는 파나소닉의 ESG 성과를 보여준다. 2018~2022년에는 전체적으로 큰 변화가 보이지 않았다. 구체적으로 E는 평균 -1% 성장률을, S는 약 -3% 성장률을 보였다. G는 약 4% 성장률을 보이며 성장하는 추세가 나타났다. 파나소닉은 '기업은 곧 사람이다'라는 슬로건을 통해 기업의 사회적 책임 개선을 위해 노력하고 있고, 2022년에는 장기 비전인

그림 2-22 **파나소닉 ESG 성과**

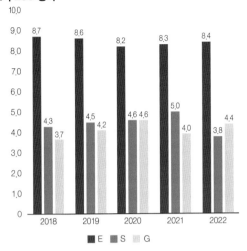

자료: MSCI(2023b).

표 2-13 **파나소닉 재무성과**

구분	2018	2019	2020	2021	2022
매출	8,002,733	7,490,601	6,698,794	7,388,791	8,378,942
순수익	284,152	225,704	165,069	255,312	265,487
ROA	0.047	0.036	0.024	0.032	0.033
ROE	0.148	0.113	0.064	0.081	0.073
ROS	0.036	0.030	0.025	0.035	0.032

자료: Compustat(2023).

Panasonic GREEN IMPACT를 발표하며 ESG 성과를 종합적으로 개선하고자 노력하고 있기 때문에 ESG 성과 개선여부는 앞으로 주목할 필요가 있을 것이다.

표 2-13은 파나소닉의 재무성과를 보여준다. 매출의 CAGR은 약 1%, 순이익의 CAGR은 약 -2%로 나타났다. ROA, ROE, ROS도 전반적인 하락세였다. 파나소닉은 1990년대 반도체 산업에서 글로벌 10위 기업의 위상을

구축했지만, 한국과 대만 경쟁기업의 성장과 미중 무역분쟁의 영향으로, 2019년에 반도체 사업을 매각했다(한국경제, 2019). 이에 더하여 4680 배터리 양산 시기를 2024년 4~9월까지로 연기했다. 배터리 성능을 개선하기 위해 양산 시기가 늦춰졌지만, 기존 계획보다 약 1년 연기된 것이라 시장 안팎에서 아쉬운 평가를 받았다.

파나소닉은 배터리 시장에서 경쟁력을 강화하기 위해 네바다 기가팩토리 배터리 생산량을 2026년까지 10% 확대한다고 밝혔고, 현재 38GWh 수준의 배터리 생산력은 39GWh 수준으로 증가시킬 것으로 기대된다(글로벌경제신문, 2023; 딜사이트, 2023). 테슬라는 "buy as much as (Panasonic) can make"라는 의사를 표현하며 파나소닉의 4680 배터리 생산에 많은 기대를 드러냈다(Reuters, 2023b). 만약 파나소닉이 배터리 생산량 증가 및 4680 배터리 양산에 본격적으로 돌입한다면 재무성과가 상당히 개선될 것으로 예상된다.

4) CATL(Contemporary Amperex Technology Co. Limited, 宁德时代)

CATL은 중국의 푸젠 성 닝더 시에 위치한 배터리 제조기업이다. 1999년 설립된 배터리 기업 ATL의 차량용 배터리 사업부가 2011년 분사하며 설립되었다. ATL은 이후 일본 TDK에 인수되어, ATL의 기술을 활용하는 CATL은 오늘날까지도 TDK에게 기술료를 지불한다. CATL은 칭하이 성 닝양 시에도 제조 거점을 두었다. 독일 베를린에도 주요 연구개발센터를 두고 2014년에 자회사 CATG를 설립했으며, 빠른 성장으로 2017년에 세계 전기자동차 배터리 업계 1위를 차지했다. 같은 해인 2017년 프랑스, 미국, 캐나다, 일본에도 자회사를 설립했다. 2018년에는 선전 거래소에 처음 상장되었다. 2019년 이후로는 리튬 배터리 양산에 집중했고, 2021년에는 리튬이온 배터리 대비 40%의 비용 절감이 가능한 나트륨 이온 배터리를 출시하며 큰 이목을 끌었다(CATL, 2023). CATL은 중국의 공기업들과 전략적 협력 관계를 구축했다. 전략적 협력 관계를 체결한 기업들은 중국 화뎬(Huadian)공사, 국가전력투자공사(State Power Investment Corporation), 중국삼협공사(China Three Gorges Corportation), 중국에너지(China Energy), 에너지차이나(Energy China) 등이다. CATL의 초대 설립자는 쩡위췬(Zeng Yuqun)이며 그는 지금까지도 CEO를 맡고 있다.

쩡위췬은 상하이 교통대학교 공과대학 출신이며, 중국 언론은 그를 '승부사'라고 부른다. 이 별명은 그가 승부사 정신으로 자신의 목표를 위해서는 어떻게든 해낸다는 강인한 신념을 보여서 붙었다고 한다(Business Post, 2022a). 그의 강인한 신념은 CATL의 성장 과정에서 들여다볼 수 있다. CATL이 세워졌을 당시, 설립 지역인 닝더 시 주민 중에 CATL이 오늘날만큼 성장할 것이라고 예상한 사람은 없었다고 한다. 그러나 쩡위췬은 ATL부터 CATL까지 성공적으로 발전시키며 중국 배터리 업계의 성장을 주도한 인물로 평가받는다. CATL 설립 전 닝더 시의 GDP 순위는 중국 내 하위권이었으나 CATL과 지역정부의 협력으로 닝더 시에 식당, 호텔, 아파트가 생겨나면서 지역 전체의 환경이 크게 개선되었다(Business Post, 2022b). 2022년 기준 CATL은 488억 4900만 달러의 매출을 기록했으며(新浪财经, 2022), 직원 수는 2020년 기준 3만 3,078명이다(中国经济网, 2022).

배터리 제조를 주요사업으로 하는 CATL은 전기자동차를 포함한 각종 전자기기용 배터리를 제조 및 납품하고 있으며, 배터리 기술 개발에 상당한 비용을 지출하고 있다. CATL은 전기자동차 배터리의 핵심 경쟁력으로 세 가지를 내세웠다. 첫 번째 장점은 초장거리 주행이다. CATL은 셀의 에

표 2-14 2022년 제조사별 전기차 배터리 판매량

		Sales(M$)		Shipment(GWh)	
			M/S		M/S
1	CATL	34,557	27.5%	270	39.10%
2	LGES	15,391	12.30%	103	14.90%
3	BYD	12,086	9.60%	84	12.20%
4	SDI	7,478	6.00%	36	5.20%
5	SK On	5,821	4.60%	44	6.40%
6	Panasonic	4,477	3.60%	49	7.10%
7	Guoxuan	3,549	2.80%	17	2.50%
8	CALB	3,115	2.50%	24	3.50%
9	EVE	1,368	1.10%	9	1.30%
10	SVOLT	1,092	0.90%	8	1.20%
Market size(Based on pack)		125,548	100%	690	100%
Combined M/S of Top 10 Companies		71%		93%	

자료: SNE리서치(2023).

너지 밀도를 높이고 배터리팩의 디자인 혁신을 통해 초장거리 주행이 가능하도록 했다. 두 번째 장점은 고속 충전기술이다. CATL은 지능형 BMS(배터리 관리 시스템)를 개발하여 전기차의 충전 속도를 증가시켰다. 세 번째 장점은 강력한 출력과 긴 수명의 배터리이다. CATL은 배터리의 하드웨어와 소프트웨어 모두 혁신을 통해 자체 및 외부 유지보수의 부담을 줄였다(CATL, 2023). 배터리 경쟁력을 바탕으로 차량용 배터리 사업에서 승승장구 중인 CATL은 이미 계약을 체결한 테스라, 메르세데스 벤츠에 더해 현대자동차와 협력 확대를 논의 중이다(디일렉, 2023). CATL은 여러 기업과의 협력 그리고 지속적인 R&D를 통해 꾸준히 성장하여 2022년 기준 전기자동차 배터리 부문에서 세계 시장 점유율 1위를 기록했다(표 2-14 참조)(SNE리서치, 2023).

CATL은 R&D를 통한 기술 발전을 활용하여 ESG를 실천하고 있다. 현재 상용화된 터리에는 셀(cell), 모듈(module), 그리고 팩(pack)이 들어 있다. 그러나 CATL은 지속적인 배터리 기술 투자로 2019년 세계 최초로 모듈이 없는 배터리팩 CTP(Cell-To-Pack)를 출시하여 배터리 에너지 밀도를 크게 개선했다. 2019년부터 CTP 기술 R&D를 시작하여 2022년 6월에는 안전성, 효율성, 저온 성능, 서비스 수명을 모두 개선한 CTP 3.0, 일명 치린(Qilin)을 출시했다. CTP 3.0은 부피가 기존 배터리의 72% 수준이며, 최대 255Wh/kg의 에너지 밀도를 구현하여 전기자동차가 1천 km 이상을 주행할 수 있도록 제작되었다. CTP 개발은 전기자동차 산업을 활성화하고 배터리 제작에 필요한 자원을 축소하여 CATL의 친환경 전기자동차 산업에 큰 기여를 한 것으로 평가받는다.

CATL은 차량용 배터리뿐 아니라 ESS R&D에도 집중했다. ESS는 생산된 친환경 에너지를 효율적으로 보관할 수 있는 중요한 기술로 꼽힌다. CATL은 2020년에 자체 개발한 셀 수명 증가 기술을 기반으로 실외용 수냉식 EnerOne과 수냉식 CTP 캐비닛을 출시했다. EnerOne은 액체 냉각 시스템, IP 66 등급 방수 및 방진, 긴 수명, 높은 충전 효율, 높은 안정성을 가지고 있으며 최대 1만 사이클의 수명과 -30~55℃를 버틸 수 있는 내구성을 장착했다. 그 덕에 CATL의 ESS는 세계 시장의 43.4%를 점유하고 미국, 독일, 영국 등에서 활발히 사용 중이다(CATL, 2022; 매일경제, 2023a).

CATL은 자동차 배터리나 ESS처럼 시장에서 경쟁력 있는 제품을 개발하기 위해 R&D 투자에 많은 자원을 투입하고 있다. 2020년에만 R&D 예산으로 35억 6900만 위안(약 6,522억 원)을 쏟아부었다. R&D에 대한 공격적인 투자 덕분에 CATL은 매해 특허 수가 지속적으로 증가하고 있다(그림 2-23 참조)(CATL, 2020).

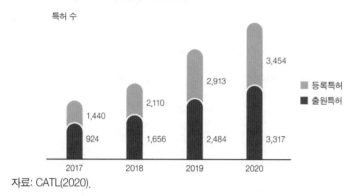

그림 2-23 **CATL의 등록 및 출원특허 추이**

특허 수

- 1,440 / 924 (2017)
- 2,110 / 1,656 (2018)
- 2,913 / 2,484 (2019)
- 3,454 / 3,317 (2020)

■ 등록특허
■ 출원특허

자료: CATL(2020).

CATL의 ESG 활동은 UN의 SDGs(UN Sustainable Development Goals)를 기반으로 한다. 목표 1은 빈곤 퇴치, 목표 4는 양질의 교육, 목표 7은 저렴하고 깨끗한 에너지, 목표 8은 양질의 일자리와 경제 성장, 목표 9는 산업혁신 및 인프라, 목표 12는 책임감 있는 소비와 생산, 마지막 목표 13은 친환경적 행동(climate action)에 해당한다. CATL은 SDGs에 해당하는 목표를 이루기 위해 자사의 문제 식별 및 중요성 분석 프로세스를 따른다.

문제 식별 및 중요성 분석 프로세스는 네 단계로 이루어진다. 첫 번째로 ESG 문제를 파악하고, 발견된 문제에 관한 정책, 업계 표준, 전문가의 의견을 수집한다. 두 번째로 CATL의 내부, 외부 이해관계자들의 의견을 수렴한다. 세 번째로 중요성 평가를 진행한다. 중요성 평가에는 이해관계자와 전문가 들의 의견을 고려하여 작성된 중요성 매트릭스를 활용한다. 마지막으로 해당 사항은 CATL의 지속가능경영위원회(The Corporate Sustainability Management Committee)에서 검토하여 중요한 문제들을 이사회에 보내 우선적으로 처리한다.

소비자가 전기자동차를 많이 사용하는 만큼 폐배터리도 증가한다. 폐

그림 2-24 배터리 재활용 폐쇄 루프

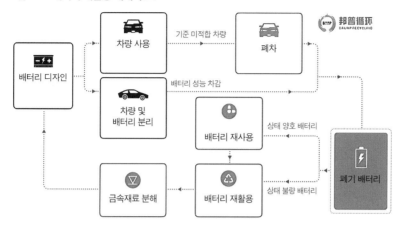

자료: CATL(2022).

배터리 증가 문제를 해결하기 위해, CATL은 원자재와 배터리 제품의 재
활용 폐쇄 루프(closed-loop)를 구축하고 기술 혁신을 통해 고품질의 재활
용을 선도해왔다(그림 2-24 참조). CATL은 자회사인 Guangdong Brunp를
통해 업스트림과 다운스트림의 상호 보완적인 장점을 가진 재활용 시스
템을 구축했다. 첨단 재활용 기술을 통해 배터리에서 금속, 비금속 및 기
타 재료를 추출한다. 니켈, 코발트 및 망간의 회수율은 99.3% 이상이다.
Guangdong Brunp는 CATL과 함께 패배터리 재활용 및 배터리 재사용에
대한 293개 표준 준비 및 개정에 참여했으며, 특허 총 1,950건을 출원했다
(CATL, 2022).

CATL은 자연환경 보호를 위해서도 지속적으로 노력하고 있다. 9억
4,255만 위안(약 1,728억 4,019만 원)을 투자하여 환경보호 홍보, 기술개발,
환경보호시설 건설 및 운영에 사용했다. 또한 포장 최적화를 통해 과다
포장을 방지하고 재활용 가능한 포장재를 이용하여 연간 목재 사용량을

약 12만 톤 축소했다. 그리고 주요 사업장의 오염물질 배출 농도를 기준치의 75% 미만으로 유지하고 수질오염 방지 및 수도 사용량 감소를 위해 노력했다. 밸류체인 상류 부문의 환경 악영향을 줄이기 위해 탄소발자국이 적은 원료를 사용하고 제품 환경관리 절차를 개발하여 모든 원자재 공급업에 금지 물질에 대한 위험 관리를 수행한다(CATL, 2022).

배터리 수요 증가에 따라 배터리 원자재에 대한 수요도 증가하고 있다. 공급망의 중요성을 고려하여 CATL은 공급업체를 관리하며 지속적으로 개선 노력을 기울이고 있다. 먼저 원자재 공급기업에 실사(due diligence)를 우선시하여, 2019년부터 제3자 기관과 협력하여 배터리의 핵심소재인 양극재와 음극재 공급업체 실사를 수행했다. 그 결과 2020년 기준 39건의 시정계획을 발표하고, 지속적으로 시정 사항을 고지할 수 있었다. 또한 공급망의 노동 기준, 산업 보건 및 안전, 환경 관리, 무역 안전, 부패 방지 및 상업적 뇌물 방지 부문을 지속적으로 관리하고 있으며, 파악된 공급망 정보는 투자자와 소비자 등 모든 이해관계자에게 투명하게 공개하고 있다(CATL, 2020).

임직원의 공급망 관리 역량 강화를 위해서는 지속가능한 공급망 개발과 관리를 주제로 임직원 교육을 19회, 공급업체 직원 교육을 51회 진행했다. 또한 안전하고 책임감 있는 공급망을 구축하기 위해 57개 공급업체를 대상으로 공급망 지속가능성 감사를 진행했다. CATL은 리튬이온 배터리 공급망을 위해 업계 최초로 감사 프레임워크인 CREDIT(Carbon footprint, Recycling, Energy, Due Diligence, Innovation, Transparency의 머릿글자, 지속가능개발을 위한 135개 ESG 평가 요소 개발 프레임)을 출범했다. CREDIT은 5개의 1차 평가지표와 24개의 2차 평가지표, 135개의 3차 평가지표로 이루어져 있으며, E, S, G 관점에서 지속가능성과 사회에 미치는 영향을 평가한다. CATL의 공급망 파트너들은 CATL의 실사와 CREDIT을 통해 CATL의 지속가능한 성장 계획에 동참하고 있다(CATL, 2022).

지배 구조적 차원에서도 CATL은 기업 내 지속가능경영위원회를 구성하여 지속가능성을 확보하기 위해 노력하고 있다. 지속가능성관리위원회는 지속가능성 관리 시스템 아래 8개의 하위 시스템과 23개의 관리 프로세스를 운영 중이다(CATL, 2020).

CATL(2022)은 임직원 교육 및 성장을 위해 960명의 교육 담당자를 채용하여 지금까지 100만 명 이상의 직원을 대상으로 산업 보건, 안전 교육 및 훈련을 실시했다. 임직원의 복지를 위해서는 12회의 심리 및 신체 건강 집단 상담, 13회의 심리학 강연, 36회의 심리 교육을 진행했으며 총 5,200명이 참석했다. 신체 건강을 위해서는 198개의 문화 및 스포츠 행사를 진행했으며 총 18만 7,896명이 참석했다. 경제적 어려움을 겪고 있는 직원

그림 2-25 **CATL 직원 및 관리직 성비**

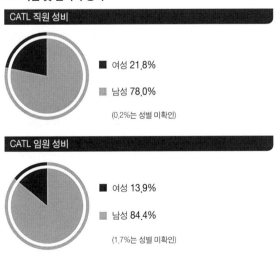

자료: CATL(2020).

164명에게는 상조기금(Mutual Aid Fund)의 지원을 받아 총 198만 위안(약 360억 9,400만 원)을 지원했다. CATL은 특히 평등을 중요시 생각하며 중국 노동법 및 해외 사업장의 기타 법률과 규정을 엄격히 준수하고 평등고용 원칙을 준수하여 다양하고 포용적인 근무환경을 조성한다. 기본적으로 지켜야 할 복지는 물론, 직장 내 성차별을 방지하기 위해 노력하고 있다. 인사 측면에서 남성과 여성을 동등하게 대우하며 여성이 기업 내에서 불리함이나 불편함이 없도록 모유수유 휴가, 출산 휴가, 육아 휴가를 제공한다. 임산부 직원을 위해서 안전한 개인 공간인 모유 수유실도 설치했다. 현재 CATL의 직원 및 관리직 성비는 그림 2-25에서 확인할 수 있다.

CATL은 지역사회 공헌활동의 일환으로 총 1만 2,893명이 참여한 799개의 자원봉사 활동을 진행했고, 사회 복지를 위해 1억 8,400만 위안(약 336억 원)을 기금했다. CATL이 2022년에 가장 집중했던 항목은 농촌 활성화이며, 채용 범위와 규모를 늘려 저개발 지역의 실업 해소를 돕고 있다. 또한 중국 9개 지역에서 채용 캠페인을 통해 700여 명을 채용했으며, 농촌지역 채용을 통해 낙후지역 소득 증대에 일조했다. CATL은 특히 빈곤 퇴치를 중요하게 생각하여 취약계층 약 2천 명의 취업을 지원했으며, 취약계층 기술 교육을 통해 개인의 성장과 경력 개발을 지원했다.

2020년 코로나19 발발 이후에는 전염병에 대응하기 위해 약 1,127만 위안(약 20억 원)을 지원했다. 코로나19 지원은 중국에만 한정되지 않고 독일에도 10만 장의 마스크와 20만 장의 위생 장갑을 전달했다. 또한 중화민국홍십자회(中国红十字会, Red Cross Society of China) 후베이 지사에 1천만 위안(약 18억 원)을 지원하고, 포산 지사에 약 127만 6,600위안(약 2억 원)을 지원했다.

2017년에 CATL은 자원봉사 팀을 구성하여 산업 발전, 교육, 보건을 통한 빈곤퇴치 사업을 벌였다. 56개 학교에 3억 위안(약 548억)을 지원하고, 칭하이 지사에 17억 2,694만 위안(약 3,145억 원)을 지원하여 1,466개의 일자리를 창출했다. 핑난 지사에는 6억 665만 위안(약 1,104억 원)을 지원하여 197개의 일자리를 창출했다. 경제 사정이 곤란한 학생 112명을 지원했으며, 학생 보조금으로 500만 위안(약 9억 원)을 배정했다. 지역사회 노인들에게도 32만 위안(약 5,800만 원)을 지원하고, 봉사단이 요양원을 지속적으로 방문했다(CATL, 2020).

2019~2022년 CATL ESG 성과는 다음과 같다(그림 2-26 참조). E에 해당하는 환경부문 성과는 6.8 수준의 높은 성과를 유지하며 조금씩 증가하는 추세이다. CATL은 중국 내 공장뿐만 아니라 국외 공장의 면적을 줄여 배터리 생산 활동으로 인한 오염을 줄이고자 계획했다. 일례로, 하즈두-비하르 카운티 정부청사에 공장면적 축소 계획서를 승인받아 배터리 생산

그림 2-26 **CATL ESG성과**

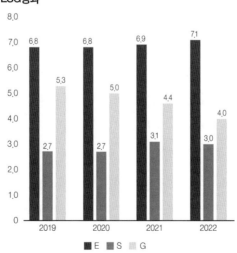

자료: MSCI(2023b).

과정에서 오염물질 배출 감소를 상당 정도 진전시켰다(Hungary Today, 2023). 이러한 노력으로 CATL의 환경부문 성과는 2022년 7.1을 달성했다. S에 해당하는 사회부문 성과는 전반적인 상승세를 보였다. 사회적 성과가 상승세를 나타낸 까닭은 CSR 이행을 위한 공급망 구축에 상당한 투자를 지속해왔기 때문이다. 예를 들어 CATL은 R&D를 통해 지속가능한 공급망 구축에 필요한 특허를 개발하고 임직원을 대상으로 지속가능한 공급망에 대한 교육을 실시했다. G에 해당하는 거버넌스 부문 성과는 지속적으로 하락세이다. 지배구조 개선을 위해 사외이사를 선임하는 등 노력에도 불구하고 G가 감소하는 원인은 이사회 구조 때문이라고 추정된다. 2021년 기준 CATL의 이사회는 다음과 같다. 회장인 쩡위췬이 대표이사와 이사회 의장을 겸하고, 사내이사 4명과 사외이사 3명, 그리고 감독이사회에 2명의 이사가 이사회를 구성했다(thebell, 2021). 대표이사의 겸직(CEO duality)이 지배 구조의 건전성에 긍정적 혹은 부정적 영향을 미치는지에 대한 명확한 기준은 제시되지 않았다. 다만 대리인 이론에 따르면 CEO가 이사진 내 힘의 균형을 위협할 만큼 강력한 권한을 보유하면 지배 구조의 효과적인 작동을 저해할 위험이 있다(IE Insights, 2021). MSCI의 ESG ratings에서 G를 구성하는 요인 중 감사 업무의 독립성, 경영 활동에 대한 관리감독, 이사회 체계 등에 대한 우려가 마이너스 요인으로 계산된다는 점을 고려한다면(MSCI, 2023b), CATL 대표이사의 겸직문제는 이사회 구성원 간 비대칭적 관계를 강화하며 G의 감소 추세에 영향을 미쳤을 것으로 보인다.

표 2-15는 CATL의 재무성과를 보여준다. CATL은 중국 내에서 성공적으로 성장하며 미국 2위 자동차 업체인 포드(Ford)와 협력하여 미시간 주 마셜에 배터리 공장을 신설했다. 이는 합작사가 아닌 기술제휴 형식으로, 정부 보조금을 챙기면서도 원가 절감을 할 수 있다는 점에서 포드 사에 좋

표 2-15 **CATL 재무성과 (단위: 백만 달러)**

구분	2018	2019	2020	2021	2022
매출	28,566	43,499	44,798	120,571	312,114
순수익	3,387	4,560	5,583	15,931	30,729
ROA	0.046	0.045	0.036	0.052	0.051
ROE	0.103	0.120	0.087	0.189	0.187
ROS	0.119	0.105	0.125	0.132	0.098

자료: Compustat(2023).

은 기회로 다가왔다(동아일보, 2023). 이와 같이 저렴한 자동차 배터리를 내세운 CATL의 전략 덕에 2018~2022년 CATL 매출의 CAGR은 82%를 기록했고, 순수익의 CAGR은 76%를 기록하며 가파르게 성장했다. 이에 따라 ROA, ROE도 증가했지만, ROS는 다소 감소한 것으로 나타났다. 따라서 CATL의 재무성과는 저렴한 배터리 제조 전략과 R&D 투자를 바탕으로 증가할 것으로 기대된다.

5) 비야디(BYD: Build Your Dreams, 比亚迪)

BYD는 왕촨푸(王传福, Wang Chuanfu)가 1995년 중국 광둥 성 심천에서 설립한 기업으로, 전자제품, 자동차, 재생에너지, 철도 운송 등 다양한 분야에서 활동하고 있다. 6개 대륙에 진출하여 30개 이상의 산업 시설을 보유하고 있으며(BYD, 2023), 특히 배터리 사업에서 두각을 드러내어 세계 배터리 시장 점유율 3위를 차지하고 있다(SNE Research, 2023). 2022년 기준 직원은 약 22만 4,280명이며 연간 매출액은 4,250억 위안(약 77조 원)에 달한다(BYD, 2020; 财富Fortune, 2023). 2007년에 홍콩증권거래소에 상장한 이후, 2008년 플러그인 하이브리드 전기자동차를 생산하고, 2010년에는 세계 최초로 전기 대중교통 솔루션을 개발했다. 이후 전기 대중교통 솔루션은 중국에서 국가 전략으로 채택, 육성되었다. 2020년 기준으로 전 세계 50개 국가와 300개 이상의 도시에 진출했으며, 유럽, 미국, 일본과 같은 선진국에도 진출한 최초의 중국 자동차 기업이다. BYD의 전기자동차는 최첨단 '블레이드 배터리'와 듀얼 모드 하이브리드 동력 기술(dual-mode hybrid power technology)을 사용한다.

블레이드 배터리는 500개 이상의 특허를 보유한 BYD가 출시한 차세대 리튬인산철(LFP) 배터리로 초저가, 초안전, 초장거리, 초수명, 초강도, 초출력, 초저온의 특징을 가지고 있다. 배터리 블레이드는 BYD가 20년 가까이 쌓아온 연구의 결정체로, 원자재 생산부터 제조까지 BYD 전부 책임진다. 기존 배터리에 비해 60% 효율이 좋고, 부피가 40%가량 작다(BYD, 2020).

블레이드 배터리의 장점 네 가지는 안전성, 성능, 초고속 충전 기능, 초장거리 주행 능력이다. 출시 당시 배터리 관통 테스트인 네일 테스트를 통과한 유일 배터리일 만큼 안전성을 갖추고 있으며(Autoevolution, 2021), 성능 측면에서는 최대 450kN의 압축 강도에 도달할 수 있다. 초장거리 주행능력을 갖춰 충전 속도도 빨라 30분 만에 30~80%를 충전할 수 있으며(The Driven, 2023), 차량용으로 e-Platform 3.0 구축 시 최대 620마일(약 998km)의 장거리 주행을 지원한다. 고성능 배터리를 바탕으로 BYD는 2022년 9월 기준 약 268만 대의 전기차를 판매했으며, ESG 활동에도 참여하여 지금까지 약 146억 7200만 kg의 탄소배출을 절감했다(BYD, 2023).

BYD는 안정적인 사업 확장을 위해 전 세계의 법률, 사회규범, 직업윤리 및 기업 내부규정을 엄격하게 준수한다. 우선 지적재산권 및 법무 전담부서를 설치하여 조직 전체의 지적재산권과 법무를 총괄하도록 했다.

BYD는 R&D를 통해 독점적인 재산의 축적을 시행하며 특허를 지속적으로 출원한다. 그 결과 점점 더 많은 특허를 등록한 기업으로 성장할 수 있었다(그림 2-27 참조).

BYD는 환경에 대한 직접적인 영향을 줄이기 위해 최선을 다하고 있다. 2020년에는 기술 및 장비 업그레이드를 위한 환경보호 프로젝트에 4억 5천만 위안(약 818억 원)을 투자했고, 신규 프로젝트 추진 시에는 환경영향평가를 진행한다. 또한 에너지 절약 기술을 개발해 전기 및 화석연료 사

그림 2-27 **BYD의 연간 특허등록 수**

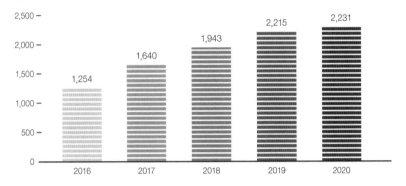

자료: BYD(2020).

표 2-16 **작년 대비 에너지 사용량**

지난 2년간 BYD 에너지/자원 소비

자원	Unit	2019	2020	전년 동기 대비 증가율
전기	Billion kwh	400,686.21	415,826.05	3.78%
천연가스	Million cubic meters	9,042.09	8,961.57	-0.89%
가솔린	Million liters	90.03	82.78	-8.05%
디젤	Million liters	26.49	14.45	-45.44%
물	Million cubic meters	2,819.11	2,940.49	4.31%
패키지	Tonnes	930,372	979,897	5.3%

자료: BYD(2020).

용량과 이산화탄소 배출량을 지속적으로 줄이는 등 탄소배출량 감축 목표를 지키기 위해 노력한다(표 2-16 참조).

BYD는 연비를 개선하는 동시에 탄소배출량을 줄여 환경을 보호하기 위해 노력했다. 당사의 환경보호에 대한 요구 사항은 개발을 포함한 전체 제품 수명주기에 걸쳐 적용된다. BYD의 목표는 친환경 제품을 통해 전력 소비에 대한 기존 규범을 바꾸고 대기오염과 교통 혼잡에 대한 효과적인 해결책을 개발하여 도시를 더 발전시키는 것이다. BYD는 스마트 태양광 시스템을 이용하여 태양에너지를 보다 효율적으로 전기로 변환, 보관한다. 태양에너지는 전기자동차, ESS와 함께 BYD가 친환경 목표에 다가서는 방법의 하나이다. 에너지 부족, 생태 파괴, 환경오염과 같은 위기에 직면했을 때 BYD는 사회적 책임을 적극적으로 이행하고 깨끗하고 효율적인 에너지 시스템 구축에 대한 전 세계적 요구에 부응한다.

BYD는 탄소배출량뿐 아니라 폐기물도 감소시키기 위해서 노력한다. 그 결과 1년간 쓰레기는 0.75%, 유해 폐기물은 45% 감소시켰다. 폐수 및 폐가스 배출량도 축소시켜 2020년 기준 전년 대비 산업 폐수는 약 13%, 폐가스는 약 3.3%, COD(Chemical Oxygen Demand)는 약 19% 감소시켰다. 미래의 배출량 감소를 위해서 BYD는 세계 최초로 리튬인산철 스타터 배터리(lithium iron phosphate starter battery)와 에너지 관리 시스템을 개발했다. 리튬인산철 스타터 배터리는 10년 이상의 수명과 3천 회 이상의 충전 및 방전 사이클을 지원하는 내구성을 가지고 있으며 유해한 물질을 사용하지 않고 RoHS(Restriction of Hazardous Substances in Electrical and Electronic Equipment)기준에 따라 제조되어 환경에 무해하다는 장점이 있다.

BYD는 품질 관리를 시행하여 제품의 품질 보장에도 힘쓴다. 원칙적으로 IATF 16949, ISO/TS 22163, CCC(China Compulsory Certification)와 같은

표준 규격에 따라 제품을 생산하며, 제조 과정에서 엄격한 검수를 통해 조금이라도 결함이 있는 제품은 즉시 파기한다. BYD는 제품 판매 이후 A/S(After Service)에도 집중한다. 판매한 제품에 하자가 있으면 즉시 리콜을 통해 고객에게 새 제품을 전달한다. 덕분에 BYD의 고객 만족도는 2019년 95.03%, 2020년 94.07%을 유지할 수 있었다(BYD, 2020).

BYD는 고객 및 소비자, 직원, 주주 및 투자자, 그리고 공급업체 등 모든 이해관계자를 고려하여 ESG와 CSR 활동을 추진 중이다. BYD는 커뮤니케이션을 중점으로 고려하여 사회적 책임에 대한 내부 커뮤니케이션에 적극적으로 나서고 있다. 2020년 BYD의 CSR위원회는 기업의 사회적 책임 프로그램 실행을 촉진하기 위해 회의, 교육 세션 및 인터뷰를 주최했다. 상시적으로는 직원들에게 급여, 산업 보건 및 안전, 직원 교육과 같은 부문에서 문의 창구를 마련했다. BYD는 내부 커뮤니케이션에 이어 외부 커뮤니케이션도 중요시한다. 2010년부터 BYD는 10년간 CSR 보고서를 발표하면서 경제, 환경, 사회를 발전시키기 위한 노력을 투명하게 공개하고 있다. 자체 보고서뿐 아니라 국가 차원에서 진행되는 중국자동차산업 사회적책임발전 보고서 작성에도 참여했다. 이 보고서는 CAAM(China Association of Automobile Manufacturers)의 연간 보고서로 중국 내 자동차 기업들의 기준 표준화, 플랫폼 구축의 역할을 수행한다(CAAM, 2023). BYD의 소통은 보고서를 발간하는 서면 소통에 그치지 않는다. 먼저, 고객 및 소비자에게는 SNS와 오프라인 전시회를 통해 친환경 제품 및 개인정보 관련 사항을 설명한다. 투자자에게는 기업의 성과와 운영규정 준수 여부를 보고하며 이는 주로 주주회의나 성과발표 때 이루어진다. 공급업체와는 공급망 관리, 제품 관리 및 책임에 대해 소통하며 이는 공급업체 교육 및 컨퍼런스를 이용하여 이루어진다. 그 외에도 정부기관, 산업표준협회,

NGO, 언론, 그리고 교육기관과도 활발히 소통한다. BYD는 앞으로도 모든 이해관계자와 소통을 이어나갈 계획이다(BYD, 2020).

BYD의 인사는 직원우선 원칙에 따라 운영된다. BYD는 모든 직원의 권리를 존중하고 성장을 지원하며, 공정하고 개방적인 환경을 조성하기 위해 노력한다. 2020년 기준 전 세계 BYD 임직원은 22만 명 이상으로, 연간 졸업자 997명, 인턴 171명, 장애인 833명을 채용하며 여성임원 비율은 16.9%이다. 미국, 브라질, 헝가리 등 주요 해외 생산공장에서는 근로자의 96%를 현지 인력으로 고용하고, 2020년에는 코로나19 실직자를 지원하고자 각국 정부와 협력하여 고용 플랫폼을 구축했다. 그 결과 1만 개 이상의 일자리를 창출할 수 있었다. 뿐만 아니라 BYD는 임직원에게 기술 교육, 온라인 학습 플랫폼, 공정한 임금을 약속한다. 거주, 교통, 의료 지원, 자녀 교육, 육아 측면에서 다양한 복지도 제공한다. 거주문제 해결을 위해서는 시중보다 저렴한 가격으로 임직원 전용 기숙사를 제공한다. 개인 차량이 없는 직원을 위해서는 출퇴근 버스를 운영하고 직원이 BYD 차량을 구매할 경우 계약금을 받지 않으며 추가 보조금을 지급한다. 의료 혜택은 노동법에 기반하여 제공하며, 본사가 위치한 중국 선전의 학교들과 협력하여 자녀 교육을 지원한다. 임산부 직원에게는 수유실과 육아 휴직을 제공하며 야근을 금지한다.

환경적, 사회적 측면을 벗어나서도 BYD는 지속적으로 기업 지배구조를 최적화하여 이해관계자들에게 더 나은 서비스를 제공하고자 노력하고 있다. 구체적으로, 이사회는 정기 주주총회를 개최하여 업무 진행상황을 보고하고 주주 결정을 시행한다. 경영진에게는 기업 규정과 의사결정 메커니즘, 승인절차 개선에 대한 지침이 제공된다. BYD의 지배 구조는 그림 2-28에서 확인할 수 있다(BYD, 2020).

그림 2-28 **BYD 조직도**

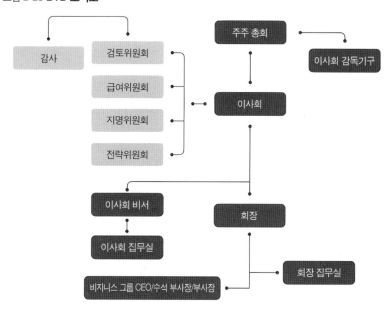

자료: BYD(2020).

그림 2-29 **BYD ESG 성과**

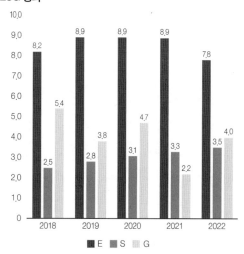

자료: MSCI(2023b).

2018~2022년 BYD ESG 성과를 분석해보았다(그림 2-29 참조). 먼저, E에 해당하는 환경부문 성과는 2018년 8.2에서 2019년 8.9로 성장한 뒤 꾸준히 준수한 성과를 유지했지만, 2022년에는 7.8로 급격히 감소했다. 이러한 감소세는 BYD 공장으로 인한 환경오염 때문인 것으로 보인다. 2022년 BYD는 공장에서 발생하는 오염에 대해 지역주민의 클레임을 받았다. 이는 후난 성 공장의 배기가스 배출로 환경이 오염되고 이 지역 어린이들이 원인 불명의 코피를 흘린다는 내용을 포함했다. 결국 BYD 후난 성 공장은 10월에 공장 생산을 잠시 중단했다(Financial Times, 2022a). 게다가 BYD의 라이벌 회사인 장성자동차(Great Wall Motor)는 2023년 중국 규제당국에 BYD의 가장 인기 있는 하이브리드 모델 2종이 배출 기준을 충족하지 못했다는 신고서를 제출한 것으로 전해졌다(Reuters, 2023a). S에 해당하는 BYD 사회부문 성과는 전체적으로 증가 추세였다. BYD의 사회적 성과는 2018년 2.5로 시작하여 2022년에는 3.5까지 증가하는 성과를 이루었다. 2019년 BYD는 포천(Fortune) 매거진의 Change the World 2019 리스트에서 3위를 차지했다. 포천은 기업을 평가할 때 경영 결과, 혁신 및 기업 통합의 정도와 더불어 사회적 영향력을 기준으로 한다. BYD가 이런 기록을 이룰 수 있었던 이유는 환경 혁신(Environmental Innovation), CSR 전략, 기업 경영에서 전반적으로 높은 성과를 보였기 때문이다(China.org.cn, 2019). 특히 BYD는 매해 CSR 보고서를 발행하고 꾸준히 컨퍼런스 및 온·오프라인 소통 창구를 통해 이해관계자 관리에 힘써왔다. G에 해당하는 거버넌스 부문 성과는 전체적으로 감소 추세를 보였다(CAGR -7%). 거버넌스 부문 성과 지표가 2.2로 최하를 기록한 2021년에 BYD는 지난 시에 지난비야디반도체유한회사라는 반도체 자회사를 설립했다. 3개월 전에는 시안 시에 시안비야디반도체유한회사를 설립했었다(KIPOST, 2021). 자회사 설

립은 기업의 전략적 목표를 달성하는 수단이 될 수 있지만, 지배구조 측면에서는 모회사의 부담을 증가시킬 수도 있다. 왜냐하면 자회사의 규모가 확대됨에 따라 모회사가 자회사의 경영 활동을 효과적으로 관리하는 데 어려움을 겪기 때문이다(Hu et al., 2020). 실제로 MSCI는 지배 구조가 임원의 비리 행위 또는 신뢰훼손 행위를 감독하는 데 겪는 어려움이 기업의 G 성과에 부정적 영향을 미치는 것으로 판단한다(MSCI, 2023b). 만약 BYD가 2021년 한 해에만 자회사 2개를 추가로 설립한 일이 BYD의 지배 구조가 효과적으로 작동하는 데 어려움을 더했다면, BYD의 자회사 확장은 G 성과의 급격한 감소를 유발한 것으로 추측된다. 그럼에도 불구하고, 2022년 BYD의 G는 자회사 확대 이전의 수준과 유사한 정도로 빠르게 회복세를 나타냈다. 따라서 BYD 지배 구조의 안정성이 상당하며 향후 G 성과가 개선될 것으로 예상한다.

표 2-17은 BYD의 재무성과를 보여준다. BYD는 경쟁사인 테슬라에 비해 저렴한 가격과 다양한 모델을 강점으로 내세우며 전기차 시장에서 뛰어난 성과를 보여왔다. 특히 2022년 연료로 구동되는 자동차의 생산을 중단하고 신에너지로 구동되는 자동차를 출시하면서 중국 내에서 폭발적인 판매량을 기록하며 전기차 시장 세계 점유율 1위를 달성하는 높은 성과를

표 2-17 **BYD 재무성과**

구분	2018	2019	2020	2021	2022
매출	123,845	123,322	151,940	208,285	414,781
순수익	2,780	1,614	4,234	3,045	16,616
ROA	0.014	0.008	0.021	0.010	0.034
ROE	0.050	0.028	0.074	0.032	0.150
ROS	0.022	0.013	0.028	0.015	0.040

자료: Compustat(2023).

보였다. 게다가 친환경 전환에 대한 국제적 관심이 높아짐에 따라 전기차 시장도 급격히 성장했고, 전기차 시장에서의 뛰어난 성과는 BYD 재무성과의 지속적 성장을 견인한 것으로 보인다(Al Jazeera, 2022; 한겨레, 2023). 결과적으로 2018~2022년 BYD는 매출의 CAGR 35%를 기록했고, 순수익의 CAGR도 56%를 기록하며 성장세를 보였다. 이러한 추세에 따라 ROA, ROE, ROS도 모두 증가한 것으로 나타났다.

6) 노스볼트(Northvolt)

노스볼트는 피터 칼슨(Peter Carlsson)과 파올로 세루티(Paolo Cerruti)가 2016년 설립한 스웨덴의 배터리 기업이다. 지속가능하고 높은 품질의 배터리와 시스템을 공급하겠다는 비전을 토대로 빠른 성장을 이어오고 있다. 노스볼트는 2017년 1월 첫 투자 1,200만 달러를 유치한 이후, 이듬해 2월 첫 배터리 모듈 프로토타입을 개발했다. 같은 해 3월 첫 테스트 전지를 고객사에 납품했으며, 2019년에는 각형 배터리셀 생산에 성공하고, 2020년에는 이동형 에너지 저장용 배터리인 볼팩 모빌 시스템(Voltpack Mobile System)을 출시했다. 2021년에는 리튬이온 전지를 생산했으며, 2022년에는 최초로 자동차 기업에 배터리를 조달한 유럽 배터리 기업으로 도약했다(Northvolt, 2023a).

세계경제포럼(World Economic Forum)이 2022년 대비 2030년까지 배터리 수요가 14배 증가할 것이라고 예측했듯, 전 세계적으로 배터리 수요는 빠르게 성장하고 있으며 앞으로도 계속 이어질 전망이다. 특히 전기차 산업의 급속한 성장에 따라 2030년까지 사용 후 배터리는 연간 25만 톤에 이르며, 서유럽의 전기자동차 시장 점유율은 60%까지 확대되어 총 840만

표 2-18 노스볼트 사업장의 환경 관련 ISO 인증 현황

	ISO 14001	ISO 9001
Northvolt AB	✔	✔
Northvolt Labs	✔	✔
Northvolt Ett	–	✔
Northvolt Systems	✔	✔
Northvolt Revolt	✔	✔

자료: Northvolt(2023b).

대에 이를 것으로 예측된다(Northvolt, 2022a). 그러나 유럽 외에서 배터리를 조달하는 데는 비용, 공급망 측면의 위험이 크며(POLITICO, 2019), 배터리는 수송과 에너지 산업의 탈탄소화 전환을 위한 핵심 기술이지만, 제조과정의 환경 영향이 굉장히 크다는 한계가 존재한다. 이에 노스볼트는 세계 최고수준의 녹색 전지를 생산하고 유럽 내부의 배터리 공급망을 구축하는 목표를 설정하고 있다.

먼저 노스볼트는 단순 제조공정의 친환경화가 아닌 LCA(Life Cycle Assessment)를 적용해 기후에 미칠 수 있는 모든 영향을 축소하고자 노력하고 있다. 따라서 직접 배출에 해당하는 Scope 1 수준뿐 아니라 전력 사용, 물류, 제품 사용 및 폐기를 포함하는 Scope 2, Scope 3을 모두 고려하여 탄소배출을 측정하고 기업운영 전반의 온실가스 배출을 최소화하고 있다. 나아가 기후위기 평가를 도입하고 ISO 9001과 ISO 14001 기준을 모두 충족하는 환경경영시스템을 설립하여 대부분의 사업장에 적용하고 있다(표 2-18 참조).

노스볼트는 연구개발에도 투자를 지속하고 있다. 2019년을 시작으로 지금까지 노스볼트는 노스볼트 R&D와 노스볼트 랩스(Labs)에서 많은 친환경 기술을 개발했으며, 이들 기술을 향후 공정 및 기업 운영의 전 과정에 적용하고자 꾸준히 노력하고 있다. 공정별로 살펴보았을 때, 상류 음극 활물질 생산과정에서는 공정가스의 재활용, 탈이온수 사용 축소, 불순물 제거, 공정 폐기물 업사이클링 기술을 연구하고 있으며, 하류 생산과정에서는 메틸피롤리돈 회수, 폐기물 처리, 에너지 효율성 개선을 개발 중이며, 배터리셀 조립 과정에서는 공장 난방을 위해 가능한 한 공장 잔열을 활용한 난방 기술과 레이저 노칭 기술을 개발하고 있다. 배터리셀 연구개발 과정에서는 대부분의 자원을 배터리의 안전성과 내구성을 향상시키는 데 할애한다.

환경경영시스템과 연구개발 덕에 노스볼트는 현재 33kg CO2e/kWh 수준의 탄소 집약도를 기록하고 있으며, 2030년 10kg CO2e/kWh까지 감소를 목표로 한다. 에너지 사용 측면에서도 화석연료 사용을 완전히 탈피하기 위해 노력하며 2022년 기준 95%의 에너지를 비화석연료로부터 공급받는 체계를 구축했다. 향후 100% 비화석연료 에너지 사용을 달성하고

그림 2-30 **노스볼트의 환경 목표와 성과**

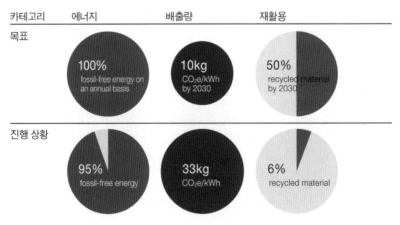

자료: Northvolt(2023b).

재활용 체계 확대를 목표로 노력하고 있다(그림 2-30 참조).

배터리 산업의 빠른 성장은 직접적인 탄소배출량 증가뿐 아니라 리튬이나 코발트 등 광물자원의 수요 증가로 이어진다. 그러나 광물 매장량은 유한하며, 폐기에도 많은 비용과 환경 악영향이 수반되기 때문에 필연적으로 지속가능성 문제가 제기된다. 따라서 노스볼트는 친환경 배터리 제조 확대에서 나아가 배터리 재활용 확대까지를 기업의 중장기적 핵심 계획에 포함하고 배터리 산업의 재활용 체계 구축에도 많은 신경을 기울이고 있다(Northvolt, 2023b).

배터리 산업의 재활용 체계 구축을 위해 노스볼트는 2019년 12월 자체 재활용 프로그램인 리볼트(Revolt)를 출범했다. 리볼트는 비용 효율적이고 효과적인 방법으로 배터리 제조에 이용 가능한 금속을 회수, 가공하는 재활용 프로세스 개발을 목표로 한다. 동시에 다른 노스볼트의 모든 프로그램과 마찬가지로 공정과정에서 화학 폐기물이나 탄소 같은 환경오염물질 배출 최소화를 목표로 한다.

리볼트의 재활용 과정은 회수, 분해, 분쇄 및 분류, 습식제련 4단계로 이루어지며, 회수한 금속은 기존 광물자원의 대체재로 음극 생산에 활용한다. 노스볼트는 재활용 자재를 이용한 배터리 생산을 통해 원자재를 활용한 기존 방식보다 최대 80%의 탄소발자국을 절감할 수 있으리라 예측한다. 또한 대규모 재활용 자재를 안정적으로 공급하기 위해 유럽 최대규모의 배터리 재활용 공장인 리볼트 에트(Revolt Ett)를 건설하고 있다. 리볼트 에트는 노스볼트 에트(Northvolt Ett) 옆에 건설되어 음극생산공정에서 필요한 자재가 즉시 공급될 수 있도록 설계되었다. 리볼트 에트는 연간 12만 5천 톤 규모의 자재를 생산할 수 있을 것이며, 이는 인접 공장의 자재 50%를 충족할 수 있으리라 예상된다.

리볼트는 재활용 프로세스 자체만이 아니라 다른 단계에도 집중하고 있다. 일례로, 초기 배터리 제품 디자인 단계에서 향후 재활용 과정 시 폐배터리가 잘 분해될 수 있도록 디자인한다. 더욱이 배터리 재활용 공장 건설 시기를 조절하여 폐배터리 수요와 맞물릴 수 있도록 조정했다. 노스볼트의 재활용 활동은 기업 자체목표뿐 아니라 EU의 목표에도 부합하는 결과이다(Business Insider, 2023). EU가 2030년까지 리튬이온 배터리를 재활용하여 코발트, 구리, 니켈의 95%와 리튬의 70%를 공급하고자 하기 때문이다.

그 결과 노스볼트는 2021년 11월 100% 재활용된 니켈, 망간, 코발트만을 이용하여 첫 음극 생산에 성공했다. 현재는 필요한 자재의 6%를 재활용 자재에서 조달한다. 광물자원을 재활용하는 과정에서 자재 1톤당 약 3,800kg의 탄소배출 감축 효과가 나타나며, 이러한 방법으로 음극 생산 시 기록되는 탄소배출량을 기존 대비 78%까지 감소시킬 수 있을 것으로 예상된다. 앞으로는 현재 건설 중인 리볼트 에트를 가동하여 2030년까지 재활용 자재 비율을 50% 달성하는 것을 목표로 하고 있으며, 리볼트 프로그램의 성과를 지속적으로 모니터링하고 확대하려고 한다(Northvolt, 2022a).

노스볼트는 자재 조달에도 신경을 쓰고 있다. 이는 배터리 제조 전 과정의 환경 및 사회적 악영향 가운데 대부분이 공급망 상류에서 발생하기 때문이다. 대부분의 배터리 원자재는 주로 콩고, 중국, 칠레와 같은 저개발 국가에서 생산되며, 이들 나라 대부분은 환경 규제나 노동안전 법률이 미비한 실정이다. 따라서 노스볼트의 자재 공급은 자체 공급자 선별 프로세스를 통해 이루어진다. 노스볼트는 유엔의 기업과 인권 이행지침, 인권선언(UN Guiding Principles on Business and Human Rights)과 OECD 실사 지침(OECD Due Diligence Guidance)과 같은 국제 기준을 통합하여 구성한 공급업체 선별 프로세스를 수립 및 운영하고 있다. 이는 초기 평가, 실사, 승인, 계약 협상의 단계로 구성된다. 초기 평가에서는 자체 평가지를 활용한 공급업체의 환경영향평가, 위험 모니터링을 시행 중이다. 실사 프로세스는 지속가능성의 전 측면에서 공급자를 평가하는 데 초점을 두며, 계약협상에서는 공급업체 계약서에 환경적 요소를 고려한 공급물품 수정 요구가 가능하도록 하는 조항을 삽입하는 원칙을 두고 있다. 그 외에도 공급망 리스크 평가, KYC와 제재 모니터링을 수행하며, 원칙적으로 광산이나 정제소에서 원자재를 직접 공급해 오는 것을 선호한다. 공급망을 축소 및 단순화하여 원자재 추적을 용이하게 하고 개별 공급자와 직접적으로 관계 형성을 가능하게 하기 위해서이다(Northvolt, 2022b).

특히 코발트는 전 세계 생산량의 70% 이상이 콩고민주공화국에서 생산되며 정제 설비의 60%가 중국에 있다(IMPACT ON, 2021). 그러나 산지 특성상 심각한 인권 침해, 아동노동 및 강제노동, 열악한 근무환경, 환경 파괴, 부패 및 정치적 불안정성, 원자재 추적의 어려움이 빈번히 발생한다. 이에 노스볼트는 장기계약 체결 시 콩고민주공화국 업체를 배제하고 역내의 엄격한 규제를 적용받는 지역 내 통합 공급업자에게 공급받는다.

코발트 외에도 흑연, 리튬, 망간 등 많은 자재 공급에도 유사한 문제가 있으며, 각각의 조달 방법을 구축 및 시행하여 해결한다. 흑연은 대부분 중국에서 생산되며 질소산화물과 황산화물 배출로 대기를 오염시키고 작업장의 안전 및 보건 기준치 미달, 심각한 탄소배출, 수질오염 같은 지속가능성 문제를 제기한다. 따라서 보다 지속가능한 정제 방식으로 생산된 흑연이나, 공장과 가까운 지역에서 생산된 흑연을 조달하기 위해 꾸준히 조사가 이루어지고 있다. 리튬은 칠레, 아르헨티나, 오스트레일리아에서 생산되며 전 세계 정제설비 용량의 80%가 중국에 있다. 또한 염수에서 리튬을 채취할 때 상당한 수자원이 사용되고, 리튬의 광석원료인 리티아 휘석을 채취하는 과정에서는 상당한 탄소 및 질산화물과 황산화물이 배출된다. 이런 문제를 고려하여 노스볼트는 강력한 환경 규제를 적용받는 통합 광물 공급업자로부터 리튬을 조달한다(Northvolt, 2022b).

노스볼트의 공급자 선별 프로세스 덕에 2022년 기준 직접 공급업체의 98%, 신규 공급업체의 78%, 전체 공급업체의 60%가 노스볼트의 기준에 따른 지속가능성 리스크를 모니터링받는 성과를 이루었다. 또한 현재 사용하는 원료의 89%가 추적 가능한 상태이며, 84%의 주요 공급업체로부터 노스볼트가 지정한 행동강령 이행을 확인받는 성과를 이룩했다(Northvolt, 2023b).

노스볼트는 TCFD 지지에도 참여하고 2022년부터 TCFD 보고서를 발간하고 있다. TCFD는 기후변화 리스크가 글로벌 비즈니스 및 투자 결정에 통합될 수 있도록 만들어진 기후 관련 재무정보 공개 프레임워크로, 지금까지 101개국 4천여 개 기업 및 기관이 지지를 선언했다(TCFD, 2023). TCFD는 핵심 4개 주제영역과 11개 권고사항으로 이루어지며, TCFD를 지지하는 기업은 기후 관련 위험과 기회에 맞서 투명성과 안정성을 확보하기 위해 해당 권고사항의 이행 여부를 공개해야 한다. 노스볼트는 TCFD 지지 후 모든 권고사항을 충족하기 위해 노력하고 있으며, TCFD 보고서를 통해 관련 정보를 제공한다. 2022년 보고서를 기준으로 지금까지 "2℃ 이하 시나리오 등 다양한 기후 관련 시나리오를 고려한 조직 전략의 탄력성 설명"과 "기업이 전략 및 리스크 관리 프로세스에 따라 기후 리스크와 기회 평가에 사용하는 측정 기준을 공개"하는 두 가지 사항을 제외하고 9개 권고사항을 충족시켰다(Northvolt, 2023b).

나아가 노스볼트는 항공 산업의 전기 동력화를 목표로 실리콘밸리의 배터리 기술 스타트업인 큐버그(Cuberg)를 인수했다. 이로써 노스볼트의 지속가능한 배터리 생산 로드맵에 큐버그의 첨단 기술이 융합될 수 있었다(Technica, 2023). 큐버그의 배터리 기술은 기존 리튬이온 배터리와 유사하지만 설계 측면에서 두 가지 차이를 보인다. 첫 번째, 기존 리튬이온 배터리가 흑연 양극을 필요로 하는 것과 달리 큐버그의 배터리는 순수 리튬 양극으로 제조된다. 두 번째, 차별화된 전해질 배합을 통해 순수 리튬 금속을 배터리에 사용한다. 큐버그의 리튬 금속 전지는 이미 잠재력을 인정받아 미국의 보잉 등 항공 부문 고객사를 확보하고 있다. 노스볼트는 큐버그를 인수하고 항공 분야로 사업 영역을 확장한 후, 2021년 배터리 동력 항공을 상업화하기 위해 Project ELIS를 출범했다. Project ELIS는 2025년까지 유럽 최초의 상용전력 항공노선 구축을 목표로 운영 중이다(Northvolt, 2021, 2022b).

기후변화뿐만 아니라 사회적 책임을 준수하기 위한 측면에서도 노스볼트는 안전한 근로환경을 조성하고 지역사회에 미치는 영향을 최소화하고자 노력한다. 일례로 노스볼트 에트 건설에 앞서 지역 정부기관 및 민간 이해관계자들과 공개 협의를 진행했다. 특히 이 협의 일정을 수립할 때 주민 편의를 최대한 고려하여 첫 공개 협의에는 지역주민 3만 5천 명 가운데 1천 명 이상이 참석할 수 있도록 했다. 공개 협의 이후에도 웹사이트에 프로젝트 변동 사항을 지속적으로 게재하고 직원들이 익명으로 우려 및 질문 사항을 게시할 수 있도록 했다. 그리고 게시판에 게재된 사항은 감사 및 리스크 위원회와 이사회에 보고되었다. 공장 가동 후에도 경영관리 팀의 주간 검사가 지금까지 매주 진행되고 있으며, 이사회 회의에서도 안전한 근로환경 조성이 검토되고 있다. 분기별로도 안전 점검을 시행하며, 모든 제조 현장에 HSE(Health, Safety, and Environment) 팀을 설립 및 배치하여 리스크 평가와 사고 조사를 수행하고 있다.

노스볼트는 지속가능한 거버넌스 구조에 대한 투자가 지속가능성의 핵심이라 판단하고 거버넌스에서도 지속가능성을 우선순위화했다. 지속가능성 거버넌스의 목적은 기업이 소비자, 직원, 공급업체, 투자자, 의사결정자, 사회 대표자 모두를 포함하는 이해관계자들에 대한 약속을 준수하고 리스크에 탄력적으로 대응하는 회사 문화를 구축하는 것이다. 지속가능한 거버넌스를 위해 노스볼트는 COSO Enterprise Risk Management framework와 ISO 31000을 참고하여 톱다운(top-down) 방식과 바텀업(Bottom-up) 방식의 리스크 관리를 모두 적용하고 있다.

톱다운 접근은 매년 수행되며 각 책임 영역에 대한 리스크를 파악하기 위한 경영진의 인터뷰로 이루어진다. 동시에 연간 2회씩 경영진은 추가 조치 필요성과 추가적 리스크나 의사결정에 대한 검토를 수행하여 연간 예산 및 전망 과정에 반영한다. 톱다운 방식을 통해 노스볼트는 향후 맞이할 수 있는 리스크를 종합적으로 수집한다. 보텀업(Bottom-up) 접근은 각 부서에 의해 일상적으로 수행되며 리스크 관리 대장을 통해 불확실성으로 인한 효과를 확인, 평가, 분석, 완화, 관리한다. 이때 각 부서는 해당 리스크에 대한 조치 권한이 있으며, 리스크 사항은 연 3회씩 평가 및 보고된다.

노스볼트의 이사회는 주요 정책목표의 승인 외에도 지속가능한 발전전략의 승인, 지속가능성 및 규정사항 준수를 감독할 전반적인 책임이 있다. 이사회는 매년 1회 지속가능성 성과에 대한 상세 보고를 받으며, 이사회 회의의 주요 의제 대부분이 지속가능성을 포함하고 있다. 경영진은 리스크 관리와 프로그램 이행에 대한 최종 책임자로 기능하며 거버넌스 및 규정 준수 프로그램에 관한 책임이 있다. 경영진 중 최고환경관리자는 노스

그림 2-31 **노스볼트 지배 구조**

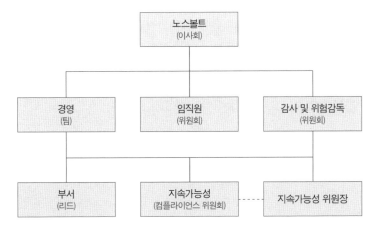

자료: Northvolt(2022b).

볼트의 핵심 지속가능성 이니셔티브의 감독자로 역할한다. 다음으로, 감사 및 리스크 위원회와 인사위원회는 이사회 하위 위원회로, 리스크위원회는 리스크 확인과 평가를 감독하며 이사회와 함께 핵심 계약과 내부 고발 시스템을 검토한다. 인사위원회는 현행 보수 구조와 수준을 평가 및 감독하며 경영진과 CEO에게 보수 관련 제안서를 준비한다. 지속가능성 및 규정준수 위원회는 최고환경관리자, 일반위원회, 원재료 공급관리자, 지속가능성 책임자로 이루어지며, 경영진을 대신하여 지속가능한 발전과 경영에 대한 시스템, 프로세스의 효과를 감독한다. 마지막으로 지속가능성 책임자는 지속가능성 효과를 관리하기 위한 기업의 전략적 행동과 목표에 대한 전반적인 책임을 맞는다. 지속가능성 책임자는 관련 사항을 최고환경관리자에게 보고한다. 위와 같은 거버넌스 구조를 통해 노스볼트는 지속가능한 거버넌스 확립을 수립하고자 한다(그림 2-31 참조)(Northvolt, 2022b).

이러한 노력 덕분에 노스볼트의 근로손실율은 3.56, 산업재해율은 5.88

에 이른다. 특히 2021년과 2022년 모두 노스볼트에서 산업재해로 치명상을 입은 경우는 한 번도 없는 것으로 집계되었다. 지역사회의 평가 역시 긍정적인데, 주민 74%가 노스볼트에 긍정적인 평가를 내린 것으로 나타났다(Northvolt, 2023b). 노스볼트는 유럽의 지속가능한 배터리 생태계 구축을 목표로 앞으로도 성장을 이어갈 것으로 보인다.

참고문헌

글로벌경제신문. 2023. 파나소닉, 차세대 '4680' 배터리 양산 또 연기…양산시기, 내년 4월~9월로. https://www.getnews.co.kr/news/articleView.html?idxno=626343

뉴스투데이. 2023. [뉴투 분석] LG에너지솔루션·삼성SDI·SK온 '준 차세대 배터리 개발'에 가속페달 밟는 이유는. https://www.news2day.co.kr/article/20230523500156

대한상공회의소. 2023. 최신 ESG 동향과 시사점. https://youtu.be/-xpGYBDn1EQ

데일리포스트. 2022. '친환경 경영' 선언 나선 삼성SDI…핵심 전략 과제는?
　　https://www.thedailypost.kr/news/articleView.html?idxno=89437

동아일보. 2023. 美中 'IRA 우회' 제휴…뒤통수 맞은 K배터리.
　　https://www.donga.com/news/Economy/article/all/20230215/117887264/1

디일렉. 2020. LG화학 배터리 사업 분할 확정…'LG에너지솔루션' 출범한다.
　　https://www.thelec.kr/news/articleView.html?idxno=8568

디일렉. 2022. LG에너지솔루션, 국내 오창 공장에 4조 원 대형 투자.
　　https://www.thelec.kr/news/articleView.html?idxno=19191

디일렉. 2023. 현대차-CATL 총수 '또' 만났다, 배터리 사업 확대 논의.
　　https://www.thelec.kr/news/articleView.html?idxno=20485

디지털데일리. 2023. 잇따른 대형 투자…LG엔솔은 왜 '원통형 배터리'에 주목할까 [소부장박대리]. http://m.ddaily.co.kr/page/view/2023032717010219911

딜사이트. 2023. 배터리 생산량 늘리는 파나소닉, 테슬라와의 관계는?
　　https://dealsite.co.kr/articles/104849

매거진한경. 2022. 삼성전자 이어 삼성SDI도 RE100 가입…"전 사업장 재생에너지 사용".
　　https://magazine.hankyung.com/business/article/202210032336b

매일경제. 2023a. 중국에 뺏긴 ESS 1등…가성비·안전성으로 재탈환 노린다.
　　https://stock.mk.co.kr/news/view/192175?type=theme

매일경제. 2023b. '태세전환' 삼성SDI, 북미 배터리 사업 강화한다.
　　http://stock.mk.co.kr/news/view/107787

삼성SDI. 2017. 전기차 배터리 구성, 셀? 모듈? 팩? 바로 알자!
　　https://www.samsungsdi.co.kr/column/all/detail/54229.html

삼성SDI. 2023a. Automotive battery.
　　https://www.samsungsdi.co.kr/automotive-battery/index.html

삼성SDI. 2023b. Small-size li-ion battery.
　　https://www.samsungsdi.co.kr/lithium-ion-battery/index.html

삼성SDI. 2023c. 지속가능경영보고서 2023.
　　https://www.samsungsdi.co.kr/sustainable-management/sustainability/report/sustainability-report.html

서울경제. 2023. 중기중앙회, 삼성과 중소기업 공장 '스마트'하게 바꾼다.

https://www.sedaily.com/NewsView/29QQ2LSWB2

이코노믹리뷰. 2020. 불모지에서 맨손으로 일어난 50년, 삼성SDI의 역사.

https://www.econovill.com/news/articleView.html?idxno=402933

전자신문. 2023. [CES 2023] 파나소닉 "'그린 임팩트'로 CO_2 배출량 감소".

https://www.etnews.com/20230105000082

조선일보. 2021. 최초, 최고, 최다…회사 역사가 세계 배터리 산업의 역사.

https://www.chosun.com/special/future100/fu_general/2021/01/20/UK7F7AJEWVGGV
CYHRKCSP27JLI/

중앙일보. 2022. 삼성SDI RE100 가입…2050년까지 모든 사업장에 재생에너지.

https://www.joongang.co.kr/article/25106373#home

파이낸셜투데이. 2023. LG엔솔, 겹호재에 무르익는 美國夢.

https://www.ftoday.co.kr/news/articleView.html?idxno=305458

한겨레. 2023. 테슬라 제친 중국 BYD…세계 전기차 판매량 1위.

https://www.hani.co.kr/arti/economy/car/1079448.html

한국경제. 2019. 파나소닉, 반도체 사업 철수…대만 업체에 매각.

https://www.hankyung.com/international/article/201911288872Y

Business Insider. 2022. "전지전능한 전지 이야기: 조립 공정 속 공정: 파우치 배터리 2편(라미
네이션 & 스태킹)".

https://inside.lgensol.com/2022/07/%EC%A0%84%EC%A7%80%EC%A0%84%EB%8A%
A5%ED%95%9C-%EC%A0%84%EC%A7%80-%EC%9D%B4%EC%95%BC%EA%B8%B0-%
EC%A1%B0%EB%A6%BD-%EA%B3%B5%EC%A0%95-%EC%86%8D-%EA%B3%B5%EC%
A0%95-%ED%8C%8C%EC%9A%B0%EC%B9%98-2/

Business Post. 2022a. Catl 쩡위췬 (1) 승부사, 배터리제국 세우다.

https://www.businesspost.co.kr/BP?command=article_view&num=268012

Business Post. 2022b. Catl 쩡위췬 (3) 고향 닝더를 배터리 도시로.

https://www.businesspost.co.kr/BP?command=article_view&num=268856

Business Post. 2023a. 권영수 LG에너지솔루션 대표이사 부회장.

https://www.businesspost.co.kr/BP?command=article_view&num=304435

Business Post. 2023b. 최윤호 삼성SDI 대표이사 사장.

https://www.businesspost.co.kr/BP?command=article_view&num=307765

Business Watch. 2023. 중국에 밀린 ESS 시장…K배터리, 반격할까.

http://news.bizwatch.co.kr/article/industry/2023/05/25/0033

Byline Network. 2022. 파나소닉, 북미 배터리 생산능력 3배 늘린다.

https://byline.network/2022/06/02-66/

EMERICs. 2021. "[전문가 오피니언] 콩고 민주 공화국 내 코발트 자원에 대한 중국의 통제력 확대".

https://www.kiep.go.kr/aif/issueDetail.es?mid=a10200000000&systemcode=05&brdcts

No=315557

Hyundai NGV. 2022. Panasonic, 미국 캔자스주 배터리 공장 구축에 약 5조 투자.
　　http://www.hyundai-ngv.com/information/mobilitytrend_view.do?bbsIdx=1038

IMPACT ON. 2021. 탄소중립 시대, '코발트' 볼모로 콩고선 식민지 재현 중.
　　https://www.impacton.net/news/articleView.html?idxno=2904

IMPACT ON. 2022. 금융권 "과도한 정보 공개" vs 시민 "정보공개 확대해야".
　　https://www.impacton.net/news/articleView.html?idxno=3500

KIPOST. 2021. "비야디 中 지난에 또 반도체 회사 설립".
　　https://www.kipost.net/news/articleView.html?idxno=209708

KITA. 2022. "전기차 배터리 재활용 산업 동향 및 시사점: 중국 사례 중심으로".
　　https://www.kita.net/cmmrcInfo/internationalTradeStudies/researchReport/focusBrief
　　Detail.do?no=2302&Classification=5

KOTRA. 2022. 이차전지 글로벌 시장동향 보고서.
　　https://dream.kotra.or.kr/kotranews/cms/indReport/actionIndReportDetail.do?pRptNo
　　=13328&pHotClipTyName=DEEP&MENU_ID=280&CONTENTS_NO=1

KPMG. 2022. 배터리 순환경제 전기차 폐배터리 시장의 부상과 기업의 대응 전략.
　　https://kpmg.com/kr/ko/home/insights.html

KPMG. 2023a. Sustainable batteries.
　　https://kpmg.com/xx/en/home/insights/2023/03/sustainable-batteries.html

KPMG. 2023b. 배터리 생태계 경쟁 역학 구도로 보는 미래 배터리 산업.
　　https://kpmg.com/kr/ko/home/insights/2023/03/insight_84.html

LG에너지솔루션. 2021. 2021 ESG Report. https://www.lgensol.com/kr/esg-sustainability

LG에너지솔루션. 2022a. LG에너지솔루션 임직원이 이야기하는 ESG: C·H·A편.
　　https://inside.lgensol.com/2022/01/lg%ec%97%90%eb%84%88%ec%a7%80%ec%86%94
　　%eb%a3%a8%ec%85%98-%ec%9e%84%ec%a7%81%ec%9b%90%ec%9d%b4-%eb%a7%9
　　0%ed%95%98%eb%8a%94-esg-%ec%8a%a4%ed%86%a0%eb%a6%ac-c%c2%b7h%c2%b7
　　a%ed%8e%b8/

LG에너지솔루션. 2022b. LG에너지솔루션 임직원이 이야기하는 ESG: R·G·E편.
　　https://inside.lgensol.com/2022/01/lg%ec%97%90%eb%84%88%ec%a7%80%ec%86%94
　　%eb%a3%a8%ec%85%98-%ec%9e%84%ec%a7%81%ec%9b%90%ec%9d%b4-%ec%9d%b
　　4%ec%95%bc%ea%b8%b0%ed%95%98%eb%8a%94-esg-r%c2%b7g%c2%b7e%ed%8e%b
　　8/

LG에너지솔루션. 2023a. R&D 현황. https://www.lgensol.com/kr/company-rnd-status

LG에너지솔루션. 2023b. 기업소개. https://www.lgensol.com/kr/company-about

LG에너지솔루션. 2023c. 대한민국 배터리 역사가 시작되다.
　　https://www.lgensol.com/kr/company-history

The Guru. 2021. "파나소닉 '4680 배터리 양산까지 기술 필요'…시제품 생산라인 구축".

https://www.theguru.co.kr/news/article_print.html?no=27214

thebell. 2021. '글로벌 평균 지배구조' 파나소닉·CATL···LG는?

https://www.thebell.co.kr/free/content/ArticleView.asp?key=202103291509294360103632

新浪财经. 2022. 重磅发布!2022中国企业500强出炉.

https://finance.sina.com.cn/china/2022-09-06/doc-imqmmtha6136208.shtml

日本経済新聞. 2022. パナソニック事業トップ「平均超え市長」「充電を柱に」. パナソニック事業トップ「平均超え市長」「充電を柱に」.

https://www.nikkei.com/article/DGXZQOUF20CFL0Q2A021C2000000/

日本経済新聞. 2023. 「Ict市況の回復は年明けも」パナソニック系市長. 「Ict市況の回復は年明けも」パナソニック系市長.

https://www.nikkei.com/article/DGXZQOUF1479D0U3A610C2000000/

財富Fortune. 2023. 2023年≪財富≫中国上市公司500强排行榜揭晓.

https://mp.weixin.qq.com/s/gdjfAe1ERa-CvvrNSUOQKQ

中国经济网. 2022. 锂电池公司"扩员"名单曝光!多公司员工数量增超50%, 这些头部公司均在列…….

http://finance.ce.cn/stock/gsgdbd/202205/30/t20220530_37693231.shtml

Al Jazeera. 2022. China's BYD was written off by Elon Musk. Now it's beating Tesla.

https://www.aljazeera.com/economy/2022/7/28/chinas-byd-was-dismissed-by-elon-musk-now-its-beating-tesla

Autoevolution. 2021. Nail penetration test shows how different Ternary and LFP cells are.

https://www.autoevolution.com/news/nail-penetration-test-shows-how-different-ternary-and-lfp-cells-are-171294.html

Business Insider. 2023. Northvolt, a $12 billion startup founded by an ex-Tesla VP, thinks crushing and shredding old batteries is the way to make electric vehicles truly sustainable.

https://www.businessinsider.com/northvolt-trying-fix-electric-vehicle-supply-chain-battery-recycling-2023-4

Business Wire. 2022. NMG, Panasonic Energy and Mitsui announce offtake and strategic partnership supporting the supply of active anode material plus US$50 million private placement by Mitsui, Pallinghurst and investissement Québec.

https://www.businesswire.com/news/home/20221020005446/en/NMG-Panasonic-Energy-and-Mitsui-Announce-Offtake-and-Strategic-Partnership-Supporting-the-Supply-of-Active-Anode-Material-plus-US50-Million-Private-Placement-by-Mitsui-Pallinghurst-and-Investissement-Qu%C3%A9bec

BYD. 2020. Byd csr report 2020.

https://www.bydglobal.com/cn/en/BYD_ENSocialResponsibility/SocietyDevelopment_mob.html

BYD. 2023. About byd. https://www.byd.com/us/about-byd

CAAM. 2023. About us. http://en.caam.org.cn/Index/lists/catid/7.html

CATL. 2020. Corporate social responsibility report.
https://www.catl.com/en/about/responsibility/

CATL. 2022. Environmental, social, and governance (esg) report 2022.
https://www.catl.com/en/about/responsibility/

CATL. 2023. Company profile. https://www.catl.com/en/about/profile/

Chase, JP Morgan. 2022. ESG outlook 2022: The future of ESG investing.
https://am.jpmorgan.com/us/en/asset-management/liq/investment-themes/sustainable-investing/future-of-esg-investing/

China.org.cn. 2019. BYD ranked 3rd in Fortune's 'Change the World' list.
http://www.china.org.cn/business/2019-08/22/content_75127442.htm

Compustat. 2023. Wharton research data services.
https://wrds-www.wharton.upenn.edu/pages/get-data/compustat-capital-iq-standard-poors/

EU. 2023. Regulation (EC) no 1907/2006 of the European Parliament and of the Council of 18 december 2006 concerning the registration, evaluation, authorisation and restriction of chemicals (REACH).
https://eur-lex.europa.eu/legal-content/EN/TXT/?uri=CELEX%3A02006R1907-20140410

Financial Times. 2022a. Chinese carmaker BYD cuts production over pollution claims.
https://www.ft.com/content/7c6cb901-0961-46bc-9dc1-869bffcf7cc4

Financial Times. 2022b. Why the future of ESG is at a crossroads.
https://www.ft.com/content/cc846f88-727c-4843-92a8-790bab816d0e

GARP. 2019. ESG: Risks, opportunities and benefits.
https://www.garp.org/risk-intelligence/sustainability-climate/esg-risks-opportunities-benefits-190726

Hu, K.-H., Hsu, M.-F., Chen, F.-H., & Liu, M.-Z. 2020. Identifying the key factors of subsidiary supervision and management using an innovative hybrid architecture in a big data environment. Financial Innovation, 7(10).

Hungary Today. 2023. Chinese electric battery plant investment to take a step back.
https://hungarytoday.hu/chinese-electric-battery-plant-investment-to-take-a-step-back/

IBM. 2022. The future of esg reporting: Looking into the crystal ball.
https://www.ibm.com/blog/future-of-esg-reporting/

IE Insights. 2021. CEO duality: For better and for worse.
https://www.ie.edu/insights/articles/ceo-duality/

McKinsey & Company. 2023. Battery 2030: Resilient, sustainable, and circular.
https://www.mckinsey.com/industries/automotive-and-assembly/our-insights/battery-2

030-resilient-sustainable-and-circular?cid=eml-web

MSCI. 2023a. ESG indexes. https://www.msci.com/our-solutions/indexes/esg-indexes

MSCI. 2023b. ESG ratings. https://www.msci.com/zh/esg-ratings

Northvolt. 2021. Project elis: Defining a new kind of commuter technology.
https://northvolt.com/articles/project-elis/

Northvolt. 2022a. Closing the loop on batteries. https://northvolt.com/articles/revolt/

Northvolt. 2022b. Northvolt sustainability report 2021.
https://northvolt.com/environment/report2022/

Northvolt. 2023a. About us. https://northvolt.com/about/

Northvolt. 2023b. Sustainability & annual report 2022.
https://northvolt.com/environment/report2022/

Panasonic Energy. 2023a. Company.
https://www.panasonic.com/global/energy/company.html

Panasonic Energy. 2023b. Dry batteries.
https://www.panasonic.com/global/energy/products/battery/dry_batteries.html

Panasonic Group. 2022. Sustainability data book 2022.
https://holdings.panasonic/global/corporate/sustainability/data-book.html

Panasonic Industry. 2023a. Company.
https://www.panasonic.com/global/industry/outline.html

Panasonic Industry. 2023b. History.
https://www.panasonic.com/global/industry/outline/history.html

Panasonic Industry. 2023c. Lithium-ion batteries.
https://industrial.panasonic.com/kr/products/pt/lithium-ion

Panasonic Industry. 2023d. Message.
https://www.panasonic.com/global/industry/outline/message.html

POLITICO. 2019. Battery venture could transform Sub-Arctic Sweden.
https://www.politico.eu/article/battery-venture-northvolt-skelleftea-transform-subarctic
-sweden/

Reuters. 2023a. Great Wall Motor says rival BYD failing on hybrid emissions.
https://www.reuters.com/business/autos-transportation/byd-great-wall-motor-locked-r
are-war-words-over-ev-emissions-2023-05-25/

Reuters. 2023b. Panasonic to boost battery output at Tesla's Nevada Gigafactory by 10%.
https://www.reuters.com/business/autos-transportation/panasonic-boost-battery-outpu
t-teslas-nevada-gigafactory-nikkei-2023-06-05/

S&P Global. 2023. Compustat financials.
https://www.marketplace.spglobal.com/en/datasets/compustat-financials-(8)#related-d
ataset

SNE Research. 2023. Global top10 battery makers' sales performance in 2022.
    https://www.sneresearch.com/en/insight/release_view/95/page/0#:~:text=CATL%20fro
    m%20China%20took%20No,market%20share%20based%20on%20sales.
Statista. 2022. Sales volume of new electric vehicles (ev) in Japan from fiscal year 2015 to
    2021.
    https://www.statista.com/statistics/1129942/japan-new-electric-cars-sales-volume/
TCFD. 2023. Support the TCFD. https://www.fsb-tcfd.org/support-tcfd/
Technica. 2023. Northvolt & Cuberg unveil batteries designed For electric aircraft.
    https://cleantechnica.com/2023/05/04/northvolt-cuberg-unveil-batteries-designed-for-el
    ectric-aircraft/
The Driven. 2023. Tesla's switch to BYD batteries is achieving faster charging times.
    https://thedriven.io/2023/05/22/teslas-switch-to-byd-batteries-is-achieving-faster-chargi
    ng-times/
The White House. 2022. Omb analysis: The social benefits of the inflation reduction act's
    greenhouse gas emission reductions.
    https://www.whitehouse.gov/omb/briefing-room/2022/08/23/new-omb-analysis-the-in
    flation-reduction-act-will-significantly-cut-the-social-costs-of-climate-change/

순환경제를 위한 미국 폐배터리 정책 및 현황

안상욱 국립부경대학교 국제지역학부 교수

1. 미국 IRA 입법 배경

2022년 8월 16일 발효된 미국 인플레이션 감축법(IRA: Inflation Reduc-tion Act)은 미국의 재정적자 해소 및 친환경 경제로의 전환을 통해 미국의 인플레이션을 감축하는 효과를 창출하기 위해서 총 7,730억 달러 규모의 정부예산을 기후변화 대응, 보건 분야 복지 개선, 기업 과세 개편 등에 투입했다. 이 중에서 4,330억 달러는 정부 직접 보조금 및 세액공제 등의 형태로 친환경 에너지 산업 육성, 청정연료 사용 자동차 산업 지원, 기후변화 대응 노력에 활용된다.

현재 전기자동차와 배터리 시장은 중국, 유럽, 미국이 주도하고 있다. 유럽 국가들과는 다르게, 교토의정서에 참여하지 않았던 미국에서도 세일 혁명 이후 전력생산에서 석탄화력발전이 천연가스발전으로 전환되면서 전력생산 및 난방 분야의 온실가스 배출이 큰 폭으로 감축되었다.

EU와 미국에서 운송분야는 온실가스 최대 배출원으로 부상했다. 이에 따라 운송분야의 온실가스 배출 감축은 기후변화 대응의 핵심 어젠다가 되었다. 또한 전기자동차의 핵심소재인 배터리의 안정적인 확보도 온실가스 감축에 핵심 사안이 되었다. 문제는 배터리에 사용되는 광물자원의 생산과 가공을 담당하는 주요 국가가 중국이라는 점이다. 이미 중국은 2010년 일본과의 분쟁에서 배터리의 핵심소재인 희토류를 자원 무기화한 경험이 있다. 2022년 발발한 러시아의 우크라이나 침공과 러시아의 천연가스 자원 무기화에 따른 에너지 공급망 위기는 미국과 EU 등의 서방 선진국에서 차세대 중요 에너지원인 배터리와 핵심광물 공급망 분야에서 더 이상 중국에 광물자원 의존도를 높게 유지해서는 안 된다는 인식이 확산되는 계기로 작용했다.

1) 미국과 EU에서 운송분야 온실가스의 적극적인 감축의 필요성

전통적으로 EU와 미국에서 온실가스 배출은 전력생산을 중심으로 발생했었다. 그러나 EU와 미국의 기후변화 대응 노력에 힘입어, EU에서는 전력생산 분야에서 온실가스 배출이 많은 석탄화력발전소가 재생에너지를 활용한 전력생산으로 대체되었다. 그리고 미국에서는 셰일 혁명에 힘입어 석탄화력발전이 빠른 속도로 천연가스를 이용한 화력발전으로 대체되었다. 이로써 EU와 미국에서 전력생산 분야의 온실가스 감축은 큰 폭으로 이루어졌다.

반면에 EU와 미국에서 운송분야 온실가스 감축은 매우 더디게 진행되

그림 3-1 미국의 분야별 온실가스 배출(1990~2019년) (단위: CO₂ 백만 톤)

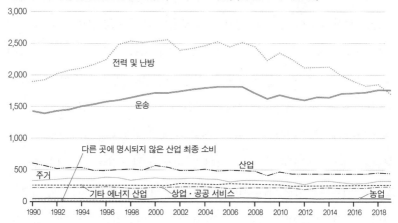

자료: IEA, "CO₂ emissions by sector, United States 1990-2019".
https://www.iea.org/countries/united-states

그림 3-2 EU28의 분야별 온실가스 배출(1990~2019년) (단위: CO₂ 백만 톤)

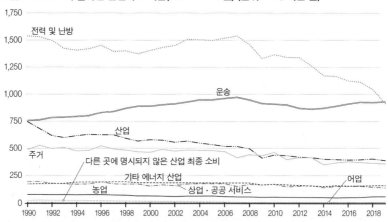

자료: IEA, "CO₂ emissions by sector, EU28 1990-2019".
https://www.iea.org/countries/united-states

었다. 이에 따라 2019년 EU와 미국에서 운송분야의 온실가스 배출은 전력생산 분야의 온실가스 배출을 상회하게 되었다.

2) 전기자동차 시장의 성장

현재 전 세계 전기자동차 시장은 중국, EU, 미국이 주도하고 있다. 이에 따라 중국, EU, 미국은 관련 정책과 입법에 심혈을 기울이고 있다. EU와 EU 회원국은 보조금 정책과 규제 도입을 통해 장시간에 걸쳐서 내연기관 자동차를 전기자동차와 같은 저탄소 운송수단으로 대체하려고 했다. 반면에 미국에서는 IRA 이전에 전기자동차에 관련된 정책 지원이 있었지만 EU만큼 체계적으로 진척되지는 못했다. 그 결과 2018년 유럽에서 전기자동차 신규 판매대수가 38만 1천 대였을 때, 미국에서 전기자동차 신규 판매대수는 36만 1천 대로 큰 격차가 발생하지 않았지만, 이후 유럽과 미국 사이에 전기자동차 신규 판매규모에서 큰 차이가 발생했다. 2022년 유럽에서 전기자동차가 270만 대가 판매되었을 때, 미국에서 100만 대의 전기자동차가 판매되면서 격차가 더욱 심화되었다.

특히 2021년에는 미국 전기자동차 신규 판매대수가 독일보다도 작았다. 테슬라와 같은 경쟁력 있는 전기자동차 기업을 가지고 있으면서 자국 내 전기자동차 판매대수의 성장은 IRA 입법 이전까지 유럽에 비해 매우 뒤지는 상황이었다.

2022년 미국 전기자동차 판매의 40%가 캘리포니아에서 이루어질 정도로 미국 전기자동차 판매는 캘리포니아가 주로 견인했다(Reuters, 2023. 1.24).

그러나 이와 같은 상황은 미국의 IRA 입법 전후로 크게 개선되었고 미

그림 3-3 2016~2023년 전 세계 지역별 전기자동차 신규 판매 (단위: 연간 대수)

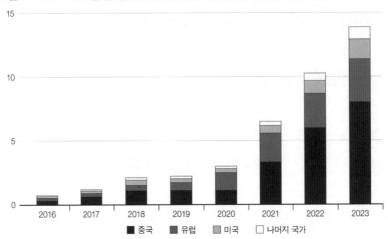

범례: ■ 중국 ■ 유럽 ■ 미국 □ 나머지 국가

자료: IEA, "Electric Vehicles".
https://www.iea.org/energy-system/transport/electric-vehicles

그림 3-4 전 세계 전기자동차 판매 현황

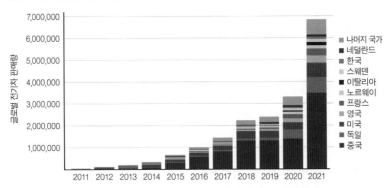

범례: ■ 나머지 국가 ■ 네덜란드 ■ 한국 ■ 스웨덴 ■ 이탈리아 ■ 노르웨이 ■ 프랑스 ■ 영국 ■ 미국 ■ 독일 ■ 중국

자료: ICCT(The International Council on Clean Transportation), "ANNUAL UPDATE ON THE GLOBAL TRANSITION TO ELECTRIC VEHICLES: 2021".
https://theicct.org/publication/global-ev-update-2021-jun22/

그림 3-5 **2022년 인구 1천 명당 주별 전기자동차 등록 대수**

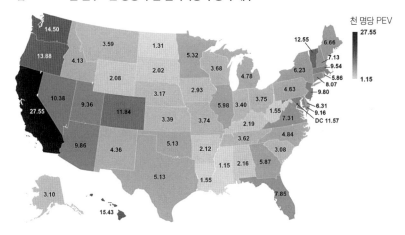

자료: Green Gar Report, "PEV Registation per thousands people, 2022".
https://www.greencarreports.com/news/1138974_these-7-us-states-lead-the-na
tion-in-ev-registrations

그림 3-6 **2022년 미국 주별 전기자동차 등록 대수**

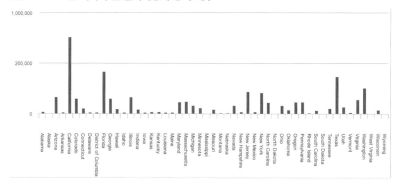

자료: US Department of Energy, "Electric vehicle registrations by state".
https://afdc.energy.gov/data/10962

국 전기자동차 판매가 비약적으로 성장했다. 미국은 배터리전기자동차 (BEV)를 중심으로 2022년 전기차 판매량이 2021년 대비 55% 증가했다. BEV 판매량은 70% 증가하여 80만 대에 육박했으며, 2019~2020년 미국 전기자동차 판매가 급감한 이후 2년 연속 강한 성장세를 확인했다. 플러그인 하이브리드 자동차(PHEV) 판매량도 15% 증가하여 성장세를 보였다. 2021년 대비 2022년 미국 총 자동차 판매가 8% 감소하여 전 세계 평균 (-3%)보다 훨씬 큰 폭으로 감소한 점을 고려하면, 전기자동차 판매 증가율이 높았다. 전체 전기자동차 누적 등록대수는 300만 대에 달해 2021년 대비 40% 증가했다. 전체 자동차 판매에서 전기차가 차지하는 비중은 2021년 5%를 약간 상회하는 수준에서 2018~2020년 약 2% 증가한 8%에 육박했다.

또한 미국에서 전기자동차 모델을 새로 선보이는 자동차 회사들이 증가하고 있으며, 미국인의 인식도 전기자동차에 호의적으로 변화하고 있다. 미국자동차협회(American Automobile Association)에 따르면, 2022년 미국인의 1/4이 다음 번 구매하는 차량은 전기자동차일 것이라고 답했다.

3) 전기자동차 배터리 시장의 성장과 핵심광물 확보의 중요성

2015년과 2016년만 해도 전기자동차 배터리 수요는 버스가 견인했다. 그러나 전기자동차 시장을 승용차가 주도해 나가면서 전기자동차 배터리 수요는 승용차 부분이 견인하고 있다.

특히 2020년에 비해서 2021년 전기자동차 시장이 급성장하면서 전기자동차 배터리 수요 역시 급증했다. 전기자동차 리튬이온(Li-ion) 배터리 수요는 2021년 340GWh로 성장했고, 이는 2020년에 비해서 2021년 전기

그림 3-7 2015~2021년 세계 전기자동차 배터리 연간 수요 (단위: 연간 GWh)

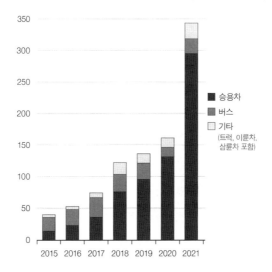

주: 이 자료에 BEV, PHEV, FCEV 관련 통계는 포함되었지만 하이브리드 자동차 관련 통계
   는 포함되지 않음.
자료: IEA(2022a: 136).

그림 3-8 2016~2022년 전 세계 지역별 전기자동차 배터리 연간 수요 (단위: 연간 GWh)

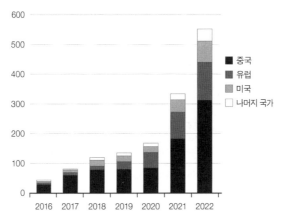

주: 이 자료에 BEV, PHEV, FCEV 관련 통계는 포함되었지만 하이브리드 자동차 관련 통계
   는 포함되지 않음.
자료: IEA(2023: 56).

자동차 리튬이온 배터리 수요가 2배로 성장한 것을 의미한다.

중국, 유럽, 미국을 중심으로 전기자동차 판매가 이루어지고 있는 상황에서 중국, 유럽, 미국은 세계 최대의 전기자동차 배터리 시장을 형성하고 있다.

자동차용 리튬이온 배터리 수요는 2021년 약 330GWh에서 2022년 약 550GWh로 65% 증가했다. 이는 전기승용차 판매 성장의 결과로 2021년 대비 2022년 전기자동차 신규 등록은 55% 증가했다.

중국에서는 전기자동차 배터리 수요가 70% 이상 증가하지만, 전기자동차 판매는 2021년 대비 2022년 80% 증가했으며, PHEV 비중 증가로 인해 배터리 수요 증가속도가 다소 완화되었다. 2022년 미국에서 전기자동차 판매가 약 55% 증가에 그쳤음에도 불구하고, 미국에서 차량에 대한 배터리 수요는 약 80% 증가했다.

미국 평균 배터리전기차의 배터리 크기는 세계 평균보다 약 40% 높은 수준을 유지하는데, 이는 다른 주요 시장과 비교하여 SUV가 미국 전기차 판매에서 차지하는 비중이 높은 것과 미국에서 전기자동차를 판매하는 14개 업체가 배터리 충전 후에 보다 장거리의 전기자동차 주행 범위를 제공하기 위한 전략을 추구하기 때문이다.

미국, EU, 중국 시장을 중심으로 전기자동차 판매 증가에 따라서 전기자동차 배터리 수요가 급증하고 있다. 전 세계 전기자동차 배터리 수요는 2011년에 비해 2021년에는 5배 이상 증가했고, 2020년에 비해 2021년에는 2배 이상 증가했다.

배터리 수요 급증에 따라서 전기자동차 배터리를 제작하는 데 필수적인 광물자원의 확보가 중요한 과제로 부상했다.

배터리 수요 증가가 핵심광물 수요를 견인하며, 2017년 이후 리튬 생산량이 180% 증가했음에도 불구하고 2022년 리튬 수요는 공급을 초과했다. 2022년에는 리튬의 60%, 코발트의 30%, 니켈 수요의 10%가 전기차 배터리에 사용되었다. 2017년에는 이들 광물이 전기자동차에 사용되는 비중이 각각 15%, 10%, 2% 수준이었다.

전기자동차의 광물 수요는 내연기관 자동차보다 6배, 풍력발전은 가스발전보다 9배 더 많은 광물이 소요된다. 2021년 5월 IEA 특별보고서에 따르면, 2020~2040년 리튬 수요는 40배, 흑연·코발트·니켈 수요는 20~25배, 희토류 수요는 7배 폭증할 것으로 예측된다.[1]

전기자동차의 중요성이 부상하기 전까지 배터리 산업은 공해 산업으로 간주되었고, 그 결과 배터리 생산의 대부분이 아시아 국가에서 이루어졌다. 배터리와 반도체의 핵심원료인 희토류 등 광물자원 개발 역시 공해 산업으로 분류되어 중국으로 이전했고, 2010년에 중국의 전 세계 희토류 생산량 점유율은 90% 이상으로 상승했다.

그런데 2010년 중국에 의존하는 광물자원 공급망 안정성에 심각한 문제가 발생했고, 선진국들은 중국에 의존하는 광물 공급망 안정성에 주의를 기울이기 시작했다. 2010년 9월 7일 일본과 중국 사이에 영토 분쟁이 있는 일본 센카쿠 열도에서 중국인 선장이 일본 해경에 체포되자, 중국은 일본으로의 희토류 수출을 지연시켰다. 결국 반도체 생산에 핵심 원자재인 희토류 수급에 심각한 문제가 발생하면서, 일본은 9월 24일 중국인 선장을 석방했고 중국도 일본에 대한 희토류 수출지연 조치를 해제했다.

2010년 희토류 분쟁 이후 일본은 중국의 희토류 자원 무기화 가능성을

---

1   IEA, "The Role of Critical Minerals in Clean Energy Transitions".
    https://www.iea.org/reports/the-role-of-critical-minerals-in-clean-energy-transitions/
    executive-summary

그림 3-9 2019년 에너지원별 화석연료, 광물자원 3대 생산국의 생산 비중 (단위: %)

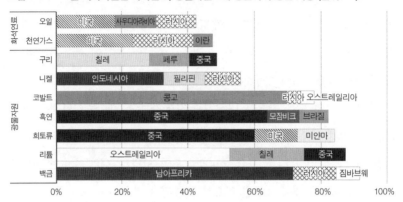

자료: IEA(2022b: 30).

그림 3-10 2019년 광물자원별 주요 가공국의 가공비중 (단위: %)

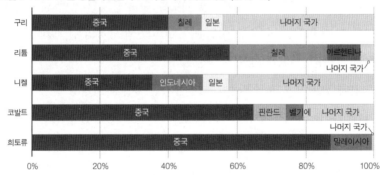

자료: IEA(2022b: 30).

체감하면서 해외에서 적극적으로 희토류 개발에 매진했다. 중국의 희토류 수출지연 조치는 미국, 유럽, 오스트레일리아 등 서방 국가에도 큰 충격을 주었고, 이후 이들 국가에서 희토류를 공해 산업으로만 바라보던 시선에 큰 변환이 이루어졌다.

IEA 자료에서 볼 수 있듯이, 중국은 흑연, 희토류 전 세계 생산에서

60%의 비중을 차지하고 있으며, 광물 가공의 경우는 구리, 리튬, 니켈, 코발트, 희토류 가공에서 다른 국가와는 비교할 수 없을 정도로 중요한 비중을 차지한다. 따라서 미국과 EU는 중국 중심의 광물 생산 및 가공이라는 시장구조를 재편하여 안정성을 확보할 필요를 인식한다.

2. 운송분야 기후변화 대응과 전기자동차 이용 확대와 관련 정책 및 입법

전기자동차 이용 확대에 따라서 주요 부품인 배터리와 배터리의 핵심 소재인 핵심광물 공급망 안정이 중요한 정책 사안으로 부상했다. 특히 EU는 미국보다 앞서서 전기자동차 활성화, 배터리 공급망 확보 전략을 수립했고 이를 법제화했다. EU는 EU 역내 공급원을 포함하여 배터리 원자재의 공급원을 다양화하고, 지속가능하고 안전한 배터리 원부자재 공급을 보장하기 위해 EU의 무역정책을 활용하고, 배터리 회수(recovery)−재사용(re-use)−재활용(recycling)을 통해 배터리 순환경제로의 전환을 심화시켜야 한다고 인식하고 있다.

1) EU 운송분야 기후변화 대응 정책의 발전

2011년에 발표된 EU집행위원회 백서인 "단일 유럽 교통지역 로드맵(Roadmap to a Single European Transport Area)"에서 도심에서 재래식 연료사용(conventionally fuelled) 차량을 2030년까지 50% 수준으로 감소하고, 2050년까지는 완전 퇴출(phase out)하는 전략이 제시되었다(안상욱, 2019:

110).

또한 안정적인 전기자동차 충전환경 보장을 위해서 EU는 "대체에너지 인프라 구축을 위한 지침"[2]을 2014년 10월 22일에 채택했다(안상욱, 2020: 224).

"대체에너지 인프라 구축을 위한 지침"에 따르면 EU 회원국은 국가 정책 프레임워크를 통해 2020년 12월 31일까지 대중이 접근할 수 있는 적절한 수의 전기자동차 충전소를 확보하여 도시·도심 밀집지역 및 기타 인구 밀집지역에서 전기자동차의 통행을 보장해야 하고 이를 위해서 적정 수의 전기자동차 충전소를 확보해야 했다.

2021년 7월 14일 EU집행위원회는 2030년까지 탄소배출량을 1990년 수준 대비 55% 감축하기 위한 입법안 패키지 'Fit for 55'를 발표했다(장영욱·오태현, 2021: 2).

Fit for 55에는 항공, 해운, 도로운송, 건물 분야에서 배출권거래제가 강화되거나 신규 적용되는 내용이 포함되었다. EU에서 역내 항공부문 배출권의 82%는 무상 할당되었는데, 2026년까지 항공부문 배출권 무상 할당이 단계적으로 폐지될 계획이다. 그리고 2023~2025년 사이 해운 부문에, 2026년부터 육상운송 및 건축물 부문에 EU의 배출권거래제가 확대 적용될 예정이다.

또한 Fit for 55 입법안에 "내연기관 규제 및 대체연료 인프라 확충" 관련 사항이 포함되었다. Fit for 55에 따르면, 2035년부터 하이브리드 자동차를 포함한 내연기관 자동차 출시를 금지하며, 친환경 차량 개발, 생산

---

2   DIRECTIVE 2014/94/EU OF THE EUROPEAN PARLIAMENT AND OF THE COUNCIL of 22 October 2014 on the deployment of alternative fuels infrastructure.

및 사용을 촉진하기 위해 대체연료 인프라 확충 목표가 제시되었다.

이는 기존 대체연료 지침인 "대체에너지 인프라 구축을 위한 지침"을 강화하는 것으로 탄소배출을 하지 않는 전기자동차, 수소자동차 등의 수요 확대에 따라 늘어난 충전 수요를 충족할 수 있도록 관련 시설을 확충하는 데 목적이 있다.

이에 따라서 '범유럽 운송 네트워크(TEN-T: Trans-European Transport Network)'[3] 핵심 연결망(Core Network)과 종합 연결망(Comprehensive Network)에 전기와 수소를 사용하는 승용차, 승합차, 중량급 차량 등을 위한 충전소 설치 규정이 마련되었다(장영욱·오태현, 2021: 8).

---

[3] 1980년대 말부터 범유럽 네트워크(TEN: Trans European Network)의 개념이 부상했다. 유럽 시장의 다양성과 국가별 상이성으로 재회, 용역 및 사람들이 자유롭게 이동할 수 있는 거대한 시장을 구축하기 위해서 현대적·효율적인 인프라가 서로 적절하게 연계되는 것이 절대적으로 요구되었기 때문이다. TEN 사업은 1992년 마스트리히트 조약의 주요 정책목표가 되었으며, 교통(TEN-T), 에너지(TEN-E), 통신(eTEN) 분야를 대상으로 지침이 수립되었다. 이 중 교통인프라를 담당하는 범유럽 운송네트워크(TEN-T)는 1996년 7월 유럽의회와 EU이사회가 '범유럽 교통인프라 네트워크 개발을 위한 공동체 가이드라인 결정(Decision No 1692/96/EC of the European Parliament and of the Council of 23 July 1996 on Community guidelines for the development of the trans-European transport network)'을 채택하면서 출발했다. TEN-T 사업은 교통인프라와 교통 네트워크 부문에서 동시에 진행되고 있다. 교통인프라는 도로, 철도, 내륙 수로, 항만, 내륙 수로항, 복합 화물 터미널 등 연계 시설을 포함하고 있으며, 교통 네트워크는 인프라, 관리 시스템, 항행시스템 등을 포함한다(원동욱·노상우, 2009: 109~113). 현재의 TEN-T 정책은 EU규정 "Regulation (EU) No 1315/2013 of the European Parliament and of the Council of 11 December 2013 on Union guidelines for the development of the trans-European transport network and repealing Decision No 661/2010/EU Text with EEA relevance"에 근거한다.

2) EU 배터리 규정

EU집행위원회는 2018년 배터리 분야 전략행동계획을 발표했다. 또한 2019년 4월 9일 "배터리 분야 전략행동계획의 집행: 유럽에서 배터리 밸류체인 형성(The implementation of the Strategic Action Plan on Batteries: Building a Strategic Battery Value Chain in Europe)"의 제목으로 보고서를 발간하여, EU 역내에 배터리 공급망 밸류체인을 구축하려고 한다.

EU는 기존 2006년 "배터리와 축전지 및 폐배터리와 축전지에 대한 지침(2006/66/EC)"을 개정하기 위해서 "배터리 및 폐배터리 관련 규정(COM (2020)798)의 입법 절차를 진행했다.

2020년 12월 10일 EU집행위원회는 2006년 제정된 기존 "배터리와 축전지 및 폐배터리와 축전지에 대한 지침(2006/66/EC)"을 개정하기 위해서 "배터리 및 폐배터리 관련 규정(COM(2020)798)"(이하 "EU 배터리 규정") 초안을 발표했다. EU 법률체계에서 "지침(Directive)"은 설정된 목표를 달성하기 위해 EU 회원국에서 국내법으로의 수용 절차(관련 국내법을 제정)를 거쳐야 효력이 있는 반면, "규정(Regulation)"은 EU 내 가장 강력한 규범으로서 EU 회원국 내 국내법으로의 수용 절차 없이 모든 회원국에 즉시 적용된다. 따라서 EU집행위원회가 2006년 배터리 지침에 대한 개정안을 2020년에 발표하면서 "지침"을 "규정"으로 변경한 것은 EU가 배터리 산업 육성을 매우 중요하게 인식하고 있다는 점을 의미한다.

2020년 12월 10일 EU집행위원회가 EU 배터리 규정 초안을 발표했고, EU 배터리 규정을 2023년 6월 유럽의회가 승인했으며, 7월 13일 EU이사회가 승인하여 2023년 8월 17일 발효되었다. 그리고 EU 배터리 규정은 2024년 2월 18일에 적용되기 시작할 예정이다.

EU 배터리 규정은 이동식(스마트폰, 전자기기 등), EV·차량용, LMT(전기자전거, 스쿠터 등 경량 운송수단), 산업용 등 모든 종류의 배터리를 적용 대상으로 한다. 또한 EU 배터리 규정은 배터리 여권(Battery passport) 제도, 배터리 재활용 비율 의무화, 배터리 공급망 실사의무 등의 내용을 포함하므로 향후 한국의 산업에 중요한 영향을 미칠 것으로 예상된다.

EU 배터리 규정 7조 1항에 따르면, 전기자동차 배터리, 용량이 2kWh 이상인 충전식 산업용 배터리 및 LMT 배터리의 경우, 다음 내용을 포함하는, 탄소발자국 신고가 이루어져야 한다.

① 제조업체에 대한 관리 정보
② 배터리 모델에 대한 정보
③ 배터리 제조 공장의 지리적 위치에 관한 정보
④ 예상사용수명 동안 배터리가 제공하는 총 에너지의 1kWh당 이산화탄소 kg으로 계산된 배터리의 탄소발자국
⑤ 부속서 II의 4항에 기술된 수명주기단계에 따라 구분되는 배터리의 탄소발자국
⑥ EU 배터리 적합성 신고 식별번호
⑦ ④와 ⑤에 언급된 탄소발자국 수치를 산출하는 연구 중 공개 버전에 대한 인터넷 링크

EU 배터리 규정 8조는 산업용 배터리, 전기자동차 배터리, LMT 배터리 및 SLI 배터리의 재활용 원료 이용 확대를 규정한다. 2028년 8월 18일부터 용량이 2kWh 이상인 산업용 배터리는, 배터리 제조 과정에서 발생된 폐기물 또는 소비자의 배터리 사용 후 폐기물로부터 회수된 코발트, 리튬,

표 3-1 배터리 규정에 명시된 재활용 원료 사용의무 비율

구분	2031년 8월 18일 이후	2036년 8월 18일 이후
코발트	16%	26%
납	85%	85%
리튬	6%	12%
니켈	6%	15%

니켈 또는 납의 비율에 관한 정보를 포함하는 문서를 첨부해야 한다.

또한 EU 배터리 규정 11조에 따르면 휴대용 배터리 및 LMT 배터리의 제거 및 교체 가능성 확보를 의무화(Removability and replaceability of portable batteries and LMT batteries)해야 한다. EU 배터리 규정 11조에 따르면 휴대용 배터리를 포함하는 시판 제품에 장착하는 모든 자연인 또는 법인은 해당 배터리가 제품 수명 동안 언제든지 최종 사용자가 쉽게 분리 및 교체할 수 있도록 보장해야 한다. 그리고 설계 단계부터 최종 사용자가 쉽게 배터리를 분리 및 교체할 수 있도록 제품 설계가 되어야 한다.

EU 배터리 규정 48~53조에 따르면, 2025년 8월 18일부터 배터리 제조사·유통사·수입자·대리인(Economic Operator)이 배터리 공급망 실사의무를 이행해야 하며, 이를 위해서 배터리 공급망 실사 정책이 수립되어야 한다. 그리고 배터리 공급망 실사는 EU시장에 직접 배터리를 출시하는 제조사·유통사·수입자·대리인이 수행해야 하며, 공인기관을 통해 검증한 후 관련 증빙문서를 보관해둘 필요가 있다. 또한 공인기관으로부터 주기적으로 감사를 받아 배터리 실사가 제대로 유지되고 있는지 확인을 받아야 한다. 배터리 제조사·유통사·수입자·대리인은 공급망 내 인권·노동권·환경에 미치는 부정적 영향을 식별, 예방 및 완화·해결하고 관련 자료를 공개할 수 있어야 한다. 그리고 배터리 제조사·유통사·수입자·대리인

은 마지막 배터리가 시장에 출시된 후 10년간 배터리 공급망 실사 관련 자료를 보관해야 한다. 또한 EU 회원국은 이 규정에 따른 공급망 실사의무를 이행하기 위해, 배터리 관련 사업자에게 정보와 지원을 제공하기 위해 EU 회원국별로 혹은 EU 회원국 간에 공동으로 배터리 공급망 실사 관련 전용 웹사이트, 플랫폼 또는 포털을 설치하고 운영할 수 있다.

EU 배터리 규정 54~76조에 따르면, 배터리 생산자(제조업자, 수입자, 판매·유통업자)는 시장에 유통시킨 배터리의 재활용 및 재처리 의무와 이를 위한 별도의 시설을 갖추어야 한다. 수명 종료 배터리의 수거 및 처리의 세부 요건은 "휴대용 배터리", "자동차, 산업 및 전기차용 배터리"로 분류되어 상이한 규정이 적용된다.

EU 배터리 규정 59조에 따르면, 배터리 제조업자 또는 제조업자를 대리하는 조직은 회원국 시장에 출시된 모든 휴대용 폐배터리의 회수 책임이 있다. 그리고 폐배터리 회수를 위해 휴대용 폐배터리 수거 장소를 설정해야 하고 이러한 휴대용 폐배터리 수거는 무료로 제공되어야 한다. 여기에는 수거 및 운송에 필요한 실질적인 준비 작업과 폐배터리의 수거 및 운송도 무료로 제공되어야 한다. 배터리 제조업자와 배터리 제조업자를 대리하는 조직은 "2023년 12월 31일까지 45%", "2025년 12월 31일까지 65%", "2030년 12월 31일까지 70%"로 배터리 회수 목표를 설정해야 한다. 배터리 판매·유통업자는 폐배터리를 무료로 회수할 때, 화학 성분에 관계없이 소비자가 새 배터리를 구입할 의무를 부과하면 안 된다.

EU 배터리 규정 77조는 2027년 2월 18일부터 "배터리 여권"제도라고 부르는 배터리 전자이력제도 실행 내용을 담고 있다. 2027년 2월 18일부터 LMT 배터리, 용량이 2kWh 이상인 산업용 배터리 및 시장에 출시된 전기자동차 배터리는 전자 기록을 보유해야 한다. 배터리 여권 제도의 목적은 배터리의 생산·이용·폐기·재사용·재활용 등 전 생애주기 정보를 디지털화하여 배터리의 안전성을 극대화하고, 책임 있는 재활용을 보장하는 것이다. 배터리 여권에는 다음과 같은 정보가 포함될 수 있다.

① 배터리 라벨에 포함된 내용: "배터리 제조자 식별 정보", "배터리 식별 정보", "배터리 제조 장소", "배터리 제조일", "배터리 무게", "배터리 용량", "배터리 화학적 성분", "수은, 카드뮴 또는 납을 제외한 배터리에 존재하는 유해 물질", "화재 시 사용 가능한 소화제", "중량의 0.1% 이상으로 배터리에 사용된 핵심광물"

② 배터리 함유 원자재의 공급망 추적 및 관리

③ 배터리 탄소발자국 정보

④ 배터리에 사용된 재활용 원료 정보

⑤ 배터리에 부품 중 재생 가능한 원료 비중

⑥ 정격 용량(Ah)

⑦ 관련된 온도 범위에서 최소, 공칭 및 최대 전압

⑧ 관련된 온도 범위에서 출력 용량 및 한계

⑨ 예상 배터리 수명

⑩ 배터리 방전 임계값(전기차 배터리)

⑪ 배터리가 사용되지 않을 때 견딜 수 있는 온도 범위

⑫ 배터리 수명 보증 기간

⑬ 내부 배터리 셀 및 팩 저항

3) 오바마 행정부의 전기자동차 육성 정책과 정부 교체에 따른 한계점

2010년 5월 10일, 버락 오바마 미국 대통령은 2015년까지 100만 대의 전기자동차를 보급하겠다는 야심 찬 계획을 발표했다. 이에 미국 에너지부는 2011년 2월 8일에 오바마 대통령의 야심 찬 전기자동차 보급 계획에 대한 방법을 제시했다. 이를 위해서 전기자동차와 배터리에 경기부양예산을 활용하고, 연료효율기준을 활용하여 전기자동차에 더 많은 인센티브를 제공하는 것이다.

오바마 행정부는 경기부양 패키지를 통해 차세대 자동차 산업을 육성시키고자 했고, 3개 전기자동차 공장에 34억 달러의 융자와 30개 배터리, 모터, 기타 부품공장에 30억 달러의 재정지원을 발표했다. 이를 통해 오바마 행정부는 미국 내에서 2011년 말까지 연간 5만 개 자동차 배터리 생산 역량을 갖추고, 2014년까지 이를 50만 개 규모로 확대하는 것을 목표로 했다.

오바마 행정부 시기에 미국 전기자동차 구매 보조금은 주로 세제혜택을 통해서 이루어졌다. 2010년부터 시행된 연방정부의 세액공제는 배터리 용량에 따라 최소 2,500달러에서 최대 7,500달러까지 지원되는데 순수 전기자동차(BEV)의 경우는 대부분 최대 지원 금액인 7,500달러가 지원되었다.

미국에서는 개인용 혹은 리스용 차량에 한해 보조금을 지급했고, 제조사별로 20만 대가 세제혜택을 받으면, 그 이후로는 세액감면 혜택이 단계적으로 줄어 폐지되었다. 또한 주에 따라서 연방정부 차원의 세제혜택과는 별도로 추가적인 세제혜택을 제공했지만, 트럼프 행정부로 정권이 교체된 후 정부의 전기자동차 정책에 큰 변화가 발생했다. 우선 연방정부 차원의 세제혜택과는 다르게 주별로 이루어지던 세제혜택이 감소했다. 이는 트럼프 행정부가 미국 우선 에너지 계획(America First Energy Plan)을 통해 기존의 온실가스 감축을 위한 친환경적인 에너지 정책에서 화석연료(석탄, 석유, 가스) 자원의 개발 및 생산을 확대하는 정책으로 정책 방향을 탈바꿈했기 때문이다.

그리고 트럼프 행정부는 2018년 정부예산에서 친환경 연방 프로그램을 축소했고, 전기자동차 개발 지원을 중단했다. 이는 트럼프 행정부의 자동차 연료 효율화 관련 예산 삭감에 따른 조치였다.

게다가 2018년 12월 3일에는 래리 커들로 백악관 국가경제위원회(NEC) 위원장이 전기자동차에 대한 보조금을 폐지하기 바란다고 밝혔다. 커들로 위원장은 기자들에게 "우리는 이들 보조금을 모두 끝내기를 원한다"며 "재생에너지 등 오바마 행정부 때 도입된 다른 보조금들도 끝낼 것"이라고 말했다고 블룸버그와 로이터통신이 보도했다. 이런 언급은 미국 최대 자동차 제조업체 제너럴모터스(GM)에 대한 보조금 삭감 계획에 대한 질문에 커들로 위원장이 답변하는 중에 나왔다. 테슬라와 GM 등은 전기자동차 보조금 지원에 대해 제조사별로 20만 대로 한정된 상한선을 높이거나 없애달라고 의회에 로비해왔다.

물론 트럼프 행정부가 원하는 바와 같이 전기자동차 보조금 제도를 완전히 폐지하려면 의회의 승인이 있어야 했지만, 2018년 11월 중간선거에서 민주당이 하원의 다수당 지위를 차지하면서 이는 어려워졌다.

바이든 행정부에서 추진된 IRA(인플레이션 감축법)에 따라 미국에서 전기자동차에 세제감면 혜택이 확대되면서 미국 전기자동차 시장이 급성장하고 있지만, 트럼프는 본인이 2024년 대선에서 재집권할 경우 바이든 행정부의 전기자동차와 배터리에 대한 보조금을 전면 철폐할 것이라고 공약했다.

4) 바이든 행정부의 IRA 정책과 배터리 순환경제

2021년 상반기에 비해 2022년 상반기에는 BEV와 PHEV의 전 세계 판매가 62% 증가했다. BEV와 PHEV를 합산했을 때 중국의 BYD가 1위를 차지했고, 그 뒤를 미국의 테슬라가 잇고 있다.

전기자동차 시장 확대에 따라 세계 시장에서 전기자동차의 핵심부품인 배터리 수요도 급증하고 있다.

전 세계 전기자동차 판매는 BYD와 같은 중국 자동차기업, 테슬라와 같은 미국 자동차기업, 폭스바겐과 같은 유럽 자동차기업과 한국 자동차기업인 현대자동차가 주도하고 있다. 반면 전 세계에 공급되는 전기자동차 배터리의 대부분은 CATL과 같은 중국 기업, LG에너지솔루션과 같은 한국 기업, 파나소닉과 같은 일본 기업이 주도하고 있다.

전기자동차 배터리 수요는 전기자동차 시장 규모와 같이 지역별로 차이가 있었다. 세계 최대 전기자동차 시장인 중국이 전기자동차 배터리 시장 규모에서도 1위를 차지하고 있고, 그 뒤를 전기자동차 시장 규모에 따라 유럽과 미국이 잇고 있다.

2020년 비해 2021년 배터리 수요는 중국에서 140% 증가했고, 미국에서는 2배, 유럽에서는 70% 증가했다.

2021년 전 세계 시장 점유율로 보았을 때, 전 세계 10대 배터리 생산 기업은 CATL, LG에너지솔루션, 파나소닉, BYD, SK On, 삼성SDI, CALB, Guoxuan, AESC, SVOLT였다.

이 중 중국에 본사를 둔 기업은 CATL, BYD, CALB, Guoxuan, SVOLT

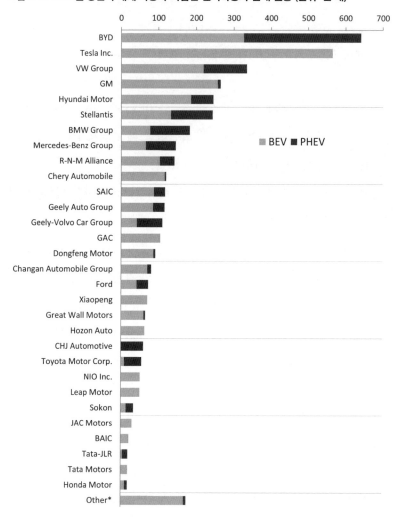

그림 3-11 **2022년 상반기 세계 자동차 기업별 전기자동차 판매 현황 (단위: 천 대)**

자료:
• Cleantechnica, "Electric Car Market Grows To 29% In Europe As EV Sales Explode!", https://cleantechnica.com/2022/01/30/29-of-cars-sold-in-europe-were-plugin-electric-vehicles-in-december/
• ev-volume.com, "Global EV Sales for 2022 H1". https://www.ev-volumes.com/

표 3-2 **연간 누적 글로벌 전기차용 배터리 사용량** (단위: GWh)

순위	제조사명	2020년 1~12월	2021년 1~12월	성장률(%)	2020년 점유율	2021년 점유율
1	CATL	36.2	96.7	167.5	24.6	32.6
2	LG에너지솔루션	34.3	60.2	75.5	23.4	20.3
3	파나소닉	27.0	36.1	33.5	18.4	12.2
4	BYD	9.8	26.3	167.7	6.7	8.8
5	SK On	8.1	16.7	107.5	5.5	5.6
6	삼성SDI	8.5	13.2	56.0	5.8	4.5
7	CALB	3.4	7.9	130.5	2.3	2.7
8	Guoxuan	2.4	6.4	161.3	1.7	2.1
9	AESC	3.9	4.2	7.8	2.7	1.4
10	SVOLT	0.6	3.1	430.8	0.4	1.0
	기타	12.5	26.0	107.1	8.5	8.8
	합계	146.8	296.8	102.3	100.0	100.0

자료: Business Post(2022).

이다. 한국에 본사를 둔 기업은 LG에너지솔루션, SK On, 삼성SDI이다. 일본에 본사를 둔 기업은 파나소닉, AESC이다.

그런데 2018년 닛산이 AESC의 지분 대부분을 중국의 에너지기업인 인비전 그룹(Envision Group)에 매각했고, 현재는 AESC 지분의 20%만을 보유한 상태이기 때문에 AESC의 중요한 의사결정이 일본에서 이루어지고 있다고 보기 힘들다.

이와 같은 상황에서 전 세계 배터리 산업은 중국 기업이 주도하고 있다고 볼 수 있다. 한국의 배터리 3사인 LG에너지솔루션, SK On, 삼성SDI는 2021년 전 세계 시장 점유율에서 30.4%를 차지했다. 그리고 일본 기업인 파나소닉이 12.2%의 시장 점유율을 차지하고, 나머지는 대부분 중국 기업이 주도하고 있다.

2022년 8월에 통과된 IRA는 미국뿐만 아니라 전 세계 전기자동차 및 배터리 공급망에서 큰 영향을 미치게 되었다. IRA는 물가상승 억제와 기후변화 대응을 목적으로 제정된 법으로, 전기자동차 세액공제조건 규정을 담고 있다. 특히 북미에서 최종 조립된 전기자동차가 아니면, 그리고 일정 비율 이상의 광물과 배터리 부품이 북미산이 아니면 사실상 보조금 효과를 갖는 전기자동차 세액공제 대상에서 배제되기 때문에 전기차 주요 생산-수출국인 EU, 한국, 일본 기업에 주는 파장이 클 수밖에 없다.

IRA는 바이든 대통령 취임 이후 1년 넘게 추진되던 2조 달러 규모의 '더 나은 재건(Build Back Better)' 법안을 수정·축소한 것이다. 이 법안이 과다한 예산 규모를 이유로 의회의 반대에 부딪히자 미국 행정부는 전 세계적 현안인 인플레이션 대응을 명분으로 에너지 안보 및 기후위기, 헬스케어 등의 부문으로 지출 범위와 예산 규모를 축소한 IRA 법안을 미국 의회에 새롭게 제출했고, 동 법안은 2022년 8월 7일과 12일 각각 상원과 하원을 통과한 후 바이든 대통령이 서명한 16일에 최종 발효되었다. IRA는 재정지출 측면에서 총 재정 투입의 84.4%에 이르는 3,690억 달러의 예산이 에너지 안보 및 기후변화 대응 부문에 편성되었다는 점에 주목할 필요가 있다. 세부적으로는 청정전력 부문 세액공제, 친환경 제조업·차량·연료 관련 세액공제, 개인 대상 청정에너지 인센티브 제공 등을 골자로 하며, 미국의 기후 대응 리더십 회복 및 자국 내 투자·생산 확대를 통한 에너지 안보 강화에 의도가 있는 것으로 보인다. 이 밖에도 일명 '오바마 케어'라고 불리는 건강보험개혁법(ACA) 지원 연장(2025년까지)과 서부지역 가뭄대응 역량 강화에도 각각 640억 달러, 40억 달러의 예산이 편성되었다(황경인, 2022: 8).

전기자동차와 배터리와 관련하여 IRA 법안 중 특히 주목할 조항은

Section 13401이다. Section 13401에는 미국에서 판매되는 전기자동차 세액공제 적용 조건들이 명시되어 있다. 특히 미국의 IRA 발효는 2022년 8월 9일 발효된 '반도체와 과학법(Chips and Science Act)'과 더불어 미국 중심의 공급망을 구축하여 반도체, 전기차, 2차전지 등 첨단산업 분야에서 중국의 부상을 견제하겠다는 미국 행정부의 의도가 입법을 통해 명확히 드러난 결과로 볼 수 있다.

IRA Section 13401의 핵심을 요약하면 전기차 세액공제 혜택을 적용받기 위해서는 ① 최종 조립 조건, ② 배터리 핵심광물 조건, ③ 배터리 부품 조건 등 IRA 법상 규정된 조건들을 충족해야 한다는 것이다. 첫 번째 조건인 '최종 조립 조건'은 최종 조립(Final Assembly)이 북미(North America)에서 이루어진 전기차만 세액공제 혜택 대상임을 의미한다. 동 조건은 IRA 발효 즉시 적용된다. 즉, 2022년 8월 16일 이후에 미국에서 판매되는 전기자동차 중 북미에서 제조된 전기자동차만 세액공제 혜택을 받을 수 있다.

IRA에서 배터리 산업과 연관된 중요 항목은 '배터리 핵심광물 조건'이다. 이는 전기자동차에 탑재된 배터리의 핵심광물(Critical Minerals)이 일정 비율 이상 미국 또는 미국의 FTA 체결국에서 채굴(Extracted) 또는 가공(Processed)되거나 북미에서 재활용된(Recycled) 경우에만 3,750달러 상당의 전기자동차 세제혜택을 받을 수 있음을 의미한다. IRA가 규정한 해당 핵심광물 비율은 2023년 40%, 2024년 50%, 2025년 60%, 2026년 70%, 2027년 이후부터는 80%로 고정된다.

배터리와 관련된 또 다른 주요 IRA의 내용은 '배터리 부품 조건'이다. 이는 전기자동차 탑재 배터리 부품 중 일정 비율 이상이 북미에서 제조(Manufactured) 또는 조립(Assembled)된 경우에 한해 3,750달러 규모의 세제혜택을 받을 수 있음을 의미한다. 배터리 부품 조건은 2023년 50%,

표 3-3 2023년 4월 17일에 발표된 IRA 세액공제 대상 전기자동차

- Cadillac Lyriq (2023 and 2024 model years, MSRP $80,000 or below)
- Chevrolet Bolt (2022 and 2023 model years, MSRP $55,000 or below)
- Chevrolet Bolt EUV (2022 and 2023 model years, MSRP $55,000 or below)
- Chevrolet Blazer (2024 model year, MSRP $80,000 or below)
- Chevrolet Equinox (2024 model year, MSRP $80,000 or below)
- Chevrolet Silverado EV (2024 model year, MSRP $80,000 or below)
- Chrysler Pacifica PHEV (2022 and 2023 model years, MSRP $80,000 or below)
- Ford F-150 Lightning (2022 and 2023 model years, MSRP $80,000 or below)
- Lincoln Aviator Grand Touring PHEV (MSRP $80,000 or below)
- Tesla Model 3 Performance only (2022 and 2023 model years, MSRP $55,000 or below)
- Tesla Model Y All-Wheel Drive, Long Range, and Performance (2022 and 2023 model years for All-Wheel Drive and Long Range, 2022 model year only for Performance, MSRP $80,000 or below)
- **Volkswagen ID.4 (2023 model year, MSRP $80,000 or below)**

2024년과 2025년에는 60%, 2026년 70%, 2027년 80%, 2029년 이후부터는 100% 전량이 북미에서 제조 또는 조립되어야 한다.

한편 IRA Section 13401은 배터리 관련 추가 규정을 2개 더 두고 있다. 첫 번째는 전기자동차에 탑재된 배터리에 해외우려집단(Foreign Entity of Concern)으로부터 채굴, 가공 또는 재활용된 광물이 조금이라도 포함되어 있으면 세제지원 대상에서 제외된다는 조건이다. 이 조건은 2025년 1월 1일부터 적용된다. 두 번째 조건은 해외우려집단으로부터 공급받은 부품이 일부라도 포함된 배터리가 탑재된 전기자동차 역시 지원 대상에서 배제된다는 조건으로 2024년 1월 1일부터 도입될 예정이다.

이 밖에도 IRA 실시 이후 새로운 세액공제 차량 가격 상한 및 구매자 소득 상한 조건이 2023년부터 적용되며, 업체당 20만 대까지만(누적 판매대수 기준) 세액공제 혜택을 주던 규정(오바마 행정부 때 도입)은 2023년 1월 1일부터 해제되었다. 이에 따라 테슬라 및 GM은 다시 전기자동차 보조금 혜택을 받을 수 있게 되었다.

한편 한국과 일본 자동차기업은 IRA 수혜 대상에서 제외되었다. 유럽 기업 중 폭스바겐은 2023년 4월 17일 월요일 미국 국세청이 최초 명단을 발표했을 때 세액공제 대상에 포함되지 않았지만, 19일 수요일 미국 국세청 사이트에 추가되었다.

3. 미국의 배터리 순환경제

미국 IRA Section 13401에서는 EU의 배터리 규정과 다르게 재활용 광물에 대한 이용 비중을 따로 명시하지 않는다. 그러나 배터리 업체가 원료물질인 광물자원의 중국 공급망에 의존도가 큰 상황에서 배터리 핵심 광물 조건은 광물자원 분야의 대외 의존도를 낮추려는 측면에서 미국 배터리 순환경제를 발전시키고 있다.

1) 미국 배터리 순환경제 관련 기업의 활약

IRA에 따르면 미국 및 미국과 FTA를 체결한 국가 이외에서 채굴된 소재는 보조금 지급 대상에서 제외되지만, 미국에서 재활용된 전기자동차 배터리 소재는 원산지와 무관하게 미국산으로 간주하여 보조금이 지급된다. 이에 따라 북미지역 기업들 사이에서 전기자동차 배터리를 재활용하기 위한 경쟁이 치열해지고 재활용 공장 건설이 붐을 이루고 있다.

캐나다 배터리 재활용 회사인 리-사이클(Li-Cycle)의 루이 디아즈 부사장은 "자동차 제조사들이 전기차 생산을 늘리면서 몇 년 안에 재활용 배터리 소재가 부족해질 수 있지만, 이런 소재는 무한대로 재활용해도 전력 손실이 없다"고 설명했다. 이 회사는 미국 정부로부터 재정 지원을 받아 2023년 연말 운영 시작을 목표로 뉴욕에서 배터리 소재 재활용 공장을 짓고 있다. 또한 배터리 재활용 회사인 어센드 엘리먼츠(Ascend Elements)와 리-사이클은 향후 몇 년 내에 유럽에서 공장을 건설할 계획을 세워두었지만, IRA 조항 때문에 미국에서 재활용 공장 건설을 검토하고 있다(ESG경제, 2023.7.25).

리튬이온 배터리는 매립하면 화재를 유발할 수 있기 때문에 폐배터리 관리에 주의를 기울여야 하지만 현재까지 배터리 재활용 기술에 따른 폐배터리 처리 능력은 배터리 제조에 비해 한참 뒤처져 있다. 건식 야금 및 습식 야금을 포함한 전통적인 배터리 분해 방법은 비용이 많이 들고 시간이 오래 걸리며 배터리에 사용된 광물을 회수하는 능력에 한계가 있다. 건식 야금은 배터리를 용광로에 넣어 태워버리면서 광물을 회수한다. 이 과정에서 미량의 니켈과 코발트가 추출된다. 습식 야금은 배터리를 기계적으로 작은 조각으로 분쇄한 후 화학적인 방식으로 핵심광물을 회수한다.

현재 미국 스타트업을 중심으로 배터리 재활용에 신기술 접목이 빠른 속도로 이루어지고 있다.

ABCT와 같은 기업은 배터리를 분쇄하거나 용광로에서 태우는 방식이 아니라 배터리 조립 과정을 역으로 진행해서 광물을 회수한다. ABCT 기술진은 테슬라가 네바다에 기가팩토리를 설립하는 것을 도왔기 때문에 배터리 조립 방식을 잘 숙지하고 있다. 기존 배터리 제작 기계에서 배터리를 조립하는 대신 배터리를 해체하도록 프로그래밍을 하여 배터리팩을 셀 형태로 분해하고, 셀은 다시 양극재, 음극재, 분리막으로 분해된다. 그리고 이 단계에서 화학적 방식을 이용하여 광물을 회수한다. ABCT는 기술 테스트를 거쳐 네바다주 리노에 첫 번째 상업용 공장을 건설하고 있고,

이 공장은 연간 2만 톤의 배터리를 재활용할 예정이다. 이 공장이 성공을 거둔다면, ABCT는 다음 공장을 동일한 공정과 추출 기술을 활용하여 10배 규모로 건설할 예정이다.

2016년에 설립된 캐나다 기업 리-사이클은 북미 지역에서 리튬이온 배터리 재활용 기업 중 가장 큰 기업이다. 리-사이클은 기존의 배터리 광물 회수 과정에서 회수가 이루어지지 않았던 리튬 회수에 중점을 두고 있다. 전통적인 배터리 재활용은 니켈과 코발트만 회수하고 나머지 광물은 포기했다. 그러나 전기자동차 배터리에 관해 이 접근법은 리튬의 낭비를 의미한다. 리-사이클은 전기차뿐 아니라 모든 종류의 배터리를 수집해 재활용하는 '허브-스포크(중앙 처리장과 집하장)' 시스템을 운영한다. 지리적으로 분산된 집하장(스포크)에서 배터리를 해체하여 플라스틱과 구리·알루미늄, 그리고 블랙매스로 분류한다. 플라스틱과 구리·알루미늄 혼합물은 다른 재활용 기업에게 판매한다. 블랙매스는 중앙 처리장인 허브로 보내 주요 금속·비금속을 추출한다.

리-사이클의 최고영업책임자(CCO) 쿠날 팰퍼(Kunal Phalpher)는 "캐나다 온타리오주 킹스턴에 소재한 허브에서 시범 사업을 벌인 결과 코발트와 리튬뿐 아니라 비리튬이온 배터리의 주요 소재인 니켈을 추출할 수 있었다"며 "추출된 재료는 순도가 매우 높아 새로운 배터리를 만드는 데 즉각 활용할 수 있다. 배터리 구성요소의 95%를 재활용할 수 있다"고 주장했다. 리-사이클의 첫 상용화 허브가 2023년 말 뉴욕주 로체스터에서 완공될 예정이다. 그리고 리-사이클은 2025년까지 전 세계 3개의 허브 공장을 더 지을 계획이다. 리-사이클에 광산 대기업 글렌코어(Glencore)는 2억 달러를 투자했고, 코크 스트레티직 플랫폼(Koch Strategic Platforms)은 1억 달러를 투자했다.

배터리 제작에서 가장 비싼 부품은 음극이다. 음극은 리튬과 니켈, 망간, 코발트와 같은 원료 금속을 채굴·가공하여 만들어진다. 하지만 오래된 배터리는 필요한 모든 성분을 포함하고 있다. 2015년 설립된 배터리 재제조 자원순환 회사인 어센드 엘리먼츠의 기술진은 전통적인 습식제련을 기초로 "습식제련에서 음극(hydro to cathode)으로" 공정을 만들었다. 이 공정은 배터리를 잘게 부수어 용액에 넣는다. 개별 금속을 회수하는 대신 액체에서 불순물을 추출하고 음극재만 남긴다. 음극 전구체인 니켈, 망간, 코발트 수산화물이 침전된다. 그리고 새로운 음극 활물질을 생성하기 위하여 리튬을 첨가한다. 어센드 엘리먼츠는 이와 같은 방식이 광물을 채굴·정제하는 것보다 더 저렴하게 배터리 재료를 양산할 수 있다고 본다. 어센드 엘리먼츠의 방식으로 회수된 음극재는 경제성이라는 이점 이외에도, 환경 측면에서 더 큰 이점을 가지고 있다. 이와 같은 방식을 통해, 탄소를 배출하는 채굴과 운송을 줄이고, 음극재 재활용 공정에서는 친환경 전기를 활용하여 탄소배출을 감축할 수 있다. 이렇게 생산된 재활용된 음극재의 탄소발자국은 새로 채굴된 광물을 가공해서 만드는 음극재보다 90% 정도가 낮다.

폐배터리는 일반적으로 일부 잔여 에너지가 저장된 상태로 재활용 시설에 도착한다. 그리고 재활용 사업자는 광물질을 안전하게 추출하기 위해 배터리가 방전 상태가 되도록 시간과 자금을 투입한다. 테슬라 최고기술책임자(CTO)를 지낸 J. B. 스트라우벨(J. B. Straubel)은 2017년에 미국 네바다주 카슨시티에 레드우드 머티리얼즈(Redwood Materials)를 창업했다. 레드우드 머티리얼즈는 오래된 배터리셀에서 전해질을 추출하는 저온 소성 공정(low-temperature calcination process)을 위해 저장된 전기를 열로 바꾸는 방법을 고안했다. 에너지는 배터리 재활용 작업을 위한 주요 투입물 중 하나이기 때문에, 배터리 자체의 에너지를 활용하면 에너지 비용이 절감되는 효과를 거둘 수 있다.

레드우드 머티리얼즈는 건식·습식 제련을 혼합해서 사용한다. 이 기업은 일본 파나소닉과 닛산의 미국 공장 배터리 생산과정에서 회수한 불량품 배터리를 재활용하며, 향후 일반 소비가전을 사용 후 수거한 배터리를 재활용할 계획을 세우고 있다.

배터리를 재활용하려면 운송 과정에서 비용이 발생한다. 리튬이온 폐배터리(특히 마모된 배터리)는 화재 발생 우려가 있어 미국 교통부에 의해 위험 물질로 간주된다. 따라서 기차와 비행기로는 리튬이온 폐배터리를 운반할 수 없고, 트럭 운전자들은 리튬이온 폐배터리를 취급하기 위해서 특별한 훈련을 받아야 한다. 이러한 이유로 폐배터리를 재활용 장소로 이동하는 데 비용이 발생한다.

KULR 테크놀로지 그룹은 운송회사들이 미국법을 준수하면서도 운송 비용의 추가 발생을 억제할 수 있도록 솔루션을 제공한다. 이 스타트업은 가볍고 내화성이 있는 배터리 휴대용 케이스로 미국 교통부에게 특별 허가를 받았다. KULR은 우주 비행사들이 우주 공간에서 화재를 걱정하지 않고 리튬이온 노트북 배터리를 보관할 수 있도록 미국항공우주국(NASA)를 위해 액체 냉각 탄소 섬유 포장을 설계했다. 이 기술을 바탕으로 지상에서도 2.1kwh 용량의 배터리를 안전하게 보관할 수 있는 케이스가 제작되었다. 전기자동차 폐배터리를 운송하기에는 케이스 허용 용량이 작지만, 소비자 가전제품과 스쿠터, e-bike와 같은 초소형 이동 장치에 사용되었던 폐배터리를 운송하는 데는 유용하게 사용될 수 있다. KULR의 CEO 마이클 모(Michael Mo)는 피자를 따뜻하게 보관하는 피자 케이스와 반대로 자사의 배터리 케이스는 배터리를 차갑게 유지하는 용도로 사용된다고 설명했다. 이와 같은 내화 케이스는 운송 기사에게 특수 교육이 필요하지 않고, 배터리 상태를 측정하며 운송하는 방식보다 효과적이기 때문에 운송 비용을 절감할 수 있다.

2) 미국의 배터리 순환경제 시장 현황

전 세계 배터리 재활용 시장 규모는 2022년 13억 8천만 달러로 평가되었으며, 2023~2030년 연평균 37.7%로 성장할 것으로 예상된다. EV 및 재생에너지 저장 시스템의 시장 확대로 배터리에 대한 수요가 증가하고, 이로써 배터리 재활용의 필요성이 확대되고 있다.

2022년 캘리포니아의 책임 배터리 재활용법(Responsible Battery Recycling Act of 2022 California)과 같은 지원책과 세계적인 전기자동차 기업이 미국에 존재하기에, 미국 배터리 수요는 증가할 것으로 예상된다. 2022년 캘리포니아의 책임 배터리 재활용법은 배터리의 재활용 및 재사용이 목적이며, 캘리포니아주의 각 배터리 소매업체에 사용된 충전식 배터리를 수거하기 위한 시스템을 요구한다.

미국에는 대규모 리튬이온 재활용 시설이 있어서, 리튬이온 배터리 재활용 시장의 규모가 확대되고 있다. 예를 들어 리-사이클은 1만 1150m²의 창고 공간을 갖춘 새로운 리튬이온 재활용 시설을 개장했다. 이 시설은 연간 1만 톤의 전기자동차용 배터리 재료를 재활용한다. 리-사이클은 6만 개의 전기자동차 배터리를 재활용할 수 있는 용량을 보유하고 있다.

배터리 재활용 시장의 매출액에서 납축전지는 2022년 미국 배터리 재활용 시장을 선도하며 85.41%의 매출 점유율을 기록했다. 납축전지는 재사용 가능한 납과 플라스틱을 제조에 광범위하게 사용하기 때문에 다른

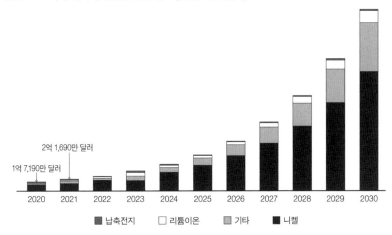

그림 3-12 **미국 배터리 재활용 시장 규모 (단위: 백만 달러)**

2억 1,690만 달러

1억 7,190만 달러

| 2020 | 2021 | 2022 | 2023 | 2024 | 2025 | 2026 | 2027 | 2028 | 2029 | 2030 |

■ 납축전지   □ 리튬이온   ■ 기타   ■ 니켈

주: 2022년 이후는 예측.
자료: Grand View Research, "Battery Recycling Market Size, Share & Trends Analysis".
     https://www.grandviewresearch.com/industry-analysis/battery-recycling-market

배터리에 비해 재활용에 적합하다. 배터리 재활용 회사는 재활용 및 재사용 목적으로 소비자가 사용한 배터리를 수집한다. 이 배터리는 먼저 조각으로 분쇄된다. 플라스틱은 재활용을 위해 플라스틱 재활용기로 보내지고 압출 과정에 의해 형태가 만들어진다. 리튬이온 배터리는 가장 빠르게 성장하는 배터리로 EV에 주로 사용된다. 국제에너지기구(IEA)에 따르면 전기자동차 이용 확대에 따라 전 세계적으로 리튬이온 배터리 수요가 증가하고 있다. 이런 추세에 따라 기업들은 배터리 재활용 시장에서 점유율을 높이기 위해 다양한 전략을 채택하고 있다.

3) IRA와 배터리 순환경제

IRA의 조항에 따라 기업들은 북미 지역에서 전기자동차 배터리를 재활용하기 위한 노력을 경주하고 있다. 이를 통해 북미 지역의 배터리 재활용 업체들은 관련 분야에서 지배력을 가진 중국 기업과 글로벌 경쟁의 최전선에 섰다.

IRA에는 미국에서 재활용된 EV 배터리 재료를 배터리 재료의 원산지에 관계없이 미국산으로 자동 인증하여 IRA 보조금 지급 대상이 될 수 있도록 하는 조항이 포함된다. 이와 같은 조항으로 인해 자동차 업계는 미국에서 생산된 전기자동차에 미국 연방정부가 제공하는 세금공제 혜택을 받기 위해 미국산 재활용 배터리 재료 사용을 늘렸다.

조사업체 EMR에 따르면 중국은 2022년 110억 달러에서 2028년 180억 달러로 성장하리라 예상되는 세계 배터리 재활용 시장에서 사실상 모든 EV 배터리 재활용을 처리하고 있다. 더 많은 전기자동차가 시장에 도입되고 이들 차량이 노후되면 배터리 재활용 시장은 더욱 성장할 것으로 예상된다.

EV 배터리에 들어 있는 광물(주로 리튬, 코발트, 니켈)은 1대당 평균 1천 유로(1,123달러)에서 2천 유로 사이의 가치가 있다. 캐나다 배터리 재활용 회사인 리-사이클의 부사장 루이 디아즈는 자동차 제조업체가 EV 생산을 늘리면서 배터리 원료 광물은 몇 년 내에 공급이 부족할 수 있지만 무한히 재활용될 수 있는 여지가 있다고 말했다. 특히 리-사이클의 뉴욕 공장 건설을 위해 미국 정부는 3억 7500만 달러의 융자를 지원했다.

네바다에 배터리 재료 재활용 및 재제조 단지를 건설하기 위해 20억 달러의 미국 정부 융자를 받은 레드우드 머티리얼즈의 CEO J. B. 스트라우벨은 재활용 배터리 재료를 지역적인 "도시 채굴"로 간주한다.

이와 같은 방식은 배터리에 재활용 광물의 사용을 의무화한 EU의 배터리 규정과는 다르게 미국에서 배터리 재활용을 확대시키고 있다. 어센드

그림 3-13 **2021년 세계 리튬 배터리 재활용 (단위: 톤)**

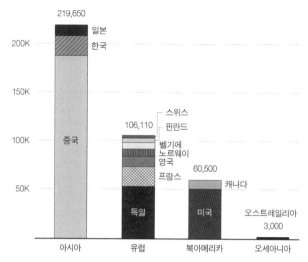

자료: Canary Media(2022.1.17).

표 3-4 **세계 리튬이온 배터리 재활용 기업과 재활용 방식**

	기업명	장소	단위 (연간 톤)	방식	현황
1	ABT	미국, 네바다, Fernley	20,000	자료 없음	계획
2	Retriev(Toxco)	캐나다, 브리티시 컬럼비아, Trail	4,500	습식제련	설립
3	Li-Cycle	미국, 애리조나, Gilbert	10,000	습식제련	계획
4	Ganfeng Li	멕시코, Sonora	자료 없음	자료 없음	계획
5	Li-Cycle	미국, 알래스카, Tuscaloosa	10,000	습식제련	계획
6	Inmetco	미국, 펜실베이니아, Elwood, PA, US	6,000	건식제련	설립
7	Li-Cycle	미국, 뉴욕, Rochester	5,000	습식제련	설립
8	Li-Cycle	캐나다, 온타리오, Kingston	5,000	습식제련	설립
9	Fenix	영국, Whitehall	10,000	습식제련	계획
10	Valdi	프랑스, Commentry	20,000	건식제련	설립

11	Umicore Valeas	벨기에, Hoboken	7,000	건식·습식 제련 병행	설립
12	Recupyl	프랑스, Grenoble	110	습식제련	설립
13	Accurec	독일, Krefeld	4,000	건식·습식 제련 병행	설립
14	Glencore	스위스, Baar	3,000	건식·습식 제련 병행	설립
15	Redux	독일, Offenbach	50,000	건식제련	설립
16	Northvolt	노르웨이, Frederikstad	8,000	자료 없음	계획
17	Fortum	핀란드, Harjavalta	자료 없음	자료 없음	계획
18	Akkuser	핀란드, Nivala	4,000	건식·습식 제련 병행	설립
19	Green Li-ion	싱가포르	자료 없음	자료 없음	계획
20	Brunp Recycling Technologies	중국, Hunan	100,000	건식·습식 제련 병행	설립
21	Taisen	중국, Hunan	6,000	습식제련	설립
22	GEM	중국, Jingmen	30,000	습식제련	설립
23	Guanghua Sci-Tech	중국, Guangdong	12,000	전처리 (Preprocessing)	설립
24	Gotion High-Tech	중국, Hefei	자료 없음	자료 없음	계획
25	Quzhou Huayou	중국, Quzhou	40,000	건식제련	설립
26	Tesla	중국, Shanghai	자료 없음	자료 없음	계획
27	SungEel HiTech	한국, 군산	8,000	습식제련	설립
28	Posco Hy Clean Metal	한국, 광양	12,000	자료 없음	계획
29	JX Nippon Mining	일본, 쓰루가	5,000	건식·습식 제련 병행	설립
30	Dowa Eco-System	일본	6,500	건식제련	설립
31	Sumitomo/Sony	일본, 나미에	150	건식제련	설립
32	Envirostream	오스트레일리아, Melbourne	3,000	전처리	설립

자료: Baum et al.(2022: 712~719).

엘리먼츠, 리-사이클은 유럽에서 재활용 공장 건설을 계획했었지만, IRA 에 따른 인센티브 때문에 미국에서 재활용 공장 건설을 확대하고 있다. 배터리 재활용 시장에서 IRA의 역할은 미국에서 재활용된 광물을 원료의 원산지와 관계없이 미국산으로 간주하여 재활용 광물에 대한 수요를 늘리는 것이다. 그리고 이는 궁극적으로 배터리 광물 시장 및 배터리 광물 재활용 시장에서 중국 의존도를 낮추려는 것이다. 중국은 IRA가 반세계화적인 입법이라고 반발한다.

2021년 말 기준으로 중국은 미국보다 리튬이온 배터리 재활용 용량이 3배 이상 많다. 미국이 배터리 재활용 산업을 육성하려는 이유는 폐배터리를 폐기할 경우 발생하는 환경문제뿐만 아니라 배터리 생산에 필요한 광물자원의 대외 의존도를 줄일 수 있기 때문이다. 폐배터리에서 핵심광물(특히 리튬, 코발트, 구리, 니켈)을 회수할 수 있는 국가는 외국 자원에 대한 의존도를 줄이고 잠재적으로 배터리 원료조달 비용을 절감할 수 있다.

이와 같이 중국이 폐배터리 재활용 시장을 주도하는 상황에서 미국 정부는 자국 내 폐배터리 재활용 산업을 적극 육성하고 있다. 미국 정부는 2022년 11월 16일 에너지부(DOE: Department of Energy)를 통해 전기차 배터리 재활용 및 재사용을 위한 신기술과 프로세스를 발전시키기 위한 10 개 프로젝트에 약 7400만 달러의 자금을 지원한다고 발표했다. 해당 발표는 미국 배터리 처리 및 부품 제조를 위한 바이든 대통령의 초당적 기반시설법(Bipartisan Infrastructure Law)에 의거한 28억 달러의 자금을 기반으로하며, 2030년까지 미국에서 판매되는 차량의 절반을 전기자동차로 교체하는 것을 목표로 한다.

연방정부가 지원하는 선정 대상과 구체적인 내용은 표 3-5와 같다.

IRA가 발효된 이후 미국에서는 배터리 재활용 산업의 성장 모멘텀이

표 3-5 미국 연방정부 자금이 지원된 전기자동차 폐배터리 재활용 및 재사용 프로젝트

프로젝트 내용	프로젝트 신청인	지역	연방지원금 (달러)
환경 영향과 비용을 줄이고, 제품 회수율을 개선한 고급 리튬이온 배터리 재활용 시스템	American Battery Technology Company	Reno, Nevada	9,999,378
새로운 전기차 배터리 제조를 위해 수명이 다한 전기차 배터리를 통합하는 엔드-투-엔드 공정	Cirba Solutions	Indianapolis, Indiana	7,424,242
교체 및 재사용이 가능한 중고 전기차 배터리에너지저장장치	Element Energy	Menlo Park, California	7,888,476
리튬이온 배터리 재활용과 광산 폐기물 매립의 시너지 효과를 통해 정제된 배터리 소재를 미국 전기차 배터리 공급망에 공급	Michigan Technological University	Houghton, Michigan	8,137,783
리튬이온 배터리 부품을 완전히 재활용하고 업사이클링하기 위한 지속 가능 솔루션	Princeton NuEnergy	Bordentown, New Jersey	10,000,000
고급 상태 추적 기능을 통해 활성화된 중고 배터리 마이크로그리드 시연	RePurpose Energy	Fairfield, California	6,000,000
확장 가능한 저비용 중고 배터리 시연	Smartville Inc	Carlsbad, California	5,999,525
농어촌 지역 이동형 전기차 충전 시설에 중고 배터리 활용(SMART: Second-life battery in Mobile EV Charging Application for Rural Transportation)	Tennessee Technological University	Cookeville, Tennessee	4,531,642
양극 직접 재활용 및 업사이클링을 위한 정화 및 재생 통합 재료 공학(PRIME: Purification and Regeneration Integrated Materials Engineering) 공정의 개발 및 확장	UC San Diego	La Jolla, California	10,000,000
전기차 충전소 및 발전 그리드에 적용할 서로 다른 성능 저하 수준의 중고 배터리 활용	The University of Alabama	Tuscaloosa, Alabama	4,000,000

자료: KOTRA, "2023년에도 여전히 뜨거운 미국의 배터리 재활용 시장".
https://dream.kotra.or.kr/kotranews/cms/news/actionKotraBoardDetail.do?SITE_NO=3&MENU_ID=180&CONTENTS_NO=1&bbsGbn=243&bbsSn=243&pNttSn=199848

더욱 본격적으로 구축되고 있다. IRA는 2023년부터 전기자동차 배터리 부품의 50% 이상을 북미산 제조·조립품으로 사용하고, 배터리 핵심광물의 40% 이상을 미국이나 미국과 자유무역협정(FTA)을 체결한 국가에서 채굴·가공하거나 북미에서 재활용한 경우에 세액공제 혜택을 제공하는 조항을 담고 있다.

4) 폐배터리 순환경제 구축을 위한 주정부 차원의 정책: 캘리포니아

캘리포니아는 미국에서 전기자동차 확산을 주도해왔다. 2022년 미국 전기자동차 판매의 40%가 캘리포니아에서 이루어졌다. KOTRA 보고서[4]는 2022년 3월에 발표된 캘리포니아 환경보호청의 "리튬이온 전기차 배터리 재활용 자문회 최종 보고서"에서 미국은 수명주기가 다한 폐배터리를 대상으로 하는 정책 및 관련 규정의 범위와 복잡성에서 중국과 EU보다 뒤처진 것으로 평가했다고 인용했다. 리튬이온 배터리 재활용 관련 정책을 이미 시행하고 있는 중국, EU와는 대조적으로 캘리포니아는 폐배터리와 관련된 활동을 규정하고는 있지만 폐배터리에 대한 포괄적인 정책은 미비한 상황이다.

리튬이온 배터리의 재활용은 유해 폐기물 처리로 간주하므로 표 3-6에서 유해 폐기물 처리와 관련된 규정이 적용되지만, 리튬이온 배터리의 운송 및 보관은 범용 폐기물법에 따라 처리된다. 유해 폐기물 처리, 보관 및 폐기 시설에 대한 표준은 40 CFR Part 264, 265, 266, 268, 270 및 124에서

---

4   KOTRA, "2023년에도 여전히 뜨거운 미국의 배터리 재활용 시장".
　　 https://dream.kotra.or.kr/kotranews/cms/news/actionKotraBoardDetail.do?SITE_NO
　　 =3&MENU_ID=180&CONTENTS_NO=1&bbsGbn=243&bbsSn=243&pNttSn=199848

표 3-6 **캘리포니아의 리튬이온 폐배터리 관련 규정**

규제 활동		관련 규정
해체(Dismantling)	시설 면허(라이선스) 요건	California Vehicle Code Division 5
	화재와 건축 법규 및 표준	NFPA 855, Chapter 14; 2024 International Fire Code, Sections 321, 및 2024 International Building Code의 관련된 섹션들
운송(Transportation)	위험 물질 규제	49 CFR §173.185 (손상된 배터리에 대한 특수 취급)
저장(Storage)	화재와 건축 법규 및 표준	NFPA 855, Chapter 14; 2024 International Fire Code, Sections 321, 및 2024 International Building Code의 관련된 섹션들
	연방 범용 폐기물 규정	40 CFR §273.15
	캘리포니아 범용 폐기물 법	Chapter 23 title 22 of CCR
분해(Disassembly)	고전압 장비 및 개인 안전 참고	NFPA 70B/E; IEEE C2 및 IEEE 3007.3; OSHA 29 CFR 1926 및 1910
	화재와 건축 법규 및 표준	NFPA 855, Chapter 14; 2024 International Fire Code, Sections 321, 및 2024 International Building Code의 관련된 섹션들
	연방 범용 폐기물 규정	40 CFR §273.15
	캘리포니아 범용 폐기물 법	Chapter 23 title 22 of CCR
에너지 저장 시스템 설치(Energy Storage System Installation)	상호 연결	CPUC Rule 21, CAISO/FERC Tariffs
	전기 저장 요건	California Fire Code 1206; NFP 855; International Fire Code
유해 폐기물 처리 (Hazardous Waste Treatment)	범용 폐기물 규정	40 CFR §273, Subpart E
	허가 요건	40 CFR §§124 및 270
	유해 폐기물 처리, 저장 및 처분 시설을 위한 기준	40 CFR parts 264, 265, 266, 268, 270, 및 124
	공지 요건	RCRA section 3010
	캘리포니아 범용 폐기물 법	Chapter 23 title 22 of CCR

	캘리포니아 특정	Health and safety division 20 chapter 6.5
수출(Export)	환경보호청(EPA)	범용 폐기물에 대한 RCRA 수출 요건

자료: KOTRA, "2023년에도 여전히 뜨거운 미국의 배터리 재활용 시장".
https://dream.kotra.or.kr/kotranews/cms/news/actionKotraBoardDetail.do?SITE_NO=3&MENU_ID=180&CONTENTS_NO=1&bbsGbn=243&bbsSn=243&pNttSn=199848

정하며, 해당 규정들은 시설의 허가 및 부지 지정과 배출 및 폐기물 처리 요구 사항을 다룬다. RCRA section 3010은 규제 대상인 폐기물을 생성, 운송 또는 재활용하는 모든 사람이 미국 환경보호청에 통지하고 운영 허가를 받을 것을 요구한다. 캘리포니아는 허가를 제공할 권한이 있는 주이므로 캘리포니아 환경보호청의 유독물 관리 부서(Department of Toxic Substances Control)가 신청서 검토를 담당한다. 한편 폐배터리를 해외로 수출하는 기업은 40 CFR §262에 명시된 '범용 폐기물에 대한 RCRA 수출 요건'을 준수해야 한다. 여기에는 계약, 의향 통지, 수령 국가 및 통과 국가의 서면 동의, 수령 확인을 포함한 다양한 형태의 문서가 수반된다.[5] 이와 같은 폐배터리 관련 규정은 향후 캘리포니아에서 배터리 재활용이 확대되는 데 법률적 근거가 될 것이다.

---

5   Ibid.

참고문헌

Business Post. 2022.2.7. "LG에너지솔루션 작년 세계 전기차 배터리 사용량 2위, CATL 1위".
  https://www.businesspost.co.kr/BP?command=mobile_view&num=270751
안상욱. 2019. 「운송분야에서 EU 회원국의 기후변화 대응사례: 프랑스의 전기자동차 활성화 사
  례」, ≪유럽연구≫, 제37권 제1호, 110쪽.
안상욱. 2020. 「EU의 운송분야 기후변화 대응: 전기자동차 정책」, ≪국제지역연구≫, 제24권 제4
  호, 224쪽.
원동욱·노상우. 2009. 『녹색성장을 위한 동북아 교통물류 협력방안 연구』(미래사회협동연구총
  서 09-06-32). 고양: 한국교통연구원.
ESG경제. 2023.7.25. "IRA 덕분에 美 전기차 폐배터리 재활용 시장 '쑥쑥'".
  https://www.esgeconomy.com/news/articleView.html?idxno=4196
장영욱·오태현. 2021. 「EU 탄소감축 입법안(Fit for 55)의 주요 내용과 시사점」, ≪KIEP 세계경
  제 포커스≫, 제4권 제44호, 2, 8쪽.
황경인. 2022. 「인플레이션 감축법의 국내 산업영향과 시사점: 자동차와 이차전지산업을 중심
  으로」, ≪KIET 산업경제≫, 9월호, 8쪽.
Baum, Zachary J., Robert E. Bird, Xiang Yu and Jia Ma. 2022. "Lithium-Ion Battery Recycling
  —Overview of Techniques and Trends." *ACS Energy Letters*, 7(2), pp. 712-719.
Canary Media. 2022.1.17. "Chart: China is trouncing the US on battery recycling".
  https://www.canarymedia.com/articles/batteries/chart-china-is-trouncing-the-us-on-bat
  tery-recycling
IEA. 2022a. Global EV Outlook.
IEA. 2022b. The Role of Critical Minerals in Clean Energy Transitions.
IEA. 2023. Global EV Outlook.
Reuters. 2023.1.24. "California accounted for 40% of U.S. zero-emission vehicle sales in
  2022".
  https://www.reuters.com/business/autos-transportation/california-accounted-40-us-zer
  o-emission-vehicle-sales-2022-2023-01-23/

■

Cleantechnica. "Electric Car Market Grows To 29% In Europe As EV Sales Explode!".
  https://cleantechnica.com/2022/01/30/29-of-cars-sold-in-europe-were-plugin-electric-v
  ehicles-in-december/
ev-volume.com. "Global EV Sales for 2022 H1". https://www.ev-volumes.com/
Green Gar Report. "PEV Registation per thousands people, 2022".
  https://www.greencarreports.com/news/1138974_these-7-us-states-lead-the-nation-in-e
  v-registrations

ICCT(The International Council on Clean Transportation). "ANNUAL UPDATE ON THE GLO-
　　BAL TRANSITION TO ELECTRIC VEHICLES: 2021".
　　https://theicct.org/publication/global-ev-update-2021-jun22/」
IEA. "CO2 emissions by sector, EU28 1990-2019".
　　https://www.iea.org/countries/united-states
IEA. "CO2 emissions by sector, United States 1990-2019".
　　https://www.iea.org/countries/united-states
IEA. "Electric Vehicles". https://www.iea.org/energy-system/transport/electric-vehicles.
US Department of Energy. "Electric vehicle registrations by state".
　　https://afdc.energy.gov/data/10962

중국의 폐배터리 재활용 산업 정책과 현황*

서창배 국립부경대학교 중국학과 교수

1. 중국의 도입 배경

최근 기후변화 위기에 따라 전 세계 주요국들을 중심으로 친환경, 탄소 중립(Net Zero Carbon Emission)[1], 자원 재활용(recycle)·재사용(reuse) 등과 관련한 글로벌 논의와 함께 다양한 정책적 행보가 추진되고 있어 주목된다. 2021년 11월 글래스고 기후합의(Glasgow Climate Pact)를 전후하여, 다수의 국가가 친환경 에너지 개발과 내연기관차(가솔린·디젤) 배기가스 배

---

* 이 글은 《전자무역연구》 제21권 제3호(2023.8), 63~84쪽에 실린 「중국 EV 폐배터리 재활용 산업정책과 무역·경제적 효과 분석」을 수정 정리하여 작성했다.

1 온실가스 배출량과 온실가스 흡수 및 제거를 하고 난 나머지(Net)를 제로로 한다는 의미 이다.

출 규제기준 등을 더욱 강화하는 추세이다. 더욱이 글로벌 자동차 산업은 내연기관 중심에서 친환경 자동차로 재편되고 있으며, 특히 전기자동차 (EV: Electric Vehicle)와 관련 배터리 산업이 크게 주목받으며 EV 판매가 증가하고 있다.

EV 판매량 증가는 EV 폐배터리 배출도 가중됨을 의미한다. 이러한 폐배터리는 외부 노출 시 화재나 폭발 위험이 있고, 매립이나 소각 시에도 환경오염 악화로 이어질 수 있어 처리 문제가 대두되고 있다. 또한 배터리 제조에 필요한 리튬, 니켈 등 핵심자원 가격이 인상되는 상황에서 폐배터리 내 포함된 고가의 희유금속을 추출 및 재활용한다면 순환경제 차원에서 환경적 가치와 경제적 가치를 동시에 창출할 수 있다(POSCO, 2023).

이런 가운데 사용연한이 완료되는 EV 폐배터리 처리 문제가 EV 최대시장인 중국을 비롯하여 한국, EU에서 화두가 되고 있다. 특히 중국은 EV 양산체제를 시작한 2011년 이래 10년이 경과하여 EV 폐배터리 회수 및 처리 문제가 당면 과제로 떠올랐다. 글로벌 EV 및 관련 배터리의 산업적 발전과 시장 규모가 가장 큰 중국은 기존 EV 배터리의 제품수명 연한이 대규모로 다가오고 있어 자원의 재활용·재사용을 서두르는 상태이다.

이는 한국도 마찬가지라는 점에서, 한국보다 앞서 EV 폐배터리 처리 문제를 산업 정책화하여 추진하고 있는 중국의 사례를 자세히 분석함으로써 한국에 시사점을 제공하고자 한다. 이를 위해 먼저 중국의 EV 폐배터리 시장 현황과 전망을 살펴본 후, 중국 중앙·지방정부의 폐배터리 재활용 산업 관련 주요 정책과 제도를 자세히 살펴보고자 한다. 이를 통해 중국 EV 폐배터리 재활용 산업 정책에 담긴 무역·경제적 의미를 분석하고자 한다.

2. EV 폐배터리 시장과 순환경제

1) 글로벌 EV 폐배터리 시장과 중국

EV 배터리는 생산 후 5~20년 사이에 수명을 다하며, SoH(State of Health, 배터리 잔존수명)가 초기용량 대비 70~80% 남았을 경우, 주행거리 감소, 충전속도 저하, 급속 방전 리스크 등의 문제가 발생해 교체가 불가피하다(김희영, 2022: 4). 유로모니터(Euromonitor)에 따르면, 2040년 순수 전기차(BEV: Battery Electric Vehicle)의 판매량은 2020년 대비 약 32배 증가한 1억 400만 대가 될 것으로 전망(김희영, 2022: 4 재인용)하며, EV에 탑재되는 2차전지 수요도 급증하여 국제경제의 핵심산업으로 진화하고 있다(김현진·서창배, 2023: 62). 글로벌 EV 배터리 시장 규모는 2019년 170억 달러에서 2028년 950억 달러로 급성장할 것이라고 전망되고 있다(Venditti, 2022; 서창배, 2022: 162 재인용).

이는 폐기되는 EV와 EV 폐배터리의 급증 현상을 의미한다. SNE리서치(www.sneresearch.com)에 따르면, 전 세계적으로 폐기되는 EV[2]는 2025년 56만 대에서 2030년 411만 대, 2035년 1,784만 대, 2040년 4,227만 대로 약 75배 급증할 전망이다. 또한 폐기되는 EV 배터리는 2025년 44GWh(786만 톤)에서 2030년 338GWh(1,436만 톤), 2035년 1,329GWh(2,663만 톤), 2040년 3,339GWh(5,009만 톤)로 약 76배 증가할 전망이다. 이에 따라 글로벌 EV 폐배터리 재활용 시장 규모는 2025년 299.4억 달러에서 2030년

---

[2]   여기서 EV는 BEV(Battery Electric Vehicle, 배터리전기차)와 PHEV(Plug-in Hybrid Electric Vehicle, 플러그인 하이브리드 전기차)를 의미한다.

535.7억 달러, 2035년 956.0억 달러, 2040년 1,741.2억 달러 규모에 이를 것으로 전망하고 있다(SNE리서치, 2023).

한편 중국의 경우, 동력 배터리가 초기 용량의 40% 미만으로 떨어지면 폐기 및 회수 단계로 전환된다고 판단하고 있으며 대략 사용연한 5~8년, 유효수명 4~6년 정도로 보는 것이 일반적이다(OFweek维科网·锂电, 2022). 이 기준에 따르면, 2013~2014년 중국에서 초기 생산·보급된 신에너지 자동차 동력 배터리가 이미 폐기단계에 접어들어 향후 더욱 증가할 것으로 전망하고 있다. 2022년 7월 쓰촨 성에서 개최된 '2022 세계 EV&ES 배터리 세미나(2022 World EV&ES Battery Conference)'에서 중국산업에너지절약 및청정생산협회(中国工业节能与清洁生产协会) 신에너지배터리재활용전문위원회(新能源电池回收利用专业委员会) 왕쩐포(王震坡) 부주임은 향후 5년 동안 중국의 동력 배터리 연평균 폐기량은 20~30GWh(약 16만 톤)에 달할 것이며, 오는 2026년까지 누적 폐기량은 142.2GWh(약 92.6만 톤)을 초과할 것이라고 밝힌 바 있다(澎湃新闻, 2022).

이에 따라, 중국의 폐배터리 시장 규모는 2021~2025년까지 연평균

그림 4-1 **중국 폐배터리 시장규모 예측추이(2021~2030) (단위: 억 위안)**

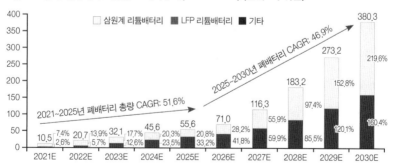

주: CAGR은 연평균복합성장률(Compound Annual Growth Rate)을 의미.
자료: 资产信息网(2022); OFweek维科网·锂电.

51.6%씩 증가하여 2025년 55.6억 위안(약 7.6억 달러)에 달할 전망이다. 특히 2026년부터 연평균 46.9%씩 증가하여 2030년 380.3억 위안(약 52.2억 달러)으로 급증하리라 전망된다(그림 4-1 참조).

2) EV 폐배터리 산업과 순환경제

최근 기후변화 위기에 따른 환경보호와 함께 건전한 지속가능발전(sustainable development)을 위한 자원·에너지 절약(reduce), 재사용, 재활용 등 순환경제 발전모델에 대한 적극적인 모색이 중요해지고 있다. 이는 EV 산업에서도 매우 중요한 이슈이다. 다시 말해, EV 수요증가와 함께 EV에서 배출되는 '사용 후 배터리', 즉 폐배터리(waste battery)도 증가하기 때문이다.

이에 따라 배터리 순환경제의 필요성이 강조되고 있다. 배터리 순환경제는 배터리 수명주기에 따라 폐배터리 내 금속을 추출하여 신규 배터리 제조에 활용 또는 판매하거나 폐배터리를 기존 용도가 아닌 다른 용도로 재사용함으로써 지속가능성을 추구하는 친환경 경제모델을 의미한다(엄이슬·김나래, 2022: 3). 배터리 순환경제에 주목하는 이유는 EV 시장 성장에 따른 EV 폐배터리의 급증, 원재료 가격 급등 및 공급망 유치 경쟁 강화, 전 세계적으로 강조되고 있는 ESG 경영 등 환경 이슈에 대한 기업의 관심 증대(엄이슬·김나래, 2022: 8)를 꼽을 수 있다.

일반적으로 EV 폐배터리는 회수하여 점검 및 선별 작업을 거쳐 '재사용(reuse)'하거나 '재활용(recycle)'한다. 그중 재사용은 잔존 용량이 높은 폐배터리의 팩을 일부 개조하거나 기존 팩을 그대로 수거하여, 해체 및 안전 테스트를 거친 후 에너지저장장치(BESS: Battery Energy Storage System), 무

표 4-1 폐배터리 재활용 및 재사용 방안 비교

구분	폐배터리 재활용	폐배터리 재사용
정의	• 셀(cell) 단위에서 분해하여 희유금속을 추출 및 재활용하는 방식	• 모듈 및 팩 단위에서 BESS[3] 및 UPS[4]로 활용하는 방식
배터리유형	• 소형 배터리(예: IT기기 등)	• 중·대형 배터리(예: EV 배터리 등)
주요 설비 및 요건	• 폐배터리 방전 시스템 • 구성물질 회수 공정기술 확보	• 폐배터리 진단 및 분석 설비 • ESS 제작 및 운영 노하우
기대 효과	• 원재료 수입 대체로 인한 비용 절감 • 24kWh급 NCM[5] 배터리팩 재활용 시, 핵심소재(materials)를 재판매하여 배터리팩 1개당 600~900달러 매출 기대	• 모듈 및 셀의 해체 작업이 없다는 장점 • 재활용 대비 안전성 및 추가 비용 최소화 가능
비즈니스 모델	• (벨기에) 유미코어(Umicore)[6], (중국) 거린메이(GEM)[7], (한국) 성일하이텍 등 배터리 재활용 전문업체 중심으로 사업 활성화	• 완성차 및 배터리 업계를 중심으로 사업화 진행

자료: 엄이슬·김나래(2022: 5); 주민우(2020: 17); 이정구(2021: 2) 종합하여 저자 정리.

정전 전원공급장치(UPS: Uninterruptible Power Supply) 등으로 상품화하여 재사용하는 방식이다. 반면에 재활용은 폐배터리를 셀 단위에서 분해 또는 해체하여 전극 소재, 특히 코발트, 리튬, 니켈 등 고가(高價)의 소재를 추출하여 재활용하는 방식이다(김희영, 2022: 7)(표 4-1 참조).

이와 관련, 중국은 다층적이고 합리적인 EV 폐배터리의 재활용 또는 재

---

3   BESS(배터리에너지저장장치): BESS는 2차전지를 이용하여 전기에너지를 저장하는 시스템이며, 전력 계통 또는 타 전원에서 발생한 전기에너지를 저장했다가 필요 시 사용하는 전기저장장치도 해당된다. 산업표준심의회(2016: 4). 일반적으로 소형 배터리와 같은 소규모 전력저장장치가 아닌 수백 kWh 이상의 전력을 저장하는 단독 시스템을 의미한다. 이강원·손호웅(2016) 참조.

4   UPS(무정전 전원 공급 장치): 지속적으로 전원을 공급해야 하는 작동 중의 컴퓨터를 비롯한 전자 기기의 필수 장치로서 전압이나 주파수의 변동순간정전에도 안정된 전원을 공급해 컴퓨터의 데이터가 파괴 또는 소거를 방지·보호하거나 각종 제어 장치의 제어기

사용을 위해 다음과 같은 산업 체인을 구축하고 있다. 관련 기업들도 비용 절감 및 효율성 증대를 통한 수익 확대로 이어지는 새로운 비즈니스 창출 기회로 삼고 있다고 생각한다. 중국의 EV 폐배터리 재활용·재사용 산업 체인은 다음과 같다. 첫째, 업스트림 산업은 주로 폐배터리 공급업체, 재활용에 필요한 소재 및 설비(컨베이어, 분쇄기, 기폭기 등) 공급업체를 포함하고 있다. 관련 기업으로는 완성차 제조업체[베이징신에너지자동차(BAIC BJEV) 등], 리튬 배터리 제조업체(CATL, BYD 등) 등이 존재한다. 둘째, 미드스트림 산업은 주로 폐배터리 해체 및 재활용 제조업체와 테스트 업체가 포함된다. 이와 관련해서는 특히 단계별 활용 측면에서 배터리와 가장 높은 상관관계가 존재하기 때문에 동력 배터리 기업이 다수 포함되어 있다. 셋째, 다운스트림 산업은 배터리 소재 및 배터리 제조 기업을 다수 포함하고 있다. 이러한 산업 체인, 즉 중국의 EV 폐배터리 재사용 및 재활용 체

능 상실 및 오작동을 방지하는 장치이다. 이강원·손호웅(2016) 참조. 상용 전원에서 발생 가능한 전원 장애를 극복하여 양질의 안정된 교류 전력을 공급하는 장치로서 비상전원 공급설비를 의미한다. 두산백과 두피디아(www.doopedia.co.kr, 검색일: 2023.7.20).

5 NCM 양극재(Nickel-Cobalt-Manganese cathode material): 리튬, 니켈, 코발트, 망간으로 구성된다. 용량과 에너지 밀도가 높아 주행 거리와 출력이 중요한 EV 배터리 소재로 가장 많이 사용되는 삼원계 양극재이다. 통상 니켈 함량이 80%를 넘으면 하이니켈로 구분한다. 한경경제용어사전(http://dic.hankyung.com, 검색일: 2023.7.20).

6 유미코어(Umicore)는 세계적인 소재 기술 및 재활용 그룹으로서 연간 수익(약 39.6억 유로)의 79%를 친환경 모빌리티 및 재활용이 차지한다. 폭스바겐, 메르세데스-벤츠 등 유럽 자동차 브랜드가 사용하는 배터리 양극재를 공급하는 배터리 소재 업체이며, 10여 년 전부터 새로운 자동차 촉매의 개발, 차세대 충전식 배터리 소재, 연료전지 촉매와 멤브레인, 재활용 공정 등 청정 기술에 집중하고 있다. Umicore's website(www.umicore.kr, 검색일: 2023.8.1) 참조.

7 2001년 설립된 거린메이(格林美, GEM)는 세계 3위 리튬이온 배터리 양극재용 전구체 생산 기업인 동시에 중국 최대 폐배터리 재활용 전문기업이다. 보다 자세한 사항은 제4장 제3절 참조.

계와 관련 핵심기업들에 대해서는 그림 4-2에서 자세히 정리했다.

그림 4-2 **중국의 EV 폐배터리 재사용 vs. 재활용 체계와 관련 핵심기업**

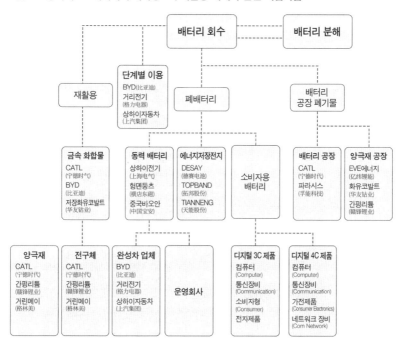

자료: 新能源新材料回收再生专家(2023).

3. 중국 폐배터리 재활용 산업 정책

1) 중앙정부 차원의 폐배터리 재활용 산업 정책

중국 정부는 폐배터리 재활용 시장 규모 확대 및 관련 산업의 급속한 발전과 함께 2016년부터 국가가 주도하는 폐배터리 관련 법률, 제도, 정

표 4-2 **중국 중앙정부의 주요 EV 폐배터리 재활용 산업 정책**

발표	관계부처	법률/제도/정책	주요 내용
2012. 6	국무원	에너지절약및신에너지자동차산업발전규획(节能与新能源汽车产业发展规划)2012-2020	• 효과적인 에너지 절약 및 신에너지자동차기업과 제품관리제도 수립 • 자동차 AS 및 EV 폐배터리 재활용 시스템 지원정책 • 전문 폐배터리 재활용기업 발전 장려
2014. 7	국무원	신에너지자동차확대운용촉진지도의견(关于加快新能源汽车推广应用的指导意见)	• 신에너지자동차 충전설비 건설 및 확대 장려 • EV 배터리 대여 및 회수 관련 자금지원 • 폐배터리 회수 촉진 및 재활용 시스템 구축
2015. 5	국무원	중국제조2025(中国制造2025)	• EV 및 연료 전지차(FCEV)[①] 발전 • 자동차의 저탄소화·정보화·스마트화 추진 • 핵심 부품부터 완성차까지 완비된 산업 및 혁신 시스템 구축 • 에너지 저감 기술· 중국 신에너지자동차의 국제 경쟁력 제고
2016. 11	국무원	'13.5'국가전략적신흥산업발전규획('十三五'国家战略性新兴产业发展规划)	• 고성능·신뢰도 높은 배터리 생산, 제어 및 테스트 가속화 • 동력 배터리의 산업화 역량 향상, 배터리 회수 이용 시스템 수립 • 2020년까지 EV 배터리 기술을 국제적 수준으로 제고
2016. 12	국무원	생산자책임확장제도추진방안(生产者责任延伸制度推进方案)	• EV 배터리 재활용 시스템 구축
2017. 4	발전개혁위 산업정보화부 과학기술부	자동차산업중장기발전규획(汽车产业中长期发展规划)	• 자동차 산업의 친환경 공급망 구축, 환경 친화적 설계 추진 • 폐배터리 해체 및 회수 확보 • 재활용 효율성 제고 및 관리방안 제정
2017. 5	국가표준관리위원회	차량용동력배터리재활용및해체규범(车用动力电池回收利用拆解规范)	• 폐배터리 재활용·해체 기업의 정부승인 자격요건 규정 • 안전·환경 친화적·효율적인 재활용 조건 강화
2018. 1	7개 부처[②] 공동	신에너지자동차동력배터리재활용관리잠정조치(新能源汽车动力蓄电池回收利用管理暂行办法)	• 재활용 체계 구축 • 업스트림·다운스트림 기업 간의 정보 교류 및 협력 장려 • 동력 배터리 활용의 대규모 시장 구축 추진
2018. 7	7개 부처[③] 공동	신에너지자동차동력배터리재활용시범실시업무(新能源汽车动力蓄电池回收利用试点工作)	• 재활용 시스템 구축 • 다양한 비즈니스 모델(업·다운스트림) 탐색 • 선진화된 기술 혁신 및 응용 촉진 • 정책 장려기재 개선

2019.11	산업정보화부	신에너지자동차EV배터리재활용서비스망구축및운영지침(의견수렴초안)(新能源汽车动力畜电池回收服务网点建设和运营指南(征求意见稿)	• 국가 관리 아래 재활용 서비스망 구축 • 신에너지자동차 및 EV 배터리 생산, 폐배터리 재활용 해체, 종합 활용 등 기업 공동의 재활용 서비스망 구축
2020.8	산업정보화부	신에너지자동차생산기업및제품접근관리규정(新能源汽车生产及产品注入管理规定)	• AS에서 배터리 등 부품 회수 포함 • 신에너지자동차 생산업체의 EV 배터리 재활용 현황 추적
2020.11	국무원	신에너지자동차산업발전규획(新能源汽车产业发展规划)(2021~2035)	• EV 배터리의 종합적인 밸류체인 발전 추진 • 리튬, 니켈, 코발트 등의 핵심자원 발전 장려 • 폐배터리 재활용 시스템 구축 장려, 전체 수명주기 관리 감독
2021.8	5개 부처④ 공동	신에너지자동차EV배터리단계별활용관리방법(新能源汽车动力畜电池梯次利用管理办法)	• 단계별 활용 기업의 주요 책임 강조 • 제품의 설계, 생산, 포장, 운송, 재활용 등 전주기 생산자 책임 이행
2022.8	산업정보화부 발전개혁위 생태환경부	산업분야탄소피크실시방안(工业领域碳达峰实施方案)	• 본격적인 순환경제 추진 • EV 배터리 재활용 시스템 구축

주: ① FCEV(Fuel Cell Electric Vehicle): 연료전지로 전기 모터에 전력을 공급하여 주행하는 자동차
② 7개 부처: 산업정보화부(工业和信息化部), 과학기술부(科技部), 환경보호부(环境保护部), 교통운송부(交通运输部), 상무부(商务部), 질검총국(质检总局), 에너지국(能源局)
③ 7개 부처: 산업정보화부(工业和信息化部), 과학기술부(科技部), 생태환경부(生态环境部)[8], 교통운송부(交通运输部), 상무부(商务部), 시장관리감독총국(市场监管总局), 에너지국(能源局)
④ 5개 부처: 산업정보화부(工业和信息化部), 과학기술부(科技部), 생태환경부(生态环境部), 상무부(商务部), 시장관리감독총국(市场监管总局)
자료: 中国政府网(www.gov.cn); 中商产业研究院(2023); 新能源新材料回收再生专家(2023) 종합하여 저자 정리.

책 등을 연이어 발표하고 있다. 특히 중국 정부는 산업정보화부(工业和信息化部), 과학기술부(科技部), 생태환경부(生态环境部) 등을 중심으로 폐배터리 회수, 재사용 및 재활용 시스템 구축을 강화해나가는 추세이다. 특히 2012년부터 폐배터리 회수에 관한 법률과 정책을 여러 차례 발표함으로

써 폐배터리 회수 시스템 건설을 적극적으로 추진해왔다. 그 주요 내용은 표 4-2와 같다.

2012년 6월 중국 국무원은 동력 배터리의 단계별 재사용 및 회수 관리 시스템 구축과 함께 모든 관련 당사자의 책임, 권리 및 의무를 명확히 하는 '에너지절약및신에너지자동차산업발전규획(节能与新能源汽车产业发展规划) 2012-2020'을 발표했다. 동 규획에서 중국은 동력 배터리 제조업체가 폐배터리의 재활용을 강화하도록 지도하고 전문적인 배터리 재활용 기업의 발전을 장려하고 있다. 또한 동력 배터리 재활용 산업에 대한 기업의 진입 조건을 엄격하게 설정하고 있다.

2018년 1월 산업정보화부(工业和信息化部), 과학기술부(科技部), 환경보호부(环境保护部), 교통운송부(交通运输部), 상무부(商务部), 질검총국(质检总局), 에너지국(能源局) 등 7개 부처는 '신에너지자동차동력배터리재활용관리잠정조치(新能源汽车动力蓄电池回收利用管理暂行办法)'를 발표했다. 동 조치에 따라, 중국은 자동차 제조업체의 동력 배터리 회수 책임, 배터리 재활용을 위한 이행 책임, 효과적 이용, 환경보호 처리 등 생산자 책임 확장 제도를 시행하고 있다.

2018년 7월 산업정보화부, 과학기술부, 환경보호부, 교통부, 상무부는 '신에너지자동차동력배터리재활용시범실시방안(新能源汽车动力蓄电池回收利用试点实施方案)'을 발표했다. 동 시범실시방안에 따르면, 중국 정부는 2020년까지 동력 배터리 재활용 시스템을 구축 및 개선하고 동력 배터리를 재활용하기 위한 혁신적인 비즈니스 협력 모델의 형성을 모색할 것이라고 밝

---

8 중국은 2018년 3월 13일 개최된 제13기 전인대 제1차 회의에서 국무원 기구개혁방안을 결정하며, 2008년 7월부터 유지해온 기존 환경보호부를 생태환경부로 명칭 변경하여 2018년 4월 16일 정식 출범했다.

했다. 특히 일부 재사용 시범생산라인을 구축하고, 폐기된 동력 저장 배터리의 효율적인 회수 및 고부가가치 활용을 위한 선진 시범 프로젝트를 구축하며, 동력 저장 배터리의 재활용 모범 기업을 육성할 것이라고 했다.

2021년 8월 중국 정부는 산업정보화부에너지절약·종합이용국을 중심으로 단계별 활용 기업 간 협력을 장려하는 내용의 '신에너지자동차동력배터리단계별활용관리방법(新能源汽车动力蓄电池梯次利用管理办法)'을 발표했다. 특히 중국 정부는 신에너지 자동차 생산, 동력 배터리 생산, 폐기된 자동차의 회수 및 해체 등의 기업 간 협의 및 협력을 장려한다고 강조했다. 또한 이들 기업 간의 정보 공유를 강화하고 기존의 회수 채널을 활용하며 폐배터리의 단계별 활용을 위한 회수 단계의 높은 효율성 제고를 제시했다.

특히 2022년은 중국이 동력 배터리 해체 및 재활용 산업의 첫걸음을 본격적으로 시작하고 있다는 점에서 더욱 의미가 있다. 2022년 8월 중국 공업정보화부(工业和信息化部), 국가발전개혁위원회(国家发展改革委员会), 생태환경부(生态环境部) 등 3개 부처는 재생 가능한 자원의 재활용을 강화하고 신에너지 자동차 동력 배터리 재활용 시스템 건설을 촉진하기 위한 '산업부문탄소피크이행방안(工业领域碳达峰实施方案)'을 발표했다.

2) 지방정부 차원의 폐배터리 재활용 정책

중국은 이미 초보적인 동력 배터리 재활용 및 재사용 시스템이 구축된 상태이다. 장원밍(张云明) 산업정보화부 부부장은 '2022년 세계 동력 배터리 세미나'에서 "중국은 현(县)[9]·시(市) 행정 구역에 1만 개 이상의 회수(재

---

[9] 현재 현에 해당하는 지급시(地级市)는 총 293개가 중국 내에 존재한다.

활용) 서비스 네트워크를 구축했다고 강조했다. 장원밍 부부장에 따르면, 중국은 재활용 시스템을 더욱 개선하고, 재활용 관리방법 제정을 더욱 빠르게 추진하며, 중앙과 지방의 업무 연계를 강화하고 협력적인 관리·감독 메커니즘을 형성하는 동시에 동력 배터리 재활용 표준 시스템을 완비할 것이라고 밝혔다. 또한 스마트 해체, 소재의 재생 등과 같은 기술 연구 및 폭넓은 활용을 지원하고, 단계별 재사용 및 재활용 관련 기업의 육성을 촉진할 것이라고 강조했다(澎湃新聞, 2022).

이처럼 폐배터리 재활용 산업이 전국적인 범위로 확대된 것은 산업정보화부, 과학기술부, 환경보호부, 교통부, 상무부 등이 2018년 7월부터 추진하기 시작한 '신에너지자동차동력배터리재활용시범실시방안(新能源汽车动力蓄电池回收利用试点实施方案)'이 주효했다고 볼 수 있다. 특히 베이징—톈진—허베이 중심의 징진지(京津冀), 상하이—저장—장쑤 중심의 장강 삼각주, 광둥 중심의 주강 삼각주, 중부 지역 등 일부 지방을 선정하여 신에너지 자동차 동력 배터리 재활용 시범사업 추진을 결정했기 때문이다. 이와 관련하여 첫째, 재활용 시스템 구축, 둘째, 다양한 비즈니스 모델 탐색, 셋째, 선진기술 혁신 및 응용, 넷째, 정책적인 인센티브 개선이라는 내용을 담고 있어, 지방정부 차원의 적극적인 정책 추진을 도모했다고 볼 수 있다(人民网, 2018). 중국 지방정부 차원의 폐배터리 재활용 정책의 주요 내용은 표 4-3에 정리했다.

표 4-3 중국 지방정부의 주요 EV 폐배터리 재활용 정책

성·시	발표	추진 정책	주요 내용
베이징 (北京)	2022.1	전기자전거관리감독실 시방안(关于进一步加强 本市电动自行车全链条 管控的实施方案)	• 전기자전거 폐배터리 회수 및 관리 체 계 수립, 관리감독 강화, 출처 및 향후 사용처 추정 등
상하이 (上海)	2022.6	건전하고체계적인데이 터센터발전추진방안(关 于推进本市数据中心健 康有序发展的实施意见)	• 데이터 센터의 다원화 저장 장비로서 리튬 배터리, 수소 저장 등 지원
톈진 (天津)	2021.5	2021년산업에너지절감 및종합이용업무관련주 요통지(关于印发2021年 天津市工业节能与综合 利用工作要点的通知)	• 신에너지자동차 배터리 재활용 시범건 설 추진 • 재활용 기업에 대한 모니터링 강화 • 베이징·허베이성과 협력하여 배터리 재활용 시범 프로젝트 추진
충칭 (重庆)	2021.8	2021년신에너지자동차 확대운용사업방안(重庆 市2021年度新能源汽车 推广应用工作方案)	• 신에너지자동차 사용 장려 • 정책 및 자금 측면에서 국가와 통합 추진 • 충전(교환) 인프라 시설 건설 및 운영 지원
산시 (山西)	2021.4	'14.5'신기지건설규획(山 西省'十四五'新基建规划)	• 신규 빅데이터 센터에 리튬 배터리, 분 산 에너지 공급, 직류전력 공급 등 선진 기술 도입 • 친환경 설계 강화, 빅데이터 센터의 녹 색에너지 절약수준 제고 추진 • 2025년 빅데이터 센터의 에너지 평균 소비량 달성
지린 (吉林)	2021.3	신에너지자동차배터리 재활용및활용모니터링 개시관련통지(关于开展 新能源汽车动力电池回 收利用监测工作的通知)	• 신에너지 배터리의 재활용 및 활용을 위한 기업 관련정책 수립 및 홍보 강화 • 신에너지자동차 배터리 재활용 현황 파악 • 배터리 재활용 표준화
산둥 (山东)	2021.9	산업정보화분야순환경 제'14.5'발전규획(山东省 工业和信息化领域循环 经济'十四五'发展规划)	• 신에너지자동차 생산 기업-폐배터리 처리 기업 간의 협력 추진 • 잔류 에너지 계측 및 활용도 제고 안전 관리·기술 수준 향상, 폐배터리의 재활 용 및 활용을 위한 첨단 기술·장비의 연구개발 강화 • 폐배터리 이용 표준화 체계 수립과 종 합적인 활용 기업 육성
허난 (河南)	2021.11	신에너지자동차산업발 전가속화실시방안(河南 省加快新能源汽车产业 发展实施方案)	• 배터리 재활용 체계 구축, 생산자 책임 확대 제도, 배터리 추적 플랫폼 건설, 배터리 주기 관리감독 등 • 신에너지자동차 배터리 재활용 시범지 역 적극 추진 • 중앙정부 및 성 정부 관련 자금의 통합 사용

후베이 (湖北)	2021.10	제조업고품질발전'14.5' 규획(湖北省制造业高质 量发展'十四五'规划)	• 바나듐 액체 배터리와 리튬 배터리의 완전체 같은 에너지저장장치 산업의 발전 촉진 • 2025년까지 신에너지 산업 클러스터 영업 이익1천억 위안 달성
후난 (湖南)	2022.2	종합적인산업자원이용 촉진실시방안(关于加快 推动工业资源综合利用 的实施方案)	• 신에너지자동차 배터리 생명주기 추적 관리 강화, 산업체인 내의 협력 추진 • 지역 외 재활용 시스템 구축: 징진지(京 津冀)·장강 삼각주·웨강아오 등 중점 지역에 재활용 시범 공정 건설 • 금속 재료의 효율적인 추출 등 연구개 발 추진
광시 (广西) 자치구	2022.1	생태환경보호'14.5'규획 (广西生态环境保护'十四 五'规划)	• 폐기물 재활용 시스템 구축 가속화, 생 산 및 기업의 '역재활용' 모델 구현 등 • 수명이 다한 시스템 및 폐가전제품, 가 전제품, EV 리튬 배터리 등 재활용 처 리 시스템 구축 • 난닝·구이린·우저우·베이하이·팡청 강·바이써·허츠·라이빈 등의 지역에 서 다종 위험 폐기물 처리 시행, 종합 폐기 및 활용 프로젝트 추진 • 류저우시의 폐리튬 배터리 처리 프로젝 트 추진
하이난 (海南)	2022.10	싼야시신에너지자동차 배터리운용모델시범구 축방안(三亚市新能源汽 车换电模式应用试点建 设方案)	• 일정 규모의 재활용 화이트리스트 기업 들을 배치 • 일정 규모의 폐배터리 산업발전 자금 마련 • 배터리 재활용을 위한 보조금 제도 연 구 및 제정
쓰촨 (四川)	2021.3	석유화학산업친환경발 전기술가이드(四川省油 气化工产业绿色发展技 术指向)2021	• 리튬 배터리 양극재 및 응용 기술 • 고성능 2차 리튬 배터리 및 에너지저장 장치 소재, 탄산리튬 정제 기술 등 신소재 개발
구이저우 (贵州)	2021.7	리튬배터리소재산업고 품질발전추진지도의견 (关于推进锂电池材料产 业高质量发展的指导意 见)	• 2025년까지 리튬 배터리 소재 산업의 고품질 발전, 산업 시스템 구축의 규모 화 추진, 리튬 배터리 소재 산업의 총생 산액 1천억 위안으로 확대 등 • 삼원계, LFP 배터리의 종합적·합리적 이용을 통한 중국 내 모범사례 구축
윈난 (云南)	2022.10	건전한탄소피크·탄소중 립및표준측정시스템구 축실시방안(建立健全碳 达峰碳中和标准计量体 系实施方案)	• 새로운 리튬이온 배터리, 납 탄소 전지, 액체 유동 전지, 연료전지, 나트륨 주변 이온 배터리 등의 시스템·장비 검사 및 모니터링, 성능 평가, 안전 관리 등
산시 (陕西)	2022.1	시안시'14.5'과학기술혁 신발전규획(西安市'十四 五'科技创新发展规划)	• 에너지 고밀도 리튬 배터리 기술의 연 구개발 가속화 • 전고체 리튬 배터리 개발, LFP 배터리

			와 결합된 태양광 발전 기술의 연구개발 가속화
장시 (江西)	2021.11	'14.5'산업기술혁신발전규획(江西省'十四五'产业技术创新发展规划)	• 리튬 배터리 소재 및 기타 제품의 개발 가속화, 전기 소재 산업의 중·고급 업그레이드 가속화, 배터리 소비의 전문화 및 고급화 등 • 고성능 리튬 배터리의 연구개발 및 제조역량 강화, 고속 충전 고에너지 배터리 기술 개발, 리튬 배터리 단량체 및 시스템의 수명주기·충전속도 개선, 생산비용 감소
광둥 (广东)	2022.5	광저우시산업정보화발전'14.5'규획(广州市工业和信息化发展'十四五'规划)	• 폐자동차 해체 및 배터리 재활용·처리 시스템 완비 • 관련 기업의 친환경 회수 및 단계적 활용 지원 • 폐배터리 관련 연구, 생산, 관련 금융비용 지원
네이멍구 (内蒙古) 자치구	2021.10	'14.5'산업정보화발전규획(内蒙古自治区'十四五'工业和信息化发展规划)	• 화학·전자정보 관련 주요기업 발굴 • 신재생에너지 활용 비중이 높은 공장 건설, 기업의 자원 재활용 시스템 구축, 첨단 응용 프로그램 채택 장려, 구조 최적화, 폐기물 자원 및 저탄소 에너지 관련 친환경 공장 및 그린 데이터 센터 건설 • 2025년까지 50여 개의 새로운 친환경 공장 건설 추진
신장 (新疆) 자치구	2022.4	투루판시신에너지자동차확대운용및산업발전실시방안(吐鲁番市新能源汽车推广应用及产业发展实施方案)	• 환경보호, 고형 폐기물 오염 방지 및 통제, 순환경제 촉진 등에 관한 법률 제정 • 신에너지자동차 폐배터리 재활용 국가 산업 규범의 이행 • 폐배터리 오염 방지·통제 정책 • 업·다운스트림기업 연계를 통한 배터리 재활용 시스템 구축
닝샤 (宁夏) 자치구	2022.1	건전한친환경저탄소순환발전경제시스템구축가속화의견(关于加快建立健全绿色低碳循环发展经济体系的实施意见)	• 고철, 폐플라스틱, 폐타이어, 폐배터리 등 재활용 자원의 포괄적 수집 지원 • '도시광물자원'단지와 자원재활용단지를 통한 재생가능자원 확대 및 재활용 발전 강화
시장 (西藏) 자치구	2022.4	'14.5'생태환경보호규획(西藏自治区'十四五'时期生态环境保护规划)	• 납배터리 생산자 책임 확대제도 시행 • 폐납배터리의 중앙 집중식 수거 및 지역 간 환적 시스템 시범 사업 • 모바일 배터리의 오염 방지·통제 강화·신차 환경보호 면허검사 규정 엄격 시행
장쑤 (江苏)	2021.3	동력배터리재활용지역센터육성에관한통지(关于培育动力电池回收利用区域中心站的通知)	• 배터리 산업 체인의 종합발전 촉진 • 폐배터리 재활용 시스템 구축 가속화 및 합리적 이용 • 폐배터리 수거 네트워크와 재활용 지역 센터 육성 추진

저장 (浙江)	2021.6	첨단장비제조업'14.5'발 전규획(浙江省高端装备 制造业'十四五'发展规划)	• 폐배터리 에너지 저장활용 기술, 신에너 지 및 전기의 종합 활용 시행 • 에너지저장장치 기술, 가변 축열·냉장 소재, 장치, 시스템 등 연구
안후이 (安徽)	2021.6	신에너지자동차산업발 전행동계획(安徽省新能 源汽车产业发展行动计 划)2021-2023	• 신에너지자동차 동력 배터리 재활용, 고형 폐기물 처리 시스템 구축 및 개선 • 신에너지자동차 재활용 표준화, 관련 부품의 재제조 및 재사용 촉진, 신에너 지 자동차 수명주기 제고 • 신에너지자동차 배터리 재활용 시범 운 영, 리튬 배터리 등 배터리 재활용 촉진
푸젠 (福建)	2021.10	'14.5'생태환경보호특별 규획(福建省'十四五'生态 环境保护专项规划)	• 신에너지자동차 배터리 회수 시스템 구축 • 폐배터리 재활용 처리 설비 건설
칭하이 (青海)	2022.7	국가비축에너지발전시 범지역행동방안2022년 업무개관(青海省国家储 能发展先行示范区行动 方案2022年工作要点)	• 폐배터리의 무손실 진단 및 잔류 에너 지 감지, 잔존 가치 평가 및 신속한 검 사 및 분류기술 연구개발 • 서북 지역 리튬 배터리 기술혁신센터 및 국내 일류 리튬 배터리 제조단지 등 건설
랴오닝 (辽宁)	2021.3	국민경제사회발전14.5 규획및2035년비전목표 개요(辽宁省国民经济和 社会发展第十四个五年 规划和二〇三五年远景目 标纲要)	• 신에너지자동차 및 지능형 네트워크 차 량 개발 가속화, 순수 전기차 개발에 집중 • PHEV 동력, 안전성 높은 동력 배터리 팩 시스템, 구동 모터 및 차량 제어 시 스템, 지능형 네트워크 차량 전기 서브 전자 제어 시스템 등 중점 발전
간쑤 (甘肃)	2022.1	'14.5'제조업발전규획(甘 肃省'十四五'制造业发展 规划)	• 란저우, 바이인, 진창, 우웨이 등의 LFP, 리튬 배터리 동박, 배터리팩, 전 구체, 분리막, 양극재, 배터리 모듈 등 미드스트림 산업 중심의 배터리 재활용 기반 구축 • 충전 장비 및 신에너지자동차와 같은 다운스트림 산업 개발, 리튬 배터리 산 업 성장 • BESS 산업체인 및 폐배터리 재활용을 위한 친환경 기반 구축
헤이룽장 (黑龙江)	2021.12	친환경산업발전촉진을 위한산업융합협력강화 지도의견(关于加强产融 合作推动工业绿色发展 的指导意见)	• 전략적 신흥산업 발전 • 신에너지자동차 및 지능형 네트워크 차 량의 핵심부품과 기초소재 업그레이드 및 산업체인 제고

자료: 中国政府网(www.gov.cn); 각 성 정부 홈페이지; 中商产业研究院(2023); 新能源新材料回收再生专家(2023) 종합하여 저자 정리.

4. 중국 폐배터리 재활용 산업 정책의 정치·경제적 효과

1) 대(對)EU 수출·투자와의 연계

운송부문의 탈(脫)탄소화에 대한 수요 증가와 함께 EV 및 관련 배터리 수요도 급증하고 있다. 시장조사업체 SNE리서치(www.sneresearch.com)에 따르면 전 세계 EV 배터리 생산능력이 2021년 994GWh에서 2030년 8,247GWh로 연평균 27% 성장할 것으로 전망했다. 전 세계 EV 판매량은 2025년 933만 대, 2030년 2,187만 대로(포스코, 2020), 2차전지 시장 규모도 2020년 461억 달러에서 2030년 3,517억 달러로 약 8배 증가가 예상된다. 이에 따른 리튬이온 전지의 전기차 활용 비중도 2020년 64.7%에서 2030년 88.7%로 큰 폭의 상승이 예상된다(SNE리서치; 김현진·서창배, 2023: 62). EU이사회에 따르면, 전 세계 배터리 수요는 2030년까지 10배 이상 증가할 것으로 전망된다(EU Council, 2023)(그림 4-3 참조).

중국과 더불어 EU의 EV 등록 및 판매율도 2020년 이후 급증하는 추세

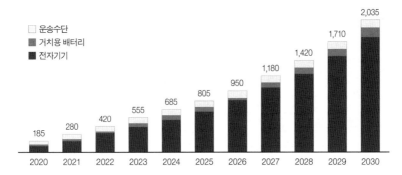

그림 4-3 **전 세계 배터리 용도별 수요 전망 (단위: GWh)**

자료: Statista; KOTRA(2023: 4) 재인용.

이다. 특히 EU지역은 2019년부터 EV 차량등록 규모가 다른 지역보다 매우 높은 증가율을 기록했다. EU의 EV 등록 규모는 2019년 36.3만 대에서 2020년 74.6만 대(전년 대비 105.5%), 2021년에는 123.1만 대(전년 대비 65.0%)로 증가했다. EV 판매율은 2019년 3%에서 2020년 10%, 2021년 17%까지 비중이 확대되어, EU시장에서 EV 수요가 확장 추세임을 보여준다(김현진·서창배, 2023: 75). 이에 한국과 중국 EV 배터리 제조업체는 최근 해외투자를 통해 독일, 프랑스, 영국, 스페인, 폴란드, 헝가리 등 EU지역으로의 생산설비 구축을 진행 중이다(김현진·서창배, 2023: 74).

그러한 가운데 배터리 재활용이 외부로부터 시장보호 장벽으로서 작용하기 시작했다. 미국과 유럽도 EV 배터리 생산능력 제고를 위해 인플레이션 감축법(IRA: Inflation Reduction Act, 2022)과 같은 각종 노력을 추진하고 있다. 특히 EU는 '신배터리법(New Batteries Regulation)'으로 불리는 '배터리 및 폐배터리 규정(Batteries and Waste Batteries Regulation)'[10]을 통해 EV 동력 배터리에 사용되는 코발트, 납, 리튬, 니켈 네 가지 핵심금속 관련 재활용 원료의 최소 의무사용 비율을 요구하고 있다. EU집행위원회는 2020년 12월에 '유럽 배터리 및 폐배터리 규정(Batteries and Waste Batteries Regulation)'을 제안했고 2022년 12월 유럽의회와 이사회의 잠정 합의 후 2023년 6월 14일 유럽의회 본회의를, 2023년 7월 10일 EU이사회의 승인을 통과했다. 그 후 EU이사회와 의회의 서명을 거쳐 2023년 8월 17일 발효되었다(EU Council, 2023).

---

10 동 법안의 공식 명칭은 REGULATION OF THE EUROPEAN PARLIAMENT AND THE COUNCIL concerning batteries and waste batteries, amending Directive 2008/98/EC and Regulation(EU) 2019/1020 and repealing Directive 2006/66/EC.

지속가능한 배터리 규정(Sustainable Batteries Regulation)이라고도 불리는 동 법안은 2006년 제정된 기존 배터리 지침(Battery Directive 2006/66/EC)을 대체하고, 역내 유통되는 배터리의 순환경제 및 환경영향요건을 강화할 목적으로 도입되었다(KOTRA, 2023: 3). 한편 조항별 구체적 이행 방법을 담은 10개 이상의 하위 법령이 2024~2028년 사이에 제정될 예정이라는 점에서 법이 실제 적용되기까지는 상당 기간이 소요될 전망이다(한국무역협회, 2023).

그러나 2020년부터 추진된 동 법안에 따르면, 제1단계(대략 2031년)부터 동력 배터리의 코발트, 납, 리튬, 니켈 재활용 소재 함량은 각각 12%, 85%, 4%, 4%를 차지해야 하며(EU, 2023: Article 8.2), 제2단계(2036년)부터는 각각 20%, 85%, 10%, 12%로 상향 조정될 예정이다(EU, 2023: Article 8.3)(표 4-4 참조).

이는 최근 급증하고 있는 EU의 EV 시장에 대한 수출과 해외직접투자를 확대하고 있는 중국의 EV 배터리 제조기업에게는 다소 불리한 통상 이슈라고 볼 수 있다. 앞으로 對 EU 수출과 생산 활동을 계속하기 위해서는 배터리 생산에 사용되는 소재의 일정 비율이 재활용 과정을 통해 생산되었음을 인정받아야 하기 때문이다. 이는 중국 정부가 최근 더욱더 적극적

표 4-4 **EU 신배터리 규정에 따른 폐배터리 소재 재활용 최소 의무비율**

구분	발효 후 96개월(8년) 경과부터 (대략 2031년으로 예상)	발효 후 156개월(13년) 경과부터 (대략 2036년으로 예상)
코발트	16%	26%
납	85%	85%
리튬	6%	12%
니켈	6%	15%

자료: EU(2023).

으로 폐배터리 재활용 산업을 육성하는 이유 중 하나라고 생각하며, 폐배터리 재활용 산업을 육성하여 글로벌 EV 배터리 공급망 경쟁 구조에서 더욱 강력한 경쟁력을 구축하고자 하는 것이다.

2) 미국의 대(對)중국 공급망 고립 대비와 대외 의존도 감소

프라이스워터하우스쿠퍼스(PwC: PricewaterhouseCoopers) 분석 보고서에 따르면, 최근 신에너지 자동차 산업의 수요에 힘입어 동력 배터리의 핵심 원자재 부족 현상이 발생하고 있다. 2021년 하반기부터 2023년 초까지 리튬, 니켈, 망간, 코발트, 텅스텐 등 EV 배터리 소재에 사용되는 핵심광물 가격이 급등함으로써 배터리 제조업체의 수익을 크게 제약한 바 있다. 리튬(탄산리튬) 가격은 2020년 3분기 34위안/kg에서 꾸준히 상승해 2022년 4분기 542위안/kg까지 1,482% 급상승한 이후 2023년 초부터 하락 추세이나 여전히 높은 가격을 형성하고 있다. 또한 니켈 가격도 2020년 2분기 12,215달러/톤에서 2022년 2분기 28,940달러/톤까지 137% 상승한 이후 현재 등락을 거듭하고 있다(김현진·서창배, 2023: 76~77)(그림 4-4 참조).

그림 4-4 EV 핵심광물의 가격 추이(2013~2022년 기준)

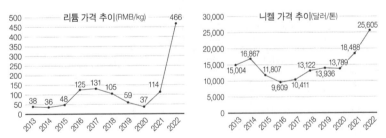

주: (왼쪽) 리튬 가격은 RMB/kg, (오른쪽) 니켈 가격은 달러/톤 기준.
자료: 한국자원정보서비스(KOMIS)(2023); 김현진·서창배(2023: 77) 재인용.

일반적으로 폐리튬이온 배터리에는 코발트 5~20%, 니켈 5~10%, 리튬 5~7%, 구리, 알루미늄, 철 등 기타 금속 5~10%를 함유하고 있어 재활용 가치가 매우 높다는 평가이다. 더욱이 리튬, 코발트, 니켈 등 매장 및 생산 지역이 특정 국가에 집중되어 있어 지역적 리스크 부담이 큰 상태이다. 따라서 일부 지역의 정치적, 경제적 문제로서 생산에 차질이 발생하면 원재료 조달 및 가격 변동에 큰 영향을 준다(박종선, 2022: 8).

자원의 유한성(有限性)과 더불어 미국을 중심으로 한 對 중국 공급망 봉쇄 조치가 최근 더욱 강화되는 추세이다. 특히 미국과의 전략 경쟁을 비롯해 중국에 대한 견제가 자체 공급망의 확대로 이어지고 있다. 세계 2대 전기차 판매량을 기록하는 미국은 2021년 반도체, 배터리, 희토류의 해외 공급망을 전반적으로 검토하라는 행정명령을 내렸고, 최근에는 IRA를 통과시키며 중국 위주로 형성되어 있는 전기차 배터리 관련 주요 공급망의 재편을 시도하고 있다(서창배, 2022: 163).

그중 중국 정부는 2000년대 초반부터 진행된 국산화 제고 노력을 폐배터리 재활용 산업 정책과 연계함으로써 EV 및 관련 배터리 산업 분야의 자체 공급망(NVC: National Value Chain)을 더욱 촉진할 것으로 보인다. 이미 중국의 리튬이온 전지 공급망 구조에서 자국 내 공급망이 가장 큰 비중 (21.5%)을 차지하고 있기 때문이다(서창배, 2022: 175~176). 따라서 중국 정부는 EV 배터리 생산에 필요한 원자재 확보, 일부 자원의 대외 의존도 감소 및 수입대체 효과, 내부 순환경제 강화 차원에서도 폐배터리 재활용 산업을 더욱 촉진하고 있다고 생각한다.

3) 폐배터리 재활용 전문기업 육성과 ESG 경영 강화

2020년부터 수명주기가 다한 EV 폐배터리가 본격적으로 발생함에 따라, 중국 정부는 산업정보화부, 국가발전개혁위원회를 중심으로 폐배터리 재활용 산업 발전을 위한 정책 및 제도를 적극적으로 추진하고, 관련 전문기업의 육성 및 다양한 비즈니스 모델을 추진하고 있다. 이를 통해 중국은 핵심소재 추출 및 재제조는 물론이고 환경보호 강화까지 이루고자 노력 중이다.

최근 글로벌 기업들의 주요 관심사 중 하나는 ESG 경영일 것이다. ESG 경영은 탄소중립과 같은 친환경(Environmental) 경영, 사회적(Social) 책임 경영, 투명한 지배구조(Governance) 경영을 통한 기업의 지속가능한 성장과 발전이 핵심이다. 그중 기후위기 변화에 적극적으로 참여하는 친환경 경영은 가장 주목받는 핵심가치이다.

그런 점에서 EV 배터리 생산에 들어가는 각종 소재가 인체에 치명적일 수 있다는 점은 폐배터리의 안전한 폐기 또는 재활용 조치가 중국 인민의 건강과 안정적인 생활 유지에 매우 밀접한 영향을 준다는 의미이다. 각종 화학소재가 존재하는 폐배터리를 효과적으로 제때 처리하지 않는다면 환경오염과 주민의 건강 및 안전에 큰 위험 요인으로 작용할 수 있다. 대표적인 예로, 코발트에 과도하게 노출되면 장 질환, 난청, 심근 허혈이 발생할 수 있다고 알려져 있다. 폐배터리는 외부 노출 시 화재나 폭발의 위험이 있고 매립이나 소각 시에는 환경오염의 가능성이 커서 적절한 처리가 매우 중요하다. 과거 중국은 양적인 고도성장기에 환경오염과 그에 따른 과도한 의료비용 부담을 체험한 바 있다. 따라서 폐배터리 재활용 정책을 적극적으로 도입하고 친환경 정책과 기업의 ESG 경영을 더욱 강화할 것으로 예상된다.

그러나 현재까지 중국의 폐배터리 회수율은 높지 않다. 중국배터리산업협회 왕징쭝(王敬忠) 부이사장은 대기업의 기술과 장비는 폐배터리 처리에서 리튬 회수율이 90%에 달할 정도로 비교적 앞서 있으나, 중소기업의 기술과 장비는 그에 미치지 못한다고 강조했다. 또한 왕 부이사장은 현재 최소 절반 이상의 폐배터리가 소기업, 자영업자 등에 의해 수거되고 있으며, 이는 산업 전체의 회수율에 영향을 주고 있다고 지적했다(澎湃新聞, 2022).

따라서 중국 정부는 다양한 폐배터리 재활용 산업 정책과 제도를 도입함으로써 선진화된 소재 생산기술 및 재활용 역량을 지닌 전문기업을 집중적으로 육성하고 다양한 비즈니스 모델을 형성하고자 노력 중이다. 특히 산업정보화부는 동력 배터리 재활용 산업의 긍정적인 발전을 촉진하기 위해 '신에너지 자동차 폐배터리 종합활용기업 모범조건'을 충족하는 총 88개 기업(일종의 화이트리스트 기업) 목록을 4회(2018년 5개, 2020년 22개, 2021년 20개, 2022년 12월 41개)에 걸쳐 발표했다(그림 4-5 참조).

그 가운데, 가장 주목받는 폐배터리 재활용 전문기업은 2001년 설립된

그림 4-5 중국 폐배터리 관련 기업 현황

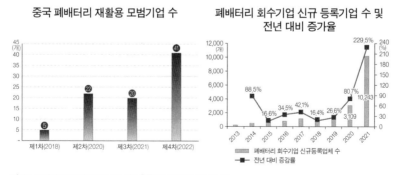

자료: 资产信息网(2022.11.9); OFweek维科网·锂电.

거린메이(格林美, GEM)이다. GEM은 선전(深圳)에 본사가 있는 세계 3위의 리튬이온 배터리 양극재용 전구체 생산 기업인 동시에 중국 최대 폐배터리 재활용 전문기업이다. GEM은 폐배터리, 전자 폐기물 등 폐기자원의 경제화·규모화 재활용을 통해 고(高)기술 제품을 재제조함으로써 순환경제·산업문화 구현을 추구하며, 중국 순환경제를 선도하는 기업 중 하나이다. GEM의 기업 이념은 '유한한 자원, 무한한 순환(资源有限, 循环无限)'이며, 자산 규모는 21억 위안을 기록하고 있다(百度百科, baike.baidu.com). 그 외 폐배터리 재활용 관련 주요 기업 현황은 표 4-5에 정리했다.

표 4-5 중국 폐배터리 재활용 관련 주요 기업현황

구분	기업명	사업추진 방향
EV 기업	베이치란구 (北汽蓝谷)	• 투자에 참여한 3개 기업이 '배터리 회수-측정평가-단계별 활용-배터리 분해' 시스템을 구축하는 합작기업
	비야디 (BYD, 比亚迪)	• 자회사 설립을 통해 배터리 제조판매 이외에 신에너지 자동차 폐배터리 재활용 회수 및 활용, 신소재 기술 연구 등을 추진 • 2018년, 에너지저장장치(ESS)에 재활용 배터리를 사용하기 위해 타워 회사와 협력 관계를 구축 • 2022년 4월, BYD는 타이저우에 새로운 배터리 기업을 설립하고 중고 배터리의 재사용·재활용 및 기타 ESS 분야에 사용을 추진 • 중국 전역에 약 40개의 폐배터리 회수거점 설치
	지리(Geely) 그룹 (吉利集团)	• 푸젠창칭신에너지(福建常青新能源)와 합자 설립 • 폐배터리 재활용, 리튬전지 삼원계 전구체 연구개발, 생산, 판매 등
배터리 기업	CATL (宁德时代)	• 2015년, 중국 폐배터리 재활용 선도기업 중 하나인 방푸리사이클(Bangpu邦普循环)을 인수 → 동력 배터리 재활용 사업에 진출 ※ 방푸리사이클은 99.3%의 핵심금속 회수율로 배터리 재활용 산업화 기반을 형성, 중국의 폐배터리 재활용 시스템을 개척 • 2021년, 320억 위안을 투자하여 폐배터리 회수를 포함한 방푸 통합형 폐배터리 소재 산업단지 건설
	고션하이테크 (Gotion hightech, 国轩高科)	• 전액 출자한 자회사를 설립해 리튬 폐배터리 재활용사업 진출 • 허페이(合肥) 루장(庐江)에 폐배터리 회수 생산라인 배치, 허페이 페이둥(肥东)에 배터리 업스트림 원재료(소재) 및 배터리 회수를 포함한 생산기지 배치 • 2023년 1월, 허페이 배터리 재활용 사업 개시 이후, 폐리튬이온 배터리 종합 재활용 용량의 연간 처리 용량 50GWh 도달

원료 (소재) 기업	간펑리튬 (贛锋锂业)	• 펑차오에너지(蜂巢能源)와 '전략적 협력 구축 협의서' 체결 • 리튬 자원 배치, 수산화리튬 공급 및 판매, 폐배터리 회수 등 협력 추진
	샤먼텅스텐 (厦门钨业)	• 현대적인 폐배터리 재활용 기지(면적 88무=약 58,667m^2) 보유 • 2017년, Ganzhou Haopeng 확보 → 동력 배터리 재활용 시장 진출 • Ganzhou Haopeng은 리튬 금속 회수 및 정제, 음극 토너 재활용, 배터리 분말의 연속 침출 공정, 니켈-코발트-망간 공동 추출 및 정제, 코발트-니켈-망간 이온 교환 정제, 미세 분해 등과 같은 기술개발 및 적용 • 중국과학원 공정공학연구소와 함께 폐기된 리튬이온 배터리에 대한 단거리 회수 기술을 공동 개발
재활용 전문 기업	텐치 (Miracle automaton, 天奇股份)	• 자회사인 진타이거(金泰阁, Jintaige)와 리즈실업(锂致实业)이 폐리튬이온 배터리 재활용 자원화 사업에 주력 • 2021년, 리튬 배터리 재활용 기업인 진타이거를 인수 ※ 진타이거: 배터리에 사용된 리튬인산철(LFP) 재활용 역량 보유 • 리튬 배터리 재활용 사업 부문은 연간 2만 톤의 폐리튬 배터리 처리 및 재활용 능력 보유 → 지속적 규모 확장
	거린메이 (GEM, 格林美)	• 2021년까지 340여 개 글로벌 자동차 및 배터리 제조업체와 동력 배터리 회수 협력 협의서 체결 → 1300여 개 서비스망 구축 • 완성차 업체를 제외한 재활용 시스템 분야에서 1위를 기록 중

자료: 新能源新材料回收再生专家(2023).

그림 4-6 **중국 폐배터리 기업 보유 상위 10개 지방정부**

지방정부(省)	업체 수(개)
산둥성	3,826
광둥성	3,177
장수성	3,086
허난성	3,068
안후이성	2,961
하이난성	2,333
산시성	2,050
후베이성	1,921
쓰촨성	1,925
광시성	1,847

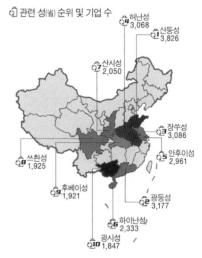

자료: 新能源新材料回收再生专家(2023).

5. 결론 및 한국에의 시사점

중국은 현재 글로벌 EV 시장에서 가장 큰 규모이다. EU의 EV 시장규모가 최근 급증하고 있으나 아직 중국과 격차가 존재한다는 점에서 중국 EV 시장에 대한 관심은 여전히 높다. 더욱이 중국은 전 세계 EV 배터리 산업에서도 가장 큰 비중을 차지하고 있다. 이런 중국 EV 시장이 수명주기를 다한 EV 폐배터리의 대규모 회수에 직면하며 새로운 비즈니스 모델을 창출하기 시작했다. 특히 중국 정부의 적극적인 추진 아래 폐배터리 재활용 산업을 육성하기 위한 다양한 정책과 제도가 연이어 발표되어 주목된다.

이는 EV 산업과 EV 배터리 산업의 초기 단계에서 중국 정부가 제공한 막대한 보조금이 주효했다는 점에서 더욱 큰 관심을 끌고 있다. 더욱이 중국 정부가 다양한 정책을 발표하며 폐배터리 재활용 산업을 새로운 비즈니스 모델화하고자 한다는 점은 중국 EV 시장의 규모와 성장 속도를 놓고 볼 때 매우 흥미로운 산업 이슈이다. 중국 정부는 폐배터리 재활용 산업을 통해 첫째, 對 EU 수출 및 투자와 연계하고, 둘째, 미국의 對 중국 공급망 봉쇄에 대비하고 핵심자원의 대외 의존도를 감소시키며, 셋째, 폐배터리 재활용 전문기업을 집중적으로 육성하여 다양한 비즈니스 모델을 탐색하고 기업의 ESG 경영을 강화함으로써 중국 기업의 글로벌 경쟁력을 제고하려고 노력 중이라는 것이다.

중국의 이러한 움직임은 한국에게도 많은 시사점을 주고 있다.

첫째, 한국도 EV 폐배터리 재활용 산업과 관련된 명확한 정책이나 제도를 조속히 준비할 필요가 있다. 그러나 일부 기업들의 적극적인 노력과 달리 정부 차원의 제대로 된 준비는 부족한 것으로 보여 글로벌 경쟁력을 갖출 적기를 놓칠 수도 있어 종합적이고 다양한 논의를 기대해본다.

둘째, 전술한 바와 같이 EU, 중국의 폐배터리 회수 및 재활용 산업 육성 정책과 제도 등에 대한 적극적인 모니터링, 연구, 벤치마킹을 통해 한국 기업의 수출시장 개척을 지원할 필요가 있다. 글로벌 EV 및 EV 배터리 시장은 매우 빠르게 변화하고 전환기를 맞이하고 있다는 점에서 적극적인 모니터링과 정보화가 매우 중요하다.

　셋째, 중국, EU와 적극적인 프로젝트 협력을 모색할 필요가 있다. 전술한 바와 같이 중국과 EU는 글로벌 EV 및 EV 배터리 시장에서 1~2위를 차지하고 있는 매우 비중 있는 시장이다. 그리고 EV 폐배터리 재활용 산업은 아직까지 명확한 선도기업이 없다는 점도 고려해야 할 점이다.

　따라서 그들과의 협력체제 구축은 긍정적인 효과를 충분히 발휘할 수 있을 것으로 보인다. 더욱이 중국은 2030년 탄소피크, 2060년 탄소중립 목표를 향해 정부 차원에서 집중적인 산업 육성을 추진 중이라는 점에서, 중국 폐배터리 산업체인(배터리 원자재 공급사－2차전지 제조사－EV 완성차 생산 기업－배터리 회수 및 재활용 기업)별로(KOTRA 우한무역관, 2023) 주요 기업들과 협력 방안을 모색함으로써 중국의 새로운 거대 시장을 개척하고 한국 기업의 경쟁력 제고를 모색해야 할 것이다.

참고문헌

김연규·서창배 외. 2022. 『글로벌 전기차 배터리 전쟁: 기술과 정책』. 다해.

김현진·서창배. 2023. 「한·중 EV 배터리 생산설비의 해외투자 요인분석」. ≪한중사회과학연구≫, 21(2): 61~86.

김희영. 2022. 「전기차 배터리 재활용 산업 동향 및 시사점: 중국 사례 중심으로」. ≪Trade Focus≫, 11. 한국무역협회.

박종선. 2022. 「폐배터리 산업」. 2023 Outlook. 유진투자증권.

산업표준심의회. 2016. 「배터리에너지저장장치 용어: 리튬 이차 전지시스템」(표준번호(KSC8548); 2016.8.16 제정, 2021 확인).
   https://e-ks.kr/streamdocs/view/sd;streamdocsId=72059227004840935(검색일: 2023.7.20).

서창배. 2022. 「중국 EV배터리 소재산업별 공급망 분석」. ≪현대중국연구≫, 24(3): 153~181.

서창배. 2023. 「중국 EV 폐배터리 재활용 산업정책과 무역·경제적 효과 분석」. ≪전자무역연구≫, 21(3): 63~84.

엄이슬·김나래. 2022. 「배터리 순환경제, 전기차 폐배터리 시장의 부상과 기업의 대응 전략」. ≪Business Focus≫. 삼정KPMG 경제연구원.

이강원·손호웅. 2016. 지형 공간정보체계 용어사전. 구미서관.
   https://terms.naver.com/list.naver?cid=58439&categoryId=58439(검색일: 2023.7.20)

이정구. 2021. 「전기자동차 폐배터리」. ≪ASTI Market Insight≫, 2021-004. 한국과학기술정보연구원(KISTI).

주민우. 2020.12.3. 「리튬이온 배터리, "버린 것도 다시보자"」. ≪meritz Strategy Daily 전략공감 2.0≫. 메리츠증권.

KOTRA. 2023. 「EU 배터리 규정 Q&A북」. KOTRA자료 23-047.

KOTRA 우한무역관. 2023.8.7. 「중국 폐배터리 재활용 시장 급성장」. KOTRA 해외시장뉴스.

POSCO. 2023.2.1. 「⑥ 이제는 순환경제 시대, 다 쓴 배터리도 돈이 된다?!」. 궁금한 THE 이야기: '2차전지'편. https://newsroom.posco.com/(검색일: 2023.7.1)

한국무역협회. 2023.6.16. 「EU 배터리법 유럽의회 본회의 통과 : 실제 적용은 2024~2028년 이후」. https://www.kita.net/cmmrcInfo/cmmrcNews/ftaNews/(검색일: 2023.8.1)

한국자원정보서비스(KOMIS). 2023.4.1. 4차산업 핵심광물.
   www.komis.or.kr/komis/price/mineralprice/the4thIndustry/pricetrend/coreMetals.do (검색일: 2023.4.1)

新能源新材料回收再生专家. 2023.1.10. "电池回收企业地域分布TOP10".
   https://mp.weixin.qq.com/s/l9aFeDUXBPc1pu4dK50BgA(검색일: 2023.7.20)

人民网. 2018.3.6. "七部门联合印发新能源汽车电池回收利用试点实施方案: 新能源汽车电池回收利用试点工作将在多地开展".

http://politics.people.com.cn/n1/ 2018/0306/c1001-29849492.html(검색일: 2023.7.20)

资产信息网. 2022.11.9. "2022年动力电池回收行业研究报告". OFweek维科网·锂电.
　　https://mp.ofweek.com/libattery/a956714405367(검색일: 2023.7.20)

中商产业研究院. 2023.3.10. "2023年中国动力电池回收行业市场前景及投资研究报告(简版)".
　　https://www.seccw.com/Document/detail/id/18921.html(검색일: 2023.7.20)

澎湃新闻. 2022.8.1. "工信部等三部门：推动新能源汽车动力电池回收利用体系建设".
　　https://baijiahao.baidu.com/s?id=1739932788278331249&wfr=spider&for=pc(검색일:
　　2023.7.20)

EU. 2023. REGULATION OF THE EUROPEAN PARLIAMENT AND OF THE COUNCIL con-
　　cerning batteries and waste batteries, amending Directive 2008/98/EC and Regulation
　　(EU) 2019/1020 and repealing Directive 2006/66/EC.
　　https://environment.ec.europa.eu/topics/waste-and-recycling/batteries_en(검색일:
　　2023.8.10)

EU Council. 2023.7.10. "Council adopts new regulation on batteries and waste batteries".
　　https://www.consilium.europa.eu/en/press/press- releases/(검색일: 2023.8.1)

SNE Research. 2023.2.13. "Global Scrapped Battery Recycling Market Expected to Reach US$
　　53.6 Bil in 2030 and US$174.1 Bil in 2040." Press Release.
　　https://www.sneresearch.com/en/insight/release_view/77/page/0(검색일: 2023.7.1)

Venditti, Bruno. 2022.10.5. "The Top 10 EV Battery Manufacturers in 2022." Visual Capital.
　　https://www.visualcapitalist.com/the-top-10-ev-battery-manufacturers-in-2022/(검색일:
　　2022.11.6)

———

두산백과 두피디아(http://www.doopedia.co.kr)

한경 경제용어사전 http://dic.hankyung.com(검색일: 2023.7.20)

百度百科(https://baike.baidu.com)

中国政府网(www.gov.cn)

Umicore's website(https://www.umicore.kr(검색일: 2023.8.1)

EU의 배터리 밸류체인 형성 전략과
배터리 재활용 및 재사용 정책 논의의 발전

강유덕 한국외국어대학교 Language and Trade 학부 교수

자동차 산업은 내연기관 자동차에서 전기차로 전환되고 있다. 이미 일부 국가에서 전기차는 신차 판매의 50%를 넘어섰고, 세계 최대의 전기차 시장으로 부상한 중국 시장의 판매 증가추이는 놀라울 정도이다. 이러한 전기차 시장의 성장은 배터리 시장의 확대와 동시에 이루어졌다. 기후변화에 대응하기 위해 산업 전반의 친환경화가 진행되면서 동력의 저장원으로써 다양한 형태와 용도의 배터리는 전 산업군에 걸쳐 필수재가 되었다. 유럽은 기후변화에 대응하기 위해 가장 먼저 산업구조의 친환경 전환을 시도했고, 특히 운송수단의 친환경화를 위해 전기차 전환을 서둘러왔다. 대부분의 유럽 국가들은 2030~2035년 중 내연기관의 승용차 신차 판매를 중단할 계획이며, 주요 자동차 회사들은 수년 전부터 전기차 시장을 선점하기 위해 다양한 모델을 내놓고 있다. 반면에 전기차 가치의 40%에

달하는 배터리는 대부분 중국, 한국, 일본 등 아시아 기업이 생산하고 있는 상황이다. 유럽 자동차 분야의 친환경 전환 계획에서 상당 부분이 역외 기업의 공급망에 의존하는 상황인 것이다. 이 장에서는 본격적인 전기차 전환을 맞이하여 유럽연합(EU) 및 회원국들이 추진해온 전기차 배터리 밸류체인 형성 정책을 소개하되, 이를 순환경제 관점에서 살펴본다. 특히 밸류체인의 최종점이라고 볼 수 있는 배터리의 재활용과 재사용 정책을 소개함으로써 전기차 전환 과정에서 등장할 수 있는 또 다른 사회적 환경적 위협 요인을 어떻게 축소하는지 살펴본다. 또한 EU의 배터리 관련 규제를 EU 방식의 공급망 조율 정책과 연계하여 살펴봄으로써 향후 EU의 배터리 규제가 글로벌 공급망에 미칠 수 있는 파급효과를 전망해본다.

1. 전기차 시장과 배터리 수요의 증가

지난 수년간 전기차 시장은 괄목할 만한 성장을 기록했다. 2017~2022년 기간에 전 세계 전기차 판매 수는 약 10배 증가하여, 2022년에는 1천만 대를 기록했다.[1] 전 세계 등록 중인 전기차 2,600만 대 중 거의 40%가 2022년에 판매되었을 정도로 최근 1~2년의 성장세가 가파르다. 이는 중국 자동차 시장의 가파른 성장세에 기인하는 바가 크다. 2022년 중국 시장에서 판매된 순수 전기차(BEV)는 440만 대로 불과 1년 동안 60% 증가했고, 플러그인 하이브리드 자동차(PHEV)는 3배 증가한 150만 대 판매를

---

[1]   이 수치는 순수 전기차(BEV: Battery electric vehicle)와 플러그인 하이브리드 전기차 (PHEV)를 합친 것이다(IEA, 2023: 14).

그림 5-1 전기차 판매 추이 (단위: 백만 대)

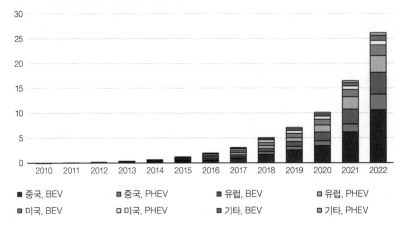

자료: IEA(2023: 15).

그림 5-2 국가별 전기차 판매 추이 (단위: 백만 대)

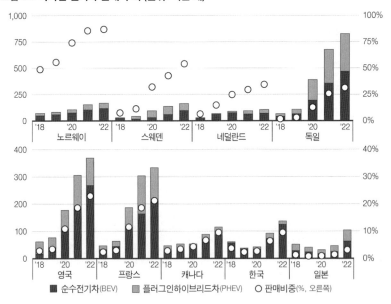

자료: IEA(2023: 19).

기록했다. 2022년 전 세계 전기차 판매의 60%가 중국에서 이루어진 셈인데, 누적 기준으로도 전 세계 전기차 중 절반이 중국에 등록되어 있다.

유럽 시장에서 전기차 판매도 빠르게 증가하고 있다. 2022년 유럽의 전기차 판매는 270만 대로 세계 판매의 20%를 차지했고, 누적 기준으로는 세계 등록 전기차의 30%를 차지한다. 유럽 시장에서의 전기차 판매는 2019년 이후 코로나19 팬데믹의 여파에도 불구하고 꾸준히 증가해왔다. 전체 자동차 판매 중 전기차 비중은 2019년 이전에는 3% 미만이었으나, 2020년에는 10%를 차지했고, 2022년에는 21%까지 늘었다. 국가별로 살펴보면 노르웨이와 스웨덴에서는 이미 50% 이상의 신차 판매가 전기차이며, 덴마크, 핀란드, 독일은 30% 이상, 영국과 프랑스도 20% 이상을 기록했다. 이와 같은 성장은 친환경 인식 전환, 전기차 충전 설비의 확충이라는 요인도 있지만, 여전히 세제혜택 및 보조금 지원의 요인이 작용했다. 가령 독일 자동차 시장에서 전기차 판매가 차지하는 비중은 2019년 2.9%에 불과했으나, 2020년에는 13%로 껑충 뛰었고, 2022년에는 31%까지 증가했다. 이러한 현상은 정도의 차이는 있으나 독일, 프랑스, 영국 등 여러 국가에서 비슷한 패턴으로 나타났다. 이는 코로나19 팬데믹에 대응하기 위한 다양한 지원 및 보조금 정책이 크게 작용한 결과로 볼 수 있다. 따라서 보조금 관련 정책이 종결될 경우 판매 증가세에 부정적인 영향을 미칠 수 있지만, 전반적인 성장세는 계속될 것이 자명하다. 현재 EU는 기후변화 통합 대책인 Fit for 55 패키지에 의거하여 산업과 환경 정책을 결합한 다양한 규제 입법을 추진 중이다. 따라서 유럽에서 전기차 판매 점유율은 계속 증가할 것으로 예상된다. 특히 유럽의 전기차 판매는 북유럽과 서유럽에서 시장 점유율이 높은 반면, 남유럽과 동유럽은 전기차 판매가 저조한 이중 구조를 갖고 있다. 이러한 점을 감안할 때 향후 북유럽 및 서유럽 시장의 추가 성장과는 별도로 남유럽 및 동유럽에서의 판매 증가도 예상 해볼 수 있다.

전기차 수요의 증가에 맞춰 배터리 수요도 크게 증가했다. 세계 배터리 총 생산량은 2021년 994GWh를 기록했다. 배터리 생산량은 연평균 27% 성장하여 2030년에는 8,247GWh에 이를 것으로 예상된다. 이러한 성장을 주도하는 것은 전기차(EV) 배터리로 전체 배터리 수요의 80%를 차지하며 앞으로도 수요 성장을 견인할 것으로 예상된다. 2035년 전 세계 전기차의 신규 수요는 8천만 대까지 증가할 것으로 예상되는데, 이 경우 전기차 배터리 시장은 6,160억 달러(약 815조 원) 규모로 성장할 것이다.

이러한 배터리 생산은 중국, 한국, 일본 기업의 점유율이 매우 높다. 특히 중국 업체는 리튬인산철(LFP) 배터리 생산의 95% 이상을 차지하게 되

표 5-1 세계 10위 배터리 생산 기업 및 생산량

구분	2021			2022			성장률		
	EV	ESS	Total	EV	ESS	Total	EV	ESS	Total
CATL(中)	115	17	132	270	53	323	135%	212%	145%
LGES(韓)	77	8	85	92	9	101	19%	13%	19%
BYD(中)	32	5	37	84	14	98	153%	180%	165%
Panasonic(日)	47	-	47	49	-	49	4%	-	4%
SDI(韓)	19	8	27	36	9	45	89%	13%	67%
SK On(韓)	24	-	24	44	-	44	83%	-	83%
CALB(中)	10	-	10	24	-	24	143%	-	140%
Guoxuan(中)	8	1	9	17	6	23	113%	500%	156%
EVE(中)	4	1	5	9	9	18	125%	800%	260%
Sunwoda(中)	3	-	3	11	-	11	267%	-	267%
Other	53	4	57	54	22	76	2%	450%	33%
TM	392	44	436	690	122	812	76%	177%	86%

자료: SNE리서치.

었고, 전기차용 LFP 배터리 공급은 CATL과 BYD가 80% 이상을 점유한다(IEA, 2022; 최재희, 2023: 5). 연도와 조사기관에 따라 생산량 통계에 차이가 있지만, 상위 10위 기업의 생산량을 보면 2022년 중국 업체의 점유율은 60%를 상회하며, 한국 3사(LG에너지솔루션, 삼성SDI, SK이노베이션)의 비중은 25% 내외이다. 생산량 기준 1위 기업인 중국 CATL의 시장 점유율은 중국 내 전기차 수요의 폭발적인 증가에 힘입어 계속 상승 중이다. 지금까지의 추이는 중국 업체가 비교적 저가인 LFP 배터리 생산에 집중했고 동 배터리를 사용한 중국 내 자동차 수요가 급증하면서 중국 업체들의 추이가 급증했다. 한국과 일본 업체들은 삼원계(니켈, 코발트, 망간 또는 알루미늄) 생산에 주력했으나, 최근 LFP 배터리의 성능이 개선되면서 시장 점유율이 하락하는 추세이다.

향후 배터리 수요는 전기차 외에 태양광 발전, 풍력발전 등에서도 에너지저장장치(ESS: Energy Storage System)를 중심으로 크게 증가할 것으로 예상된다. 전기차에 비해 공간 제약, 출력 면에서 요건이 까다롭지 않기 때문에 개량된 형태의 LFP 배터리 생산은 더 증가할 수 있다. 따라서 여전히 중국 업체들의 약진이 계속될 가능성이 높다. 반면 생산 거점에서는 장기적으로 변화가 나타날 수 있다. 미국의 인플레이션 감축법(IRA), EU의 핵심 원자재법(CRMA)과 배터리 규정과 같은 정책이 지리적 공급망 변화에 영향을 줄 것이 자명하기 때문이다. 완성차 업체들이 배터리 생산의 내재화를 추진하고 있는 점도 배터리 생산 시설의 국제적 이동을 불러일으킬 수 있다. 중국 수요를 위한 전기차에는 중국산 배터리가 장착되더라도, 미국과 유럽의 전기차에는 각각 미국산과 유럽산 배터리가 사용될 가능성이 높아지는 것이다. SNE리서치의 전망에 따르면 전기차 배터리의 지역별 생산에서 중국이 차지하는 비중은 2022년 75%에서 38%로 감소가 예상된다. 반면 북미의 생산 비중은 6%에서 31%로, 유럽의 생산 비중은 12%에서 27%로 증가가 전망된다. 이러한 변화는 최근 발표된 미국과 유럽의 산업 정책, 완성차 업체들의 내재화 전략 및 배터리 생산 기업들의 북미, 유럽 투자추이를 반영한 것으로 볼 수 있다. 반면에 주요국 정부의 정책과 기업의 대응, 시장 및 기술 변화에 따라 그 결과는 달라질 수 있다.

2. 배터리 관련 산업정책의 배경

유럽에서 내연기관 자동차를 전기차로 대체하려는 움직임은 일찍부터 시작되었다. 국가별로 차이가 있지만 독일과 프랑스, 영국 등 주요 국가들은 전기차의 보급 확대를 위해 보조금 지급 및 세제혜택, 전기 충전소 확대와 같은 다양한 정책들을 실시했다. 노르웨이, 스웨덴 등 북유럽 국가들은 더 공격적인 전기차 전환을 시도했다. 프랑스, 독일, 영국, 네덜란드, 오스트리아, 아일랜드, 노르웨이 등 많은 국가들은 2025~2040년 내로 내연기관 자동차의 신차 판매를 금지하는 법안을 자체적으로 마련했다. EU는 2023년 3월에 2035년까지 내연기관 승용차 및 승합차의 신차 판매를 금지하는 법안을 확정했다. 앞서 언급한 바와 같이 현재까지 전기차의 시장 점유율은 EU 회원국별로 차이가 매우 크며, 특히 남유럽과 동유럽 국가들에서는 아직 본격적인 전기차 전환이 시작되었다고 보기 어렵다. 즉 국가별로 추진 일정에는 다소 차이가 있을 수 있다. 반면 유럽 전역에 걸쳐 전기차의 확대는 정책의 방향이자 시장의 트렌드가 되었다. 2019년 12월에 발표된 EU의 유럽 그린딜(European Green Deal)은 2050년까지 탄소순배출량을 0으로 만드는 탄소중립을 목표로 했다. 이에 맞춰 산업, 에너지, 교통, 농업, 공정 등 다양한 영역의 정책을 조율해왔다. 그린딜은 기후변화대책으로 보이지만 사실상 경제활동과 생활의 패러다임 전환을 꾀하고 있다. 운송분야의 탄소배출 절감 차원에서 전기차의 확대는 EU 그린딜의 일부로 볼 수 있다.

전기차 전환 계획이 계획대로 추진될 경우, 유럽에서는 연간 2,500만 대의 전기차 수요가 발생할 수 있고 전기차 배터리 수요도 큰 폭으로 증가할 것이 자명하다. 전망기관에 따르면 2020~2030년 기간 중 유럽의 배터리 수요는 15배 이상 증가할 것으로 예상된다(Bloomberg NEF, 2020). 이와 같은 폭발적인 배터리 수요의 증가에도 불구하고, 전기차 배터리는 중국, 한국, 일본 업체가 대부분을 생산하고 있으며, 유럽의 생산량은 미미하다. 실제로 2017년 유럽 시장은 전 세계 전기차 판매의 25%를 상회했지만, EU 역내의 배터리 생산은 세계 생산의 3%에 불과했다. 이마저도 한국 등 아시아 기업의 현지 공장에 의존했다. EU 역내에 배터리 생산 시설을 갖춰야 한다는 자각은 과거부터 있었다. 그러나 아시아의 배터리 생산 기업들의 제조 기술 및 생산능력은 오래된 산업 정책과 기업의 노력 등 산업 특화의 결과였다. 배터리 산업은 초기 투자비용이 많은 대규모의 장치 산업인바, 배터리 공장을 유럽의 일부 기업이 단시일에 설립하는 것은 현실성이 없었다. 반면 EU 역내에 '유럽' 기업의 배터리 생산 시설을 구축하는 일은 중요한 산업 정책의 목표로 간주되기 시작했다.

그렇다면 유럽 배터리 밸류체인을 갖추려는 노력은 유럽 그린딜의 일환으로 등장했는가? EU 또는 회원국 차원의 산업정책 형태로 나타난 것은 비교적 최근의 일이다. 특히 유럽 그린딜의 발표를 전후하여 구체적인 배터리 산업 육성 계획이 발표되었고, 산업 보조금 지원을 위한 법제적 정비와 함께 다양한 지원 프로젝트가 등장했다. 반면 EU의 배터리 관련 산업정책은 2010년대부터 추진된 장기적인 산업정책의 법제 조정과 산업혁신 전략, 기후변화 대응, 그리고 최근의 유럽 그린딜이 정책적으로 조합되어 나타난 결과로 볼 수 있다. EU집행위원회는 2014년 6월 산업지원정책의 일환으로 공공이익사업(IPCEI: Important Project of Common European Interest)을 제안했다. IPCEI는 전략 산업의 보호, 시장의 실패 방지, 연구개발 촉진을 통해 EU 역내에 산업생태계 조성을 지원하기 위한 조치로 특정

표 5-2 **공공이익사업(IPCEI)의 주요 내용**

설명	주요 내용
조건	• EU의 경쟁력 강화, 지속가능성, EU 전역에 걸친 가치 창출에 기여할 수 있는 프로젝트 • 복수(2개국 이상)의 EU 회원국 참여 • 해당 프로젝트로 인한 이익이 참여 기업에만 국한되지 않고, 단일시장과 EU공동체의 사회 전반에 긍정적인 파급효과를 미칠 수 있어야 함 • 정부와 수혜 기업의 공동투자(co-financing) 원칙 • 연구·개발·투자(R&D&I)의 경우, 해당 프로젝트는 상당히 혁신적인 성격을 갖추어야 하며, 해당 분야의 첨단 기술을 통해 중요한 부가가치를 창출할 수 있어야 함 • R&D&I 집중도가 높고, 혁신적 생산과정에 기초하고 있어야 함
필요성 및 장점	• 대규모의 R&D&I가 필요한 분야에서는 민간 기업의 자발적인 투자가 어렵고, 공공재의 경우 시장 실패가 발생할 수 있기 때문에 정부 차원의 지원이 필요함 • 이에 정부는 민간 참여자의 투자 대비 100%까지 투자를 지원(matching fund) • IPCEI를 통해 첫 번째 단계의 산업 생산까지 비용을 지원하며, 파일럿 프로젝트부터 대량생산단계에 이르기까지 지원함
IPCEI 지원 대상에서 제외	• 단순한 생산 시설, 공장, 대량생산라인 설립에 대한 지원 • 수혜자의 경쟁력을 강화하는 데 그치는 경우 • EU의 결속정책 취지에 반하는 경우, WTO 규정에 위배되는 경우, 시장왜곡 효과가 발생할 수 있는 경우
허용 첫 사례: 2018년 Microelelectronics	• 프랑스, 독일, 이탈리아, 영국 4개국은 마이크로전자 분야의 경쟁력 강화를 위해 공동으로 산업 지원을 결정하고, EU집행위원회에 IPCEI 허용을 신청 • 광학 개발, 하드웨어 디자인, 지식 프로세스, 생산 시설, 칩 제작, 다운스트림 앱 등의 분야에서 40여 개 하부 프로젝트가 29개 기업이 참여하여 진행 중

자료: European Communication(2014); 강유덕(2021: 67).

조건 아래 EU 또는 회원국의 산업 보조금 지급을 허용한다. 이 조치를 활용하여 2017년부터는 반도체, 전기차 배터리, 수소에너지 관련 지원정책이 프로젝트를 기반으로 시작되었다. 이러한 지원정책은 장기화된 탈제조업 현상과 핵심산업 지원의 필요성 등 자성의 결과로 볼 수 있다. 더 나아가 미중 갈등과, 코로나19 팬데믹 등 일련의 사태는 공급망 강화 정책, 특히 핵심산업에 대해 역내에 일정 수준의 공급망 생태계가 필요하다는 인식을 불러일으켰다.

3. 배터리 관련 산업정책

EU집행위원회는 2017년 10월 배터리 산업의 전 부문에 걸쳐 지속가능한 공급사슬(value chain) 구축을 지원하기 위해 유럽배터리연합(EBA: European Battery Alliance)을 구축했다. EBA는 배터리의 밸류체인을 ① 원재료(Raw Material), ② 활성 물질(Active Materials), ③ 셀 제조 및 기계류(Cell Manufacturing), ④ 배터리팩 시스템(Battery Packs & Systems), ⑤ 어플리케이션 및 통합(Application & Integration), ⑥ 리사이클링(Recycling/Second Life) 6개 분야로 분류했다. 그리고 각 분야별로 400여 개의 기관 및 업체가 참여한 네트워크를 형성하도록 함으로써 민관 합동 연합체를 구축했다. 이와 더불어 EU집행위원회는 청정 모빌리티 일괄 법안(Clean Mobility Package)의 일환으로 2018년 5월 배터리 산업 발전전략 실행계획(Strategic Action Plan for Batteries)을 발표했다. 이를 통해 원료—핵심소재—셀 제조—전기차·ESS—재활용(Recycling) 등 배터리와 관련된 전체 공급사슬을 EU 역내에 구축하겠다는 목표를 제시했다. 또한 원료 확보, 투자 지원, R&D,

표 5-3 배터리 산업 발전전략 실행계획의 주요 내용

분류	내용
핵심원료 확보	• 핵심원자재(리튬, 코발트 등)의 안정적 확보를 위해 원료보유 국과의 전략적 FTA 체결 • 원자재에 관한 혁신 파트너십을 구성하고 유럽혁신기술연구소(EIT) 주도로 관련 프로젝트를 진행, 역내 배터리 원료 확보 방안 및 이용가능성에 대해 연구
유럽 배터리셀 제조와 경쟁력 있는 밸류체인 지원	• EU 및 회원국 정부, 민간분야의 기금을 활용하여 배터리 개발을 위한 프로젝트 진행
핵심소재 연구개발	• Horizon 2020, 유럽투자은행(EIB), 유럽지역발전기금(ERDF) 등을 통해 배터리셀 투자 프로젝트 지원
배터리분야 전문인력 양성	• Erasmus+ 프로그램을 통해 신기술 적용에 대한 영역 간 협력을 위한 청사진을 발표하고, 배터리 공급 사슬 전반에 필요한 중단기적 인력을 육성 • 배터리 기술 및 생산능력을 배양하기 위해 공동연구센터(JRC: Joint Research Centre)의 실험 연구실과 시설들을 연구기관과 산·학계, 중소기업과 같은 공공·민간부문에 개방
지속가능성	• 배터리 지침(EU Batteries Directive)에 대한 평가 보고서를 발표하고, 배터리 관련 규정의 보완 및 규제를 강화 • EU집행위원회, 유럽표준화위원회(CEN), 유럽전기표준화위원회(CENELEC)를 통해 안전하고 지속가능한 생산을 위해 배터리 관련 표준화 작업 진행
EU의 규제체제와의 일관성 확보	• 산업 정책과 통상정책 간의 연계 및 규제정비 • 제3국의 보조금 지급 등 불공정 행위에 대한 대응조치 강화 • FTA 협상 시 전기차, 배터리 분야의 공급망을 반영한 원산지 규정 마련

자료: European Communication(2019); 박성준(2019).

인력 양성, 지속가능성, 통상·규제 등 6개 분야의 핵심계획 및 이행 방안을 수립했다.

배터리 산업 정책의 구체적인 예로는 프랑스와 독일의 협력으로 시작된 배터리 에어버스(Airbus des batteries)의 사례를 살펴볼 수 있다. 과거 산업협력의 경험이 많은 양국은 이미 자동차 분야에서 밀접한 산업 네트워크를 형성하고 있었고, 본격적인 전기차 전환을 추진 중이라는 점에서 공통점이 있었다. 2019년 5월 프랑스와 독일 정부는 전기차용 차세대 배터리 개발을 위해 공동으로 약 60억 유로를 투자하기로 발표했다. 이 계획은 과거 협력을 통해 항공기를 생산했던 사례를 본 따서 배터리 에어버스라는 이름이 붙었다. 이 프로젝트를 위해 프랑스와 독일의 30여 개 자동차, 에너지 기업들은 40억 유로를 투자하겠다고 밝혔다. 우선 시범사업으로 프랑스의 배터리 제조업체인 샤프트(Saft)와 자동차 기업인 PSA-오펠(Opel)은 공동으로 전기차 배터리 제조업체, 오토모티브 셀 컴퍼니(Automotive Cell Company)를 설립했고, 2021년부터 배터리 생산을 시작했다. 프랑스-독일의 양자 협력으로 추진된 이 계획은 이후 다른 국가들이 참여하고, EU집행위원회가 약 12억 유로의 지원 계획을 발표함으로써 EU 차원의 프로젝트로 변화했다. 2019년 12월 9일 EU집행위원회는 EU의 IPCEI 규정에 의거하여 에어버스 배터리 프로젝트에 대한 EU 차원의 참여와 회원국의 보조금 지급을 승인했다. 총 7개 회원국이 총 32억 유로의 보조금을 투입할 수 있도록 승인했고, 17개 참여 기업은 50억 유로를 추가로 투입함으로써 총 투자 규모 80억 유로를 상회하는 프로젝트로 발전했다.

이러한 공적 지원과 관련 기업들의 투자는 산업생태계에 변화를 불러일으켰다. 전기차 시장의 폭발적인 성장과 산업·기술 분야에서 전개되는 국가 간 경쟁, 공급망 불안 현상도 유럽 배터리 분야의 투자를 부추겼다. 스웨덴의 노스볼트(Northvolt)는 2016년에 설립된 신설 기업이지만, 폭스바겐의 지원을 통해 노스볼트 즈웨이(Northvolt Zwei)를 설립하고, 독일에 공장을 신설하면서 빠르게 성장했다. 아직 아시아 제조업체의 생산 역량에는 미치지 못하지만 노스볼트는 2023년 40GWh의 생산능력을 갖추었고, 20GWh 규모의 증설을 통해 연간 100만 대의 전기차에 배터리를 공급하는 목표를 갖고 있다. 또한 2030년까지는 유럽 지역에 150GWh의 생산

능력을 갖추는 것을 목표로 했다(블로터앤미디어, 2022.7.1). 역외 기업들도 유럽에 배터리 현지 생산을 위한 투자를 늘렸다. 중국의 CATL(宁德时代)은 2018년에 독일 튀링겐(Thüringen)에 생산공장 설립을 결정하고, 2023년 초부터 생산을 시작했다. 또한 2022년 8월에는 헝가리에 100GWh에 달하는 기가팩토리 설립 계획을 발표한 바 있다. 또 다른 중국 업체인 S볼트 (SVOLT, 蜂巢能源)는 2020년 독일의 우베르헨(Überherrn)에 연간 24GWh 생산 규모의 공장 설립을 발표했고, 2022년 9월에는 라우하머(Lauchhammer) 에 연간 16GWh 생산 규모의 두 번째 공장 설립을 확정했다. 본격적인 배터리 생산은 2027년경이 될 것으로 예상된다. 한국의 LG화학과 SK이노베이션, 삼성SDI도 유럽 현지의 생산 시설을 확충해왔다. 이러한 유럽의 공장 신설 및 확충 계획이 실현될 경우 2025년 유럽에 약 350GWh 규모의 생산 시설을 갖추게 되는데, 이는 전 세계 생산량의 14.9%에 해당한다. 이 규모는 2020년에 비해 7배 증가한 것이며, 연간 약 670만 대의 전기자동차에 배터리 공급이 가능해진다.

4. EU 배터리 규정의 도입 배경

EU 차원의 배터리 관련 규제는 2000년대 초반으로 거슬러 올라간다. EU의 배터리 지침(2006/66/EC)은 배터리 제조의 원료로 사용되는 카드뮴과 수은 등에 대해 엄격한 조건을 부과하며, 특히 배터리의 수거 및 폐기에 관해 규정했다. 이 지침에 따라 생산자는 각 회원국의 배터리 규제 당국에 등록하고, 국가별 규제 당국이 정하는 배터리 회수 및 재활용 제도에 참여해야 할 의무가 부과되었다. 각 회원국은 입법 조치와 행정제도를 통해 분리수거를 촉진하고 최적화하기 위해 필요한 조치를 강구해야 하며, 배터리가 혼합 폐기물로 폐기되는 것을 방지해야 할 의무가 있었다. 반면 배터리 관련 기술의 발전과 사용량의 확대, 특히 전기자동차의 증가로 인해 대용량 배터리 수요는 기하급수적으로 증가했다. EU의 지침은 배터리의 화학적 성질과 구성요소, 배터리 유형 등에 상관없이 모든 배터리에 적용되었기 때문에 규제의 한계에 봉착했다. 더욱이 지침의 형태인바, 국가별 법제화를 통해 국내 규제로 정착되므로 국가별 차이도 존재했다. 따라서 배터리의 기술 발전과 소비 패턴, 급증하는 수요에 적합한 새로운 규제가 필요했고, EU가 추구하는 기후중립 목표에 더욱 부합한 새로운 규제가 필요했다.

이러한 변화를 반영하여 EU집행위원회는 2020년 12월 '배터리 및 폐배터리 규정안(COM(2020)798)'을 발표했다.[2] 이 법안은 기존 배터리 지침(Directive 2006/66/EC)을 폐지하고, 역내 제품 감시 규정(2019/1020)을 하나의 배터리 규정안에 통합하는 것으로, 무엇보다 지침이 아닌 규정의 형태로 입안된 것이 특징이다. EU집행위원회가 밝힌 새로운 규제의 배경은 다음과 같다. 첫째, 회원국 간에 차이가 존재하는 배터리 관련 규제를 EU 역내 단일시장의 공통 체제로 통일함으로써 규제의 효율성을 제고시킬 필요가 있었다. 이를 통해 관련 기업과 국가 간에 공정한 경쟁 환경을 조성하고, 생산과 투자를 위한 인센티브 체계를 정비할 필요가 있었다. 국가 간 규제의 차이가 존재한다면 배터리 밸류체인의 EU 역내 분포에 영향을 미칠 수밖에 없다. 실제로 EU 역내의 배터리 생산은 일부 국가에 집중

---

2   European Commission. Proposal for a Regulation of the European Parliament and of the Council concerning batteries and waste batteries, repealing Directive 2006/66/EC and amending Regulation (EU) No 2019/1020 COM/2020/798 final.

되는 경향이 있는데, 전 유럽에 걸친 밸류체인을 형성하기 위해서는 '밑바닥으로의 경주'에 치닫지 않게끔 공통의 규제가 필요한 것이다. 둘째, 배터리 원료를 위해 재활용 시장을 활성화할 필요가 있었다. 배터리의 주원료로 사용되는 희토류에 대해 유럽은 해외 의존도가 매우 높다. 재활용 비중을 늘리고, 재활용 관련 시장을 활성화할 경우 해외 의존도를 줄여, 결과적으로 공급망 관련 리스크를 줄일 수 있다는 것이다. 셋째, 배터리 산업은 환경오염을 일으키는 대표적인 산업이기에, 원료로 사용되는 위험물질을 비롯하여 배터리의 순환 주기를 포괄할 수 있는 환경 규제를 통해 사회적, 환경적 리스크를 최소화할 필요가 있었다. 즉 배터리 규정을 새로 도입한 이유는 일련의 공동 규칙을 통해 배터리의 전 생애주기에 걸친 공정한 경쟁 환경을 조성하고, 순환경제 활성화를 통해 공급망 리스크를 줄이는 한편, 사회적, 환경적 리스크를 줄이는 것이다.

그림 5-3 EU 배터리 규정의 발효 일정

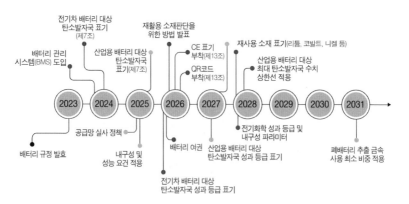

주: 대략적인 시점을 표기한 것으로 세부 내용은 향후 규정의 이행 과정에서 변동 가능성이 있다.
자료: Flash Battery, "European Battery Regulation: A Concrete Step Towards a Sustainable Future".
https://www.flashbattery.tech/en/new-european-battery-regulation

EU집행위원회의 초안은 유럽경제사회위원회(EESC)의 검토 의견을 거쳤고, 이후 약 2년 7개월에 걸쳐 EU이사회에서 검토가 이루어졌다. 유럽의회는 2023년 3월 10일 본 회의 표결을 했고, 규정안은 찬성 584표, 반대 67표, 기권 40표로 통과되었다. 2023년 7월 12일 EU이사회와 유럽의회의 서명이 완료되면서 배터리 규정은 발효에 필요한 모든 과정을 마쳤다. EU의 배터리 규정은 발효되었으나 규정 내 세부 요건들은 2031년까지 순차적으로 발효되며, EU집행위원회는 위임 법안(delegated act) 및 시행 법안(implementing act)을 통해 세부 세칙을 발표할 것으로 예상된다.

5. EU 배터리 규정안의 주요 내용

EU 배터리 규안은 총 13개의 장, 79개의 조항, 15개의 부록으로 이루어져 있다. 법안의 주요 내용을 챕터별로 살펴보면 다음과 같다. 과거의 배터리 지침(Directive 2006/66/EC)이 채 15페이지가 안 되었던 데 반해, 배터리 규정은 본문이 87페이지, 부록까지 포함하면 117페이지에 이를 정도로 상세한 조항들을 포함한다. 또한 배터리 규정의 내용은 EU가 추진 중인 공급망 실사 지침, 핵심 원자재법 등과 상호 간에 얽혀 있으며, 규정의 이행 과정에서 EU집행위원회가 발표할 위임 및 시행 법안, 세부 기준 등을 감안한다면 산업 및 공급망에 미칠 실효적 효과가 강할 것으로 예상된다.

배터리 규정은 배터리 생산의 밸류체인 전반에 걸쳐 재활용 원료 비율, 라벨링 규정, 배터리의 수거 의무를 강화했고, 탄소발자국 표시 및 배터리 여권, 공급망 실사 등 지속가능성을 한층 강화하는 조항들을 포함한다. 배터리 규정의 주요 내용을 일부 챕터를 중심으로 살펴보면 표 5-4와 같다.

표 5-4 **EU 배터리 규정 구조**

챕터	조항	제목
1	1~5	일반 규정
2	6~12	지속가능성 및 안전요건
3	13~14	라벨링 및 필수 정보요건
4	15~20	배터리 적합성 평가(conformity assessment)
5	21~37	적합성 평가 기관에의 통보 관련 표준규정
6	38~45	사업자(Economic Operator)의 의무
7	46~63	등록, 생산자 의무 연장, 수거(collection), 처리(treatment), 재활용 효율성, 수명종료(end-of-life) 정보, 배터리 용도 변경(repurposing), 보고(reporting)를 포함한 배터리의 수명종료 관리 관련 의무
8	64~65	전자정보교환
9	66~69	시장감시 표준규정
10	70~72	녹색 공공조달, 위험물질 제한에 대한 신규 및 개정 절차, EU집행위원회의 공급망 실사 제도(due diligence scheme) 승인
11	73~74	위임권 및 위원회 절차
12	75	Regulation (EU) 2019/1020의 개정
13	76~79	최종 조항
부록	15개	

자료: European Union(2023); 국가기술표준원·한국에너지기기산업진흥회(2023).

1) 지속가능성 및 안전요건(제2장)

안전요건에서 규정 제6항은 수은과 카드뮴에 대한 제한을 강화했다. 우선 배터리 수명주기에서 건강이나 환경에 심각한 리스크가 있는 물질을 사용한 경우 역내 전체에 공시 의무가 도입되었다. EV 배터리와 재충전 산업 배터리(rechargeable industrial batteries)는 탄소발자국(carbon footprint)의 의무가 있다(제7항). 2kWh 초과 용량의 내장 EV 배터리와 재충전 산업 배터리는 2024년 7월 1일부터 각 생산공장마다 각각의 모델 및 묶음 단위로 기술 문서(technical documentation)를 첨부해야 한다. 기술 문서에

표 5-5 **시기별 폐배터리 추출 금속의 최소 비중**

구분	2030년 1월 1일 이후	2035년 1월 1일 이후
코발트	12%	20%
납	85%	85%
리튬	4%	10%
니켈	4%	12%

는 생산자 관리 정보, 배터리 정보, 제조 시설의 지리적 위치, 킬로그램 단위의 이산화탄소 배출 등가물 등 탄소발자국 표시, 순환 주기별 배터리의 탄소발자국, 제3자 검증서 등이 포함되어야 한다. 또한 EV 배터리와 재충전 산업 배터리는 탄소발자국 성과 등급(performance class)을 라벨에 표기해야 한다.

배터리 규정의 특징은 재활용 원료 비율을 수량적으로 규정했다는 점이다. 제8항은 산업용 배터리, EV 배터리, 자동차 배터리를 폐기할 경우 재활용재(recycled content)의 비율을 명시했다. 즉, 새롭게 생산된 배터리에는 폐배터리로부터 추출한 코발트, 납, 리튬, 니켈의 비율을 기술 문서를 통해 명시해야 하는데, 특히 2030년 이후 폐배터리 추출 금속의 최소 비중이 의무화되었다.

2) 배터리 라벨링 및 필수 정보요건(제3장)

EU 역내에서 유통되는 모든 배터리는 2027년 1월 1일부터 용량 및 평균 지속시간에 대한 정보를 라벨에 표시할 의무가 있다. 2023년 1월부터 이미 분리수거 기호가 라벨에 표시되었는데, 배터리 규정은 라벨의 크기를 상세하게 규정하며, 라벨 표기가 어려운 초소형 배터리의 경우에는 포

표 5-6 배터리 관련 필수 정보요건

구분	내용
A. 배터리 일반 정보	1. 제조사명, 등록상호명 혹은 등록상표, 2. 배터리 종류, 배터리의 묶음번호 혹은 일련번호, 혹은 명백한 식별을 가능하게 하는 기타 요소, 3. 배터리 모델 식별자, 4. 제조일자, 5. 시장판매일자, 6. 화학적 성질, 7. 수은, 카드뮴, 납을 제외한 배터리가 포함하는 위험물질, 8. 배터리가 포함하는 중요 원자재
B. 배터리 분리수거 기호	
C. QR 코드	100% 검정색이고, 휴대통신기기 등에 내재된, 일반적으로 사용되는 QR 리더기로 쉽게 읽을 수 있는 크기

장재 등에 표시를 의무화했다. 2023년 7월 1일부터는 카드뮴과 납을 일정 비중 이상 포함한 경우에는 특별 표기가 필요하다. 주목할 점은 해당 배터리의 관련 정보를 취득할 수 있는 QR 코드가 부탁된다는 점이다. QR 코드를 통해 생산업자는 배터리의 일반 정보, 분리수거, 화학 정보, 사업자 의무, 탄소발자국, 적합성, 수명종료 등에 관한 상세한 기술 정보를 제공할 의무가 있다. EV 배터리 및 산업 배터리의 경우에는 배터리 상태 및 기대수명 정보를 포함해야 한다.

3) 배터리 적합성 평가(제4장), 적합성 평가기관 통보(5장)

제4장과 제5장은 각각 배터리의 적합성(conformity) 평가 의무의 요건과 평가를 담당할 기관에 대해 규정한다. EU에서 정한 표준 또는 일반적인 명시에 따른 시험이나, 요구 조건에 부합할 경우, 내구성, 라벨링, 상태 등

표 5-7 **국가별 인정기관(Accreditation bodies) 목록**

국가	인정기관
아일랜드	Irish National Accreditation Board
이탈리아	ACCREDIA
슬로바키아	SNAS(Slovak National Accreditation Service)
그리스	ESYD
루마니아	RENAR
리투아니아	National Accreditation Bureau
노르웨이	NA(Norsk Akkreditering)
덴마크	DANAK
벨기에	BELAC
키프로스	CYS-CYSAB(Cyprus Organization for the Promotion of Quality)
크로아티아	HAA Croatian Accreditation Agency
프랑스	COFRAC(Comité français d'accréditation)
핀란드	FINAS Finnish Accreditation Service
체코	CAI(Czech Accreditation Institute)
폴란드	PCA(Polish Centre for Accreditation)
슬로베니아	SA[Slovenian Accreditation(Slovenska akreditacija)]
에스토니아	Estonian Centre for Standardisation and Accreditation
네덜란드	RVA(RvA)
라트비아	Latvian National Accreditation Bureau(LATAK) State Agency
룩셈부르크	OLAS
스웨덴	SWEDAC
아이슬란드	ISAC(Icelandic Board for Technical Accreditation)
오스트리아	AKKREDITIERUNG AUSTRIA
불가리아	BAS
스페인	ENAC
독일	DAkkS(Deutsche Akkreditierungsstelle GmbH)
포르투갈	IPAC(Instituto Português de Acreditação, I.P.)
헝가리	NAH
몰타	National Accreditation Board(NAB-Malta)
스위스	SAS
캐나다	Standards Council of Canada
터키	TURKAK(Turkish Accreditation Agency)

자료: European Commission, https://webgate.ec.europa.eu/single-market-compliance-space/#/notified-bodies/acred-bodies(검색일: 2023.8.10)

에 있어 적합성을 갖춘 것으로 추정할 수 있는데(제15항, 제16항), 배터리 규정은 적합성 평가 절차와 신고, CE 표시 등에 대해 규정한다. 이러한 평가 절차에 있어 적합성 평가기관(Conformity Assessment bodies), 통보기관(notifying authority), EU집행위원회(EU Commission)에 대해 각각의 의무사항이 규정되었다. 평가기관(인증기관)은 규제 및 절차에 따라 배터리를 시험 및 평가하고 인증서를 발급하는 기관으로 민간 평가업체가 담당한다. 통보기관은 정부 또는 위탁기관으로 평가기관을 관리, 감독하며 인정기관이다. 통보기관(인정기관)은 평가기관을 인정하고 그 목록을 EU집행위원회에 통보할 의무를 갖는다. EU집행위원회는 통보기관 및 평가기관을 종합적으로 관리하는 역할을 맡는다. 통보기관은 EU 및 노르웨이에 있지만 EU와 별도의 협정(무역협정, MRA 등)을 체결한 제3국도 갖출 수 있다.

4) 사업자의 의무(제6장)

배터리 관련 사업자는 제조업자(Manufacturer), 공인 판매자(Authorised representatives), 수입업자(Importers), 유통업자(distributors) 및 풀필먼트 서비스 제공자(Fulfilment service providers) 등으로 세분화되었고, 각 사업자별로 의무를 갖게 되었다. 우선 기본 의무사항으로 배터리 관련 사업자는 배터리 규정안에 명시된 의무사항을 준수하며 제품 라벨링 의무를 갖는다(제38조). 특히 주목할 점은 용량이 2kWh를 초과하는 공업 및 전기자동차용 배터리는 제조와 관련 공급망의 기업 실사의무를 갖게 된다는 점이다. 기업 실사의무의 이행은 제5장에 명시된 인증기관이 평가하며, 정부기관은 관련정보 제공 및 보완을 요구할 수 있다. 즉, 공시 제도가 아닌 평가기관(인증기관)을 통한 평가이며, 정부기관인 통보기관(인정기관)이 추가 자료 요청 및 보완을 요구하는 만큼 구속력을 갖는다.

표 5-8 기업 실사의무 적용 대상 및 기준

분류	내용
1. 원자재	(a) 코발트, (b) 흑연, (c) 리튬, (d) 니켈, (e) 화합물질(chemical compounds)
2. 사회 및 환경 리스크	(a) 공기, (b) 물, (c) 토양, (d) 생물다양성(biodiversity), (e) 보건(human health), (f) 산업보건안전(occupational health and safety), (g) 노동권, 아동노동 포함 (labour rights, including child labour), (h) 인권(human rights), (i) 공동체 생활(community life)
3. 2.관련 국제사회의 논의 내용	(a) 유엔 글로벌 콤팩트의 10대 원칙, (b) 유엔환경계획의 제품의 사회 라이프사이클 평가 가이드라인, (c) 생물다양성협약 결정 COP VII/28 – 생물다양성 – 포괄영향평가에 대한 자발적 지침, (d) 국제노동기구 다국적 기업 및 사회 정책에 관한 3자원칙 선언, (e) 책임 있는 비즈니스 수행을 위한 OCED 실사 지침, (f) 분쟁 및 고위험 광물의 책임 있는 공급망에 대한 OECD 실사 지침

5) 수명종료 배터리의 관리(제7장)

EU의 배터리 규정의 가장 큰 특징은 배터리의 폐기에 관해 엄격한 의무 조건을 부과한다는 점이다. 수명을 다한 배터리의 폐기는 휴대용 배터리와 자동차, 산업용 및 전기차용 배터리로 분류되어 상이한 규정이 적용되는데, 관련 의무는 생산자에게 부과된다. 과거 EU의 배터리 지침은 '생산자'를 시장에 처음 제품을 출시하는 자로 규정했다. 반면 이번 배터리 규정은 배터리 '생산자(producer)'를 제조업자(manufacturers), 수입자(importers), 판매·유통업자 등을 포괄하는 광역의 범위로 명확히 규정했다. 각 생산자는 시장에 유통시킨 배터리의 재활용 및 재처리 의무와 이를 위한 별도의 시설을 갖춰야 할 의무가 있다. 우선 배터리 제조업체는 배터리가 시장에 처음 유통되는 EU 회원국 정부의 권한 있는 당국(Competent authority)에 배터리 사업자 등록을 해야 하는데(제46조), 해당 배터리의 생산자 및 폐배터리 수거 지정업체는 용도, 브랜드, 원산지에 상관없이 모든 폐휴

표 5-9 배터리 종류별 폐기 및 재처리 요건

분류		내용
배터리 종류	휴대용 배터리 (portable batteries)의 수거(제48조)	• (수거 의무) 배터리 용도, 브랜드, 원산지에 상관없이 모든 폐휴대용 배터리 수거 의무 • (최종 소비자 의무) 일체의 비용 부담 없음 • (배터리 재활용률) 해당사가 판매한 제품 대비 최소 수거율 의무 　— 2023년 12월 31일까지 45% 　— 2025년 12월 31일까지 65% 　— 2030년 12월 31일까지 70% 　— 국가별 재활용률 목표도 동일(제55조)
	차량용·산업용 및 전기자동차용 배터리의 수거 (제49조)	• (수거 의무) 해당사가 판매한 모든 배터리 수거 의무 • (최종 소비자 의무) 일체의 비용 부담 없음
폐기물 재처리 요건 (부록12)	Part A 처리 요건	1. 처리는 최소 모든 액체(fluids) 및 산(acids) 제거를 포함한다 2. 처리 및 저장은 비바람을 막아주는 (impermeable weatherproof) 시설에서 실시한다 3. 폐기물은 기타 전도성 및 인화성 물질과 분리하여 보관한다 4. 열, 수분, 물리적 주의가 요구된다
	Part B 재활용률 목표	2025년 1월 1일 이전까지 — (a) 납축(lead-acid) 배터리 중량의 평균 75% (b) 리튬 기반(lithium-based) 배터리 중량의 평균 65% (c) 기타 폐배터리 중량의 평균 50% 2030년 1월 1일 이전까지 — (a) 납축전지 중량의 80% (b) 리튬기반 전지 70%
	Part C 물질별 재생률 목표	2016년 1월 1일 이전까지 — (a) 코발트의 90% (b) 구리의 90% (c) 납의 90% (d) 리튬의 35% (e) 니켈의 90% 2030년 1월 1일 이전까지 — (a) 코발의 95% (b) 구리의 95% (c) 납의 95% (d) 리튬의 70% (e) 니켈의 95%

대용 배터리 수거 의무를 갖는다(제48조). 특히 자동차, 산업용 및 전기자동차용 배터리의 생산자 및 수거지정업체는 자사가 판매한 모든 배터리

를 무료로 수거할 의무를 갖는다(제49조). 또한 유통업체(distributor)는 제품의 판매처 혹은 그 인근(immediate vicinity)에서 배터리를 수거해야 한다(제50조). 최종 소비자는 배터리 종류에 상관없이 분리 가능한 폐배터리를 반납할 의무를 가지며(제51조), 수거된 폐배터리는 매립 및 소각되어서는 안 되며(제56조), 규정안 부록 12에서 정한 소재별 재활용률을 지켜야 할 필요가 있다(제57조).

6) 전자정보교환(제8장)

배터리 규정은 배터리 관련 새로운 전자정보교환 시스템을 도입했다(제64조). 2026년 1월 1일까지 EU집행위원회는 배터리 관련 전자정보교환 시스템을 설정하고 해당 정보 및 데이터는 제3자가 사용 가능해야 한다. 가장 주목할 점은 배터리 여권(Battery Passport) 제도가 도입되는 점이다(제65조). 배터리 여권은 배터리의 특성에 대한 정보를 포함하여 생산·이용·폐기·재사용 등 전 생애주기 정보를 갖춘 전자정보 시스템으로 일종의 개방형 디지털 플랫폼이다. EU시장에서 사용되는 모든 전기차 배터리 및 산업용 배터리는 개별 식별이 가능한 배터리 여권을 갖춰야 한다.

7) 시장 감시 및 통제(제9장)·녹색 공공조달 및 공급망 실사

개별 회원국 감시 당국은 자국 시장에 공급된 배터리가 건강, 안전, 재산 혹은 환경에 해를 끼치는 등 인체에 위험을 초래할 소지가 있는지 평가할 수 있다. 평가를 통해 문제점이 발견되는 경우 시정 조치를 요구하거나 시장에서 퇴출시킬 수 있다. 공공조달 분야에서는 환경에 영향을 최소화하는 배터리가 선택될 수 있도록 기준을 마련하게 되어 있다(제70조).

저장 용량이 2kWh를 초과하는 전기차 배터리 및 충전식 산업용 배터리 생산업자에 대해서는 공급망 실사의무가 적용된다(제72조). 해당 제조업체는 배터리의 소재로 활용된 원자재의 공급망 추적관리 시스템을 구축하고, OECD 실사 가이드라인 부속서 II에 규정된 사항을 적용해야 한다. 배터리에 포함된 코발트, 흑연, 니켈 및 그 외의 화합물에 대한 원자재 정보와 공급 기업 및 원산지 관련 정도를 수집해야 하며, 공급망 내 인권·노동권·환경에 미치는 부정적 영향을 식별, 예방 및 완화·해결하고 관련 자료를 공개할 수 있어야 한다. 실사는 EU시장에 직접 배터리를 출시하는 제조사·유통사·수입자·대리인(Economic Operator)이 수행해야 하며, 제3자 독립기관을 통해 검증한 후 관련 증빙문서를 보관할 의무가 있다.

6. EU의 배터리 규제의 특징

오랜 기간 진행된 유럽의 탈제조업 현상은 제조업 생산 시설의 해외 이전과 병행하여 이루어졌다. 이 과정에서 동아시아 국가들의 제조업 생산 능력은 크게 성장했고, 많은 분야에서 기술적 주도권을 확보했다. 배터리 분야는 유럽의 생산능력과 기술력이 하락한 대표적인 분야이다. 유럽에는 역사적으로 오래된 배터리 생산 기업들이 있지만, 배터리 제조의 주도권은 아시아 기업들이 차지한 지 오래이다. 이러한 상황에서 EU는 핵심 산업에서 아시아 기업에게 뒤처진 기술력, 가격 경쟁력 격차를 만회하기보다는 강점이 있는 기후변화, 환경 분야의 규제 능력과 노하우를 최대한 활용해왔다. EU는 배터리 분야에서는 환경 규정의 법제화를 통해 EU 표준을 글로벌 산업 기준으로 정립하고 EU 기업에 유리한 배터리 시장을 조성한다는 전략이다. 즉, 환경, 노동 등 규범 분야에서 우위를 갖고 있으며, 이를 국내 산업정책과 대외 통상정책, 대외 정책에 최대한 활용하는 전형적인 방식을 유지하는 것이다. 글로벌 규범 제정자, 소프트 파워의 입지를 최대한 활용하는 방식은 흔히 브뤼셀 효과(Brussels Effect)로 불린다.

배터리 분야는 유럽 그린딜을 추진하기 위해 꼭 필요한 분야로, EU는 역내에 산업생태계를 조성하는 데 역점을 둔다. 다만 미국과는 방식이 다르다는 점에 주목할 필요가 있다. 미국의 산업 정책은 시장 규모와 규제를 활용하여 자국 내 전 밸류체인에 걸친 생태계 조성에 주력하는 형태이다. 반면 EU의 산업 전략은 공급망의 내재화 노력 정도가 아주 크지는 않다. 실제로 EBA를 비롯해 유럽의 대규모 배터리 생산 시설은 한국, 중국 등 역외국 기업에 의해 추진되는 경우가 매우 많다.

새롭게 도입되는 배터리 여권 제도, 공급망 실사 제도는 EU 방식의 공급망 강화 전략으로 보아도 무방하다. 배터리 생산부터 재활용에 이르기까지 배터리의 전 생애주기에 친환경성과 안정성 요건을 부과하고, 입증된 배터리만 EU시장에서 유통될 수 있다. 미국이 IRA로 자국 내 생산한 전기차 배터리에 대해 세제혜택을 제공하면서 공급망 회복에 나섰다면, EU는 배터리 여권 제도로 EU의 환경 규제에 부합하는 배터리만 거래가 가능하게 한 것이다. 배터리 재활용 촉진을 통해 자원 절약, 지속가능성을 추구하는 친환경 경제 모델인 '순환경제(Circular Economy)'를 구축하고, 동시에 EU의 환경 규제에 부합하는 배터리만 EU 국가 내에서 거래되도록 함으로써 EU 방식의 공급망 형성을 유도한 것이다.

이러한 조건으로 인해 역외 배터리의 EU 진입장벽이 높아지는 셈이지만, 결국 국제적 추세이므로 선제적 법제화, 적응 등을 통해 기회가 될 수도 있다. 가령 배터리 규정은 생산자에게 배터리 생산과 사용 전 과정에 있어 광범위한 의무를 부여한다. 이 조건에 부합하지 못할 경우 시장 진출기회가 줄어들지만, 이 규정에 부합하는 배터리 수요는 크게 증가할 수 밖에 없다. 따라서 전 배터리 라이프 사이클의 탄소배출량 감축, 공급망 기업 간 협력, 폐배터리 재활용 기술개발·시설·수거 시스템 투자 등의 선제적인 대응이 필요하다. 또한 배터리 재활용 관련 기술개발 및 국제 협력을 통해 규제로 인해 형성된 또 다른 기회를 활용할 필요가 있다.

참고문헌

국가기술표준원·한국에너지기기산업진흥회. 2023. EU 배터리 규제. 무역기술규제(TBT) 동향 보고서.

박성준. 2019. 「원료확보에서 규제정비까지… 배터리 산업 육성에 적극 나서는 EU」. ≪KDI 나라경제≫, 제339호(2월).

블로터앤미디어. 2022.7.1. "LG엔솔이 경계한 스웨덴 노스볼트, 배터리 첫 출하… 한·중·일에 지배당했다".
  https://www.bloter.net/news/articleView.html?idxno=44802(검색일: 2023.8.10)

안상욱. 2020. 「EU의 운송분야 기후변화 대응: 전기자동차 정책」. ≪국제지역연구≫, 제24권 4호, 209~234쪽.

최재희. 2023. 「중국 LFP 배터리 공급망 분석 및 시사점」. ≪KIEP 세계경제 포커스≫, 제6권 9호(4월 27일).

한국무역투자공사. 2023. EU 배터리 규정 Q&A. KOTRA자료 23-047.

한국에너지기술평가원. 2023. EU 배터리 산업 현황 및 규제 동향. 글로벌 에너지 산업 동향 보고서.

BloombergNEF. 2020. Electric Vehicle Outlook 2020.
  https://about.bnef.com/electric-vehicle-outlook-2020/(검색일: 2023.8.10)

European Commission. 2014. "State Aid: Commission Adopts New Rules to Support Important Projects of Common European Interest." *Press release*, 13 June 2014.

European Commission. 2019. "Implementation of the Strategic Action Plan on Batteries: Building a Strategic Battery Value Chain in Europe." COM(2019) 176 final, 2019.

European Commission. 2020. Proposal for a Regulation of the European Parliament and of the Council concerning batteries and waste batteries, repealing Directive 2006/66/EC and amending Regulation (EU) No 2019/1020 COM/2020/798 final.

European Commission. 2021. "State aid: Commission Approves €2.9 Billion Public Support by Twelve Member States for a Second pan-European Research and Innovation Project along the Entire Battery Value Chain." 26 January 2021.

European Union. 2006. Directive 2006/66/EC of the European Parliament and of the Council of 6 September 2006 on batteries and accumulators and waste batteries and accumulators and repealing Directive 91/157/EEC.

European Union. 2023. Regulation(EU) 2023/1542 of the European Parliament and of the Council of 12 July 2023 concerning batteries and waste batteries, amending Directive 2008/98/EC and Regulation(EU) 2019/1020 and repealing Directive 2006/66/EC.

IEA(International Energy Agency). 2022. "Global Supply Chains of EV Batteries".

IEA(International Energy Agency). 2023. "Global EV Outlook 2023: Catching up with Climate Ambition".

EU 회원국과 기업 차원의
배터리 재활용 및 재사용 대응*

김주희 국립부경대학교 정치외교학과 교수

지방분권발전연구소 글로벌 다층거버넌스 연구센터장

1. 들어가며

에너지 전환이 가져올 모든 이점에도 불구하고 그에 따른 결과를 완화해야 한다. 결정적으로, 이는 화석연료에 대한 의존에서 오늘날 지구에서 점점 더 많은 양이 채굴되는 금속에 대한 의존으로 전환하는 것을 의미한다. 이러한 상황은 실질적으로 불안정하며 지속가능성 관점에서 볼 때 결코 이상적이지 않다.

그러나 비관적이지만은 않은 것은 다행히도 자원은 유한하지만, 배터

---

*   이 글은 ≪EU연구≫ 제68권(2023.11), 109~143쪽에 게재된 「유럽연합의 순환경제와 경제안보: 배터리 재활용 분야 유럽 기업의 대응」을 수정 보완하여 작성했다.

리에 사용되는 금속은 원소로서 본질적으로 재활용할 수 있다는 점이다. 올바른 방법으로 회수하기만 한다면 새 배터리 생산에 사용하기에 완벽하게 적합한 재료가 될 수 있다.

화학적 관점에서 볼 때 재활용 금속은 채굴을 통해 공급되는 금속과 기능적으로 동일하다는 점에서 배터리 산업은 순환형 산업, 즉 시장에서 제품을 회수하여 재활용하고 다시 생산 흐름으로 재료를 순환시키는 산업으로 발전시킬 수 있다.

진화하는 산업 환경은 우리가 직면한 환경적 상황에 의해 형성되는 특징이 있다. 유럽의 산업계는 산업 활동에 동력을 공급하기 위한 재생에너지의 채택과 함께 이러한 변화의 핵심에는 우리가 시장에 내놓는 제품에 대한 책임감이 필요하다는 점을 인식하고 있다. 따라서 배터리의 경우, 이는 시장에서 퇴출되거나 소위 수명이 다한 배터리를 처리할 수 있는 지속가능한 솔루션을 제공해야 한다는 의미이다. 동시에 리튬이온 배터리 제조가 전 세계적으로 확대되면서 금속에 대한 수요 증가를 지속가능한 방식으로 충족해야 하는 중대한 과제를 안고 있다(Sharova et al., 2020).

이 두 가지 역학 관계에서 재활용이 필요한 이유는 수치만 봐도 알 수 있다. 전 세계 배터리 수요는 2030년까지 14배 증가할 것이다(Global Battery Alliance, 2019). 이는 2030년 전 세계 배터리 생산 용량 약 3,500GWh의 28%를 차지하며 2020년 대비 20배 증가하는 것이다. 2022년 10월 유럽의 배터리 생산 현황을 살펴보면 2022년도 7월까지 33% 이상 증가했다는 것을 확인할 수 있다. 2022년 10월 총생산량은 1,939GW에서 2023년 6월 2,014GW로 증가했다.

배터리 붐은 주로 전기자동차 보급에 따른 것으로, 유럽의 배터리전기차 판매량은 2020년에 두 배 이상 증가하여 75만 대에 육박했고 2021년에는 100만 대를 넘어 10.3%의 시장 점유율을 기록할 것이다(PwC, 2023c).

재활용을 통해 배터리 생산에 필요한 원료를 조달하는 일은 엄청난 기회가 될 수 있다. 금속 채굴에 비해 가장 저렴하고, 지속가능하며, 가장 안전한 옵션이기 때문이다. 재활용은 현재에도 의미가 있지만, 전 세계 배터리 생산이 심화되고 원자재 의존도가 더 높아지는 사회로 나아갈수록 산업 논리는 점점 더 중요해질 것이다.

규제 압력이 여전히 높은 가운데 업계와 지역에서는 재활용 산업의 가치 창출을 혁신하기 위해 경쟁하고 있다. 이산화탄소 배출량 0g/km 목표를 달성하기 위해 각국은 e-모빌리티 밸류체인 개발을 장려하고자 수십억 달러의 인센티브를 제공하고 있다(European Commission, 2010; European Commission, 2019.12.9).

다양한 관련 고객의 니즈를 충족시키려면 미래의 배터리전기자동차(BEV) 파워트레인은 차별화된 플랫폼이 필요하다. 배터리셀과 e-드라이브 혁신은 단순한 상품이 아닌 경쟁력 있는 브랜드 차별화 요소가 될 것이다. 차세대 혁신의 물결은 차량 주행거리를 크게 늘리고 충전 속도를 두 배로 높이며 파워트레인 비용을 크게 절감할 것이기 때문이다. 2030년까지 차량의 약 40%가 전기차가 될 것이며, 2040년에는 BEV 점유율이 70%에 달해 약 6.5TWh의 배터리 수요가 발생할 것으로 예상된다(PwC, 2023d).

전기차로의 전환 계획이 계획대로 추진된다면, 유럽에서는 연간 약 2,500만 대의 전기차 수요가 발생할 것이다. 이와 더불어 전기차 배터리 수요도 큰 폭으로 증가할 것이 자명하다. 2020~2030년에 전 세계 배터리 수요는 9.5배 증가할 것으로 예상되는데, 유럽의 배터리 수요는 같은 기간 15배 이상 증가할 것이다(PwC, 2023a). 유럽 지역에서 배터리 수요가

그림 6-1 유럽의 배터리 생산 현황(2022년 10월 7일)

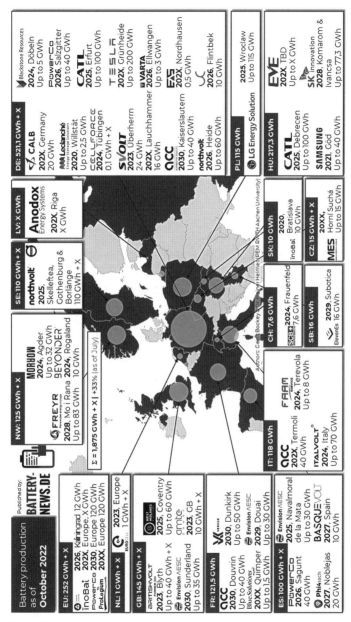

자료: BatteryNews.de

그림 6-2 **유럽의 배터리 생산 현황(2023년 6월)**

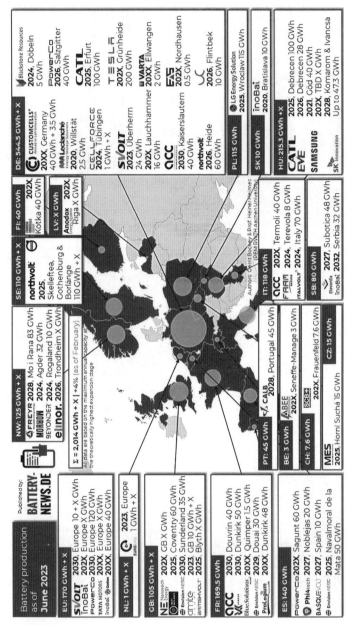

자료: BatteryNews.de

급증하는 이유는 다른 지역에 비해 엄격한 환경 규제를 실시하기 때문이다. 이 과정에서 전기차 수요는 대폭 증가할 것이며, 이에 맞춰 자동차 배터리 수요 또한 많이 증가하기 때문이다. 2020~2030년에 전기차 등 운송 분야의 배터리 수요는 10배 이상 증가할 것이며, 2030년 배터리 전체 수요의 89%를 차지할 것으로 예상된다(PwC, 2023b).

이와 같은 폭발적인 배터리 수요의 증가에도 불구하고, 전기차 배터리는 중국, 한국, 일본 업체가 대부분을 생산하며, 유럽의 생산량은 미미한 실정이다. 배터리가 전기차에서 차지하는 부가가치는 40%에 이르는데, 결국 전기차 생산의 밸류체인에서 핵심분야를 아시아 기업에 대부분 의존하는 것이다(PwC, 2023c). 이러한 상황에서 전기차 배터리 공급 생태계를 확보하는 일은 EU의 시급한 정책목표가 될 수밖에 없었다(RFI, 2020. 2. 23).

2022년 10월 유럽의 배터리 생산 현황을 살펴보면 2022년도 7월까지 33% 이상 증가했다는 것을 확인할 수 있다. 2022년 10월 총 생산량은 1,939GW에서 2023년 6월 2,014GW로 증가했다(그림 6-1, 그림 6-2 참조).

2. EU 회원국 및 기업의 배터리 재활용과 재사용 동향

1) 유럽의 폐배터리 재활용 기업 현황

전기자동차의 수요 확대는 배터리의 수요 확대로 이어졌고 지정학적 구조 변화로 인한 배터리 원자재의 공급망 불안은 유럽에서 배터리 재활용 및 재사용 능력의 구축 필요성을 강화하고 있다. 현재 유럽의 리튬이

그림 6-3 유럽의 폐배터리 재활용 기업 현황(2022년 2월 22일)

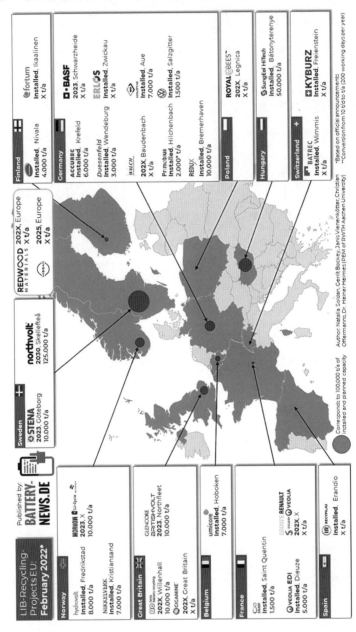

자료: BatteryNews.de

그림 6-4 **유럽의 폐배터리 재활용 기업 현황(2022년 7월 22일)**

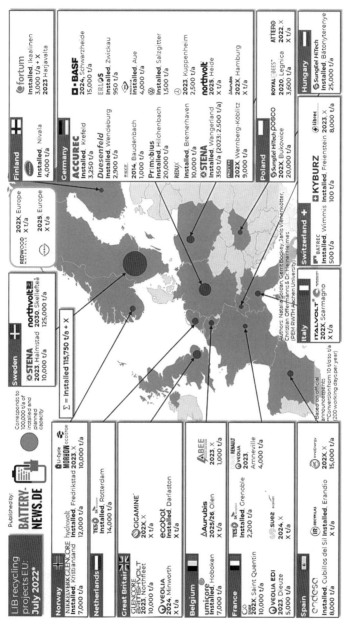

자료: BatteryNews.de

그림 6-5 유럽의 폐배터리 재활용 기업 현황(2023년 1월)

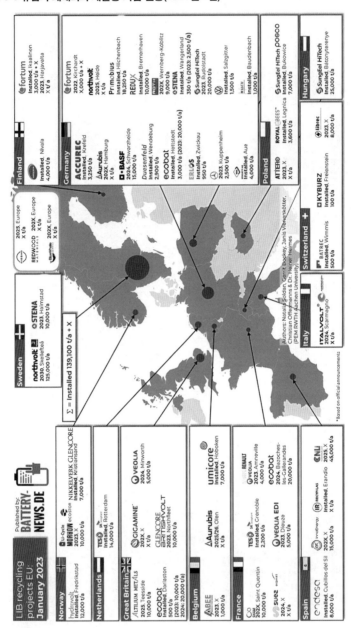

자료: BatteryNews.de

온 배터리 재활용 및 재사용 시장은 진입 기회가 풍부한 초기 단계로서, 상당히 높은 성장률을 나타낸다. 그림 6-3, 그림 6-4, 그리고 그림 6-5로 2022년 2월, 7월 그리고 2023년 1월의 유럽 지역 관련 기업과 생산 관련 계획을 확인할 수 있다. 각 시기별 유럽의 재활용 기업 현황을 살펴보면 2022년 2월 22일에 비해 5개월 뒤인 7월 엄청나게 빠른 속도로 참여 기업의 수와 용량이 증가한 것을 확인할 수 있다. 또한 가장 최근인 2023년 1월 자료와 현재 상황을 비교해도 많은 업데이트가 필요한 상황이다.

레드우드 머티리얼즈(Redwood Materials), 르노(Renault), 솔베이(Solvay), 베올리아(Veolia)와 같은 몇몇 대기업들은 이미 향후 몇 년 동안의 재활용 공장 건설 계획을 발표하고 있다.

리튬이온 배터리 재활용을 위한 프로세스가 확립되지 않은 상황으로 개별 재활용 프로세스와 개별 재활용 기술의 다양한 조합이 현재 적용 또는 테스트 중이다. 이와 함께 이 자료를 제공한 독일의 RWTH PEM은 2022년 3월 '배터리 재활용의 성장: 프로세스 체인 및 기술의 분석 및 평가'라는 컨소시엄 연구를 시작했다. 학계와 산업계의 공동 컨소시엄 구성도 늘어나는 추세이다.

재활용 시장 인프라는 유럽 전역에서 성장하고 있다. 연간 약 13만 9,100톤의 리튬이온 배터리 재활용 가용 용량을 보여준다. 2030년까지 예측 가능한 재활용 기업의 가용량은 2월 11만 5,750톤과 비교하면 상향 조정되었다. 일부 기업이 재활용 공장 건설 계획은 발표했으나 생산량은 발표하지 않았던 상황이라 현재의 예측 수준보다 더 상향될 여지가 있다.

2022~2023년은 유럽의 폐배터리 재활용 인프라에 상당한 모멘텀이 되었다. 관련 기업의 자체적 이니셔티브와 함께 기업 간 합작 노력이 눈에 띈다. 2022년 5월 노르웨이의 하이드로(Hydro)와 스웨덴의 노스볼트(Northvolt)

가 하이드로볼트(Hydrovolt)라는 유럽에서 가장 큰 합작회사 설립을 발표했다. 6월에는 토요타가 레드우드와 함께 전기자동차 배터리 재활용 이니셔티브를 발의했으며 같은 해 8월 폭스바겐이 주도하는 연구 컨소시엄이 처음으로 배터리 재활용을 여러 차례 실행할 수 있는 기술을 개발했다. 2023년 3월에는 메르세데스벤츠가 독일 쿠펜하임에 새로운 재활용 공장 건설 계획을 발표했다.

독일은 프랑스와 달리 전기자동차 후발주자이다. 독일 자동차 산업은 내연 자동차의 선두를 유지했기 때문에 전기자동차로의 전환에 소극적이었다. 그러나 폭스바겐의 배출가스 조작에서 촉발된 디젤게이트 이후 독일 자동차 업계는 정부의 정책에 부응할 수밖에 없는 상황에 놓였다. 파리기후협정과 유럽 그린딜 정책의 일환으로 온실가스를 배출하는 에너지 생산·사용 분야의 탈탄소화 및 신재생에너지 사용비율 상향이 요구되는 시점에서 기후변화 대응, 새로운 시장 확보, 화석연료에 대한 의존도 감소가 독일 정책의 방향성을 제시했다. 따라서 탄소배출의 상당 부분을 차지하는 운송분야의 조정을 통해 미래 운송수단에 대한 심도 있는 검토가 필요함을 인정했고 e-모빌리티의 발전이 독일 산업의 미래를 결정하는 주제라는 점에 합의했다.[1] 전기자동차는 신재생에너지 선도국 독일의 핵심 정책기조인 에너지 전환 정책(Energiewende)의 주요 구성요소로 전 세계 기후변화 대응을 위한 모빌리티 개념의 핵심에서 전기 차량은 특히 재생 가능한 원료에서 생성된 전기를 사용하여 탄소저감 효과가 크다. 또한 에너지저장장치가 장착된 전기차는 향후 풍력 및 태양광 전력의 전력 공급 불

---

1   BMWi, "Elektroautos werden immer beliebter".
     https://www.bmwi.de/Redaktion/DE/Infografiken/Industrie/elektroautos-werden-immer-beliebter.html(검색일: 2023.7.27)

완전성을 보완하며 전기자동차의 배터리(에너지저장장치)를 필요 시 전력을 공급하는 공급원으로 사용할 수 있다는 점을 동시에 고려했다. 독일 정부는 전기자동차 활성화를 지원하기 위해 전기자동차 구매 프리미엄(환경 보너스·환경 보조금), 충전 인프라 확장 및 공공 부문 조달 프로그램 등을 실시했다(Bundesamt für Wirtschaft und Ausfuhrkontrolle, 2020.7.20).

또한 우크라이나 전쟁발 에너지 위기에도 불구하고 조금의 타협도 없이 그린에너지로의 전환에 매진하고 있다는 점에서 이러한 독일의 노력은 폐배터리 재활용 기업의 성장세에도 그대로 반영된다.

스웨덴의 배터리 제조업체인 노스볼트는 폭스바겐의 지원을 받아 노스볼트 즈웨이(Northvolt Zwei)를 설립하고 독일에 공장을 신설 중이다. 반면에 후발주자인 유럽 업체 외에 이미 생산능력을 확보한 비유럽계 기업들도 적극적으로 유럽에 생산 시설을 신설 또는 확대하고 있다. 가령 중국의 CATL(宁德时代)은 2018년 독일의 튀링겐(Thüringen)에 생산공장 설립을 확정하고, 2022년 말부터 생산을 목표로 추진한 데 이어 2022년 8월에는 헝가리에 100GWh에 달하는 기가팩토리 설립 계획을 발표했다(Electrek, 2022.8.12). S볼트(SVLOT, 蜂巢能源)는 2020년 독일의 우베르헨(Überherrn)에 연간 24GWh 생산 규모의 공장 설립을 발표한 데 이어(Electrive, 2020.11.17), 같은 해 9월에는 라우하머(Lauchhammer) 연간 16GWh 생산 규모의 두 번째 공장 설립을 확정했다(Electrive, 2022.9.10). 중국의 생산업체인 파라시스(Farasis, 孚能科技)도 2019년에 독일 작센 주에 초기 생산능력 6GWh 규모의 공장 설립을 발표한 바 있으나, 최근에는 중국 내 생산능력 확충 계획에 따라 연기한 상태이다(Electrive, 2021.7.12). 테슬라는 2020년 독일 배터리 조립업체를 인수해 독일에 기가팩토리 설립을 추진하면서 EU와 독일 정부의 보조금 지원 계획에 참여하고자 했다.[2] 한국의 LG화학과 SK

이노베이션, 삼성SDI도 유럽 현지의 생산 시설을 확충했다. 노르웨이의 프레이어(FREYR)와 모로우(Morrow), 프랑스의 베르코어(Verkor)와 같은 후발주자도 기가팩토리 또는 파일럿 공장 설립을 추진 중이다. 이러한 유럽의 공장 신설 및 확충 계획이 실현될 경우, 2025년 유럽은 약 350GWh 규모의 생산 시설을 갖춤으로써 전 세계 생산량의 14.9%를 차지한다. 이는 생산능력이 2020년에 비해 7배 증가한 것이며, 연간 약 670만 대 전기자동차에 배터리를 공급할 수 있게 된다(Mathieu, 2021: 14).

2) 유럽 폐배터리 재사용 기업 현황

유럽의 폐배터리 재사용 기업의 경우 2022년 11월 73개 기업에서 2023년 5월 81개 기업으로 증가했다. 유럽의 폐배터리 재사용 기업 목록은 5단계의 생산 단계로 분류 가능하다.

폐배터리 재사용의 경우 주로 전기자동차 제조기업, 즉 대기업 중심으로 성장하고 있다. 그림 6-6과 그림 6-7을 비교해보면 약 5개월 만에 관련 기업의 양적 증가를 확인할 수 있다.

3) 유럽 폐배터리 재활용 및 재사용 기업 전망

재활용은 규제 요건을 넘어 실행가능하고 지속가능한 사업이 될 전망

---

2   테슬라는 2022년 9월 독일에 배터리 생산 시설을 설립하는 계획을 철회했다. 그 이유는 미국 정부의 인플레이션 감축법에 따른 것이다. 모토그래프, "테슬라, 독일 배터리공장 투자 계획 철회…인플레 감축법 영향". https://www.motorgraph.com/news/articleView.html?idxno=30688(검색일: 2023.9.20)

그림 6-6 유럽의 폐배터리 재사용 기업 현황(2022년 11월11일)

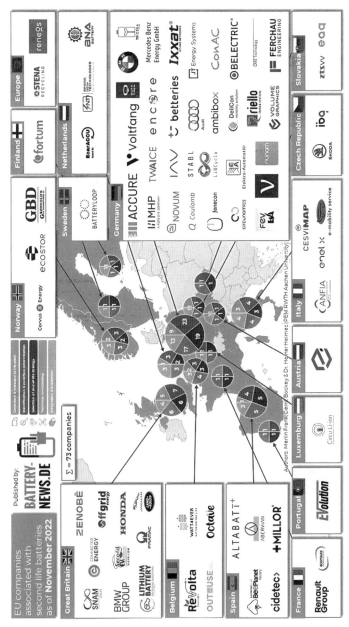

자료: BatteryNews.de

그림 6-7 **유럽의 폐배터리 재사용 기업 현황(2023년 5월)**

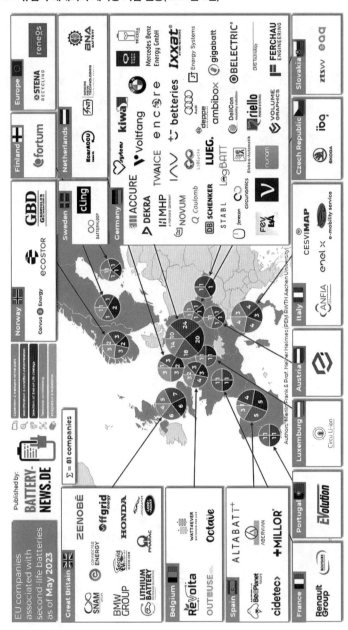

자료: BatteryNews.de

이다. 첫째, 재활용 소재가 기업의 긍정적 전망에 크게 기여할 것이다. 2035년에는 재활용 소재가 배터리셀 생산에 필요한 리튬(Li), 니켈(Ni), 코발트(Co) 수요의 최대 30%를 차지할 것이다. EU의 재활용 목표는 약간의 오차가 있겠지만 충족될 것으로 예상된다. 둘째, 관련 기업의 폐배터리 재활용 및 재사용 분야의 확장 가능성에 대한 긍정적 전망으로 경제적 동기를 꼽을 수 있다. 즉, 운영 확대와 폐기 배터리의 증가를 통해 재활용 사업은 모든 밸류체인 이해관계자를 위해 실행가능하고 지속가능한 수익을 창출할 수 있을 전망이다(PwC, 2023a).

(1) EU 보고규정의 실질적인 이행: 업계 관점

그린딜을 통해 경제 성장과 자원 사용 및 환경 파괴를 분리하겠다는 야심 찬 목표를 세운 유럽연합(EU)은 기후변화에 맞서 싸우는 데 있어 주도적인 위치를 차지하고 있다. 이러한 맥락에서 기업의 책임을 촉구하기 위한 그린딜의 핵심 기둥 중 하나는 지난 몇 년 동안 그 양과 복잡성, 속도가 기하급수적으로 증가하고 있는 방대한 보고 요건을 정의하는 것이다.

이러한 입법 및 규제 노력을 적극 환영하며 투명성이 친환경 전환의 촉매제가 될 것이라고 굳게 믿지만, 하이드로와 같은 기업은 보고 규정을 시행하는 데 몇 가지 시사점이 있으며, 이것이 잠재적으로 그 효과를 약화시킬 수 있음을 지적한다(PwC, 2023c).

EU가 제안한 타임라인의 의미, 재무 조직에 필요한 변화, 공급망을 통해 전 세계적으로 운영되는 복잡한 기업 구조에서 지속가능성을 정의할 때의 복잡성에 대해 논의할 필요성이 존재한다. 따라서 현재 지속가능한 것으로 분류할 수 있는 항목과 이러한 정의가 비즈니스 현실을 반영하지 못할 때 투명성과 경쟁력에 미치는 영향을 구별할 필요가 있다.

미국의 인플레이션 감축법(IRA) 등 EU 외 국가 차원에서 시행되거나 논의되고 있는 이니셔티브와 지침은 많지만, 그 목표 수준과 목적, 전반적인 목표가 서로 다른 경향에 대한 어려움을 언급하고 있다. 또한 IRA가 산업 관점에서 유럽 경쟁력에 미칠 수 있는 영향과 각기 다른 관할권에서 활동하는 기업에 미치는 영향에 대한 기업 간 공유의 필요성도 언급하고 있다.

질적 지속가능성 정보에 대한 의무 공시의 증가가 산업 및 정책 차원의 의사결정에 ESG(Environmental, Social and Governance)를 더 잘 통합할 수 있는지, 그리고 투자자, 기업, 규제 기관이 함께 협력하여 산업 플레이어가 녹색 전환을 가속화할 수 있는 프레임워크를 만들어야 하는지에 대해 논의의 필요성을 강조하고 있다.

민간과 공공 부문이 어떻게 협력해서 녹색 전환을 추진하고, 산업 전반의 투명성을 보장하며, 글로벌 경쟁력을 유지할 수 있는 방안에 대한 구체적인 논의가 필요함을 강조하고 있다.

보고 요건을 준수하는 것이 산업 기업으로서 라이선스의 일부이지만, ESG 프레임워크를 단순한 규정 준수 이상의 이유로 적용할 수 있는 도구로 인식한다면 훨씬 더 많은 것을 달성할 수 있다는 인식을 공유할 필요가 있음을 강조한다. 이를 위해 산업계는 산업계의 가장 큰 영향력이 어디에 있는지 양적, 질적으로 이해하고 파트너, 고객 및 이해관계자 들과 협력하여 정치적 지형에서 #IndustriesThatMatter를 공동으로 구축해야 함을 강조하고 있다.

(2) 유럽 배터리 재활용 시장 분석

주요 결과를 요약해보면 첫째, 배터리 시장은 높은 전기화율과 2030년 EU 셀 생산량이 최대 900GWh로 증가함에 따라 2040년 EU 재활용 시장은 최대 6천 kt의 폐배터리 확보를 예상할 수 있다. 둘째, 아시아에서 특히 한국과 중국의 배터리 재활용 관련 규제의 선진화에 발맞추어 2023년에 EU는 2031년부터 재활용 효율을 70%로 의무화하는 규제 환경의 개선을 이루었다. 셋째, 명확한 재활용 기술 경로와 이미 확립된 공급망을 통해 40kt에서 작동하는 허브와 10kt에서 작동하는 스포크의 경우 최대 50%까지 비용을 절감할 수 있을 것으로 예상된다. 넷째, 2030 EU 재활용 시장 전망은 2030년까지 EU 재활용 시장에 20억 유로 이상의 투자가 이루어질 것이며 2035년까지 추가적인 시장 성장에 대응하려면 70억 유로의 추가 투자가 필요해 보인다(PwC, 2023b, 2023d).

3. EU 기업의 배터리 재활용과 재사용 사례

1) 배터리 생산업체 유럽의 대표적 선두주자 노스볼트

2030년까지 배터리셀 생산에 필요한 금속의 50%를 재활용에서 조달하는 것을 목표로 한다. 이때 전제는 그 시점에 최소 150GWh의 배터리셀 생산능력을 확보한다는 것이다. 이는 상당히 야심 찬 목표이며, 이를 달성하려면 많은 양의 배터리를 재활용해야 한다. 따라서 배터리 생산능력의 증가와 동시에 산업 규모의 재활용 능력 확보는 필수적이다. 기술적 측면의 협력 필요성과 더불어 독일과 프랑스와 같은 거대 자동차 생산 입지를 고려하여, 또한 기존에 설립된 기가팩토리 위치를 고려하여 배터리 재활용 조인트벤처(JV)를 추진하고 있다. 여기서는 노스볼트의 거대 합작 프로젝트인 2개 공장 설립 과정을 탐색함으로써 노스볼트와 같은 거대 배터리 기업의 재활용 산업의 전략과 방향성을 파악하고자 한다.

(1) 스웨덴 노스볼트와 노르웨이 노르스크 하이드로 - 배터리 재활용 산업화를
위한 노스볼트의 첫 번째 합작 시도 - 하이드로볼트

스웨덴의 스타트업 노스볼트와 노르웨이의 알루미늄 생산업체인 노르스크 하이드로는 올해 말 노르웨이에 첫 번째 공장을 설립한 후 배터리 재활용 JV를 유럽 대륙으로 진출하고자 한다. 하이드로볼트는 노르웨이 남부 프레드릭슈타트(Fredrikstad)에 위치한 유럽 최대 규모의 배터리 상업적 목적의 재활용 공장 운영을 막 시작했다. 이 공장은 현재 연간 약 2만 5천 개, 즉 1만 2천 톤의 전기자동차 배터리팩을 처리할 수 있으며, 이는 전기차 선도국인 노르웨이에서 나올 전체 셀 수에 해당한다(Milne, 2022.5.16).

유럽에서 가장 큰 배터리 재활용 공장인 노스볼트와 하이드로의 합작사인 하이드로볼트가 전기차 선두주자로 가장 빠르게 재활용 공장이 필요한 노르웨이에 설립한 것이다. 즉, 재활용을 위해 가장 중요한 것은 폐배터리 수집이라는 점에서 재활용 공장의 설립은 가장 빨리, 그리고 많이 폐배터리를 확보할 수 있다는 의미이다.

노스볼트 에트(Northvolt Ett) 기가팩토리와 더불어 리볼트 에트(Revolt Ett) 재활용 공장이 건설 중이다. 이 공장이 완공되면 인근 시설의 생산 스크랩을 포함하여 연간 약 12만 5천 톤의 배터리 자재를 재활용할 수 있을 것으로 예상된다. 리튬, 니켈, 망간, 코발트를 회수하는 세계 최대 규모의 재활용 공장인 리볼트 에트는 양극재 생산에 필요한 원료의 50%를 노스볼트 에트에 공급할 것으로 기대된다.

리볼트 에트는 유럽으로의 확대를 계획하고 있으며, 자동차의 전기배터리 재활용에 대한 신뢰를 구축하는 것이 중요하며, 폐배터리가 유럽 전역을 돌지 않도록 하는 것이 중요하다고 하이드로 에너지(Hydro Energy)의 책임자인 알비드 모스(Arvid Moss)는 ≪파이낸셜타임스≫와의 인터뷰에서 밝혔다(Milne, 2022.5.16).

하이드로볼트는 2025년까지 연간 15만 대, 2030년까지 50만 대의 자동차 배터리를 재활용하는 것이 목표이며, 독일과 프랑스 등 유럽 최대 자동차 시장이 형성된 곳을 입지로 물색하고 있다.

노스볼트는 스웨덴 최북단에 기가팩토리를 설립한 최초의 유럽 배터리 생산업체로, 향후 몇 년 내에 예테보리에 있는 볼보자동차 기지와 독일 볼보자동차와 협력하여 공장 2개를 추가로 설립하는 것이 목표이다.

표 6-1 스웨덴 노스볼트

- 2016년 설립된 노스볼트는 유럽의 재생에너지 전환을 위해 세계에서 가장 친환경적인 배터리를 개발한다는 사명을 가지고 설립되었다. 2017년 약 1200만 달러 초기 펀딩을 통해 2017년 3월 공식적으로 스톡홀름에 본사를 설치했다.
- 2017년 초기부터 고텐부르크의 차머스 대학과 협력하여 재활용 프로그램을 런칭했으며 이는 리튬이온 배터리의 재활용 과정 산업화를 목적으로 한 것이다.
- 2018년 첫 번째 배터리 모듈 프로토타입을 완성했으며 이는 외부 파트너와 협력하여 이룬 결과이다. 노스볼트는 초기 30개국의 국적자와 100여 명의 구성원으로 이루어졌다. 현재는 120여 개국 이상 출신의 5천 명 이상 고용하고 있다..
- 2021년 10월 노스볼트 랩(Northvolt Lab)을 전체 배터리 생태계를 아우르는 세계 최초의 R&D 캠퍼스로 확장할 계획을 발표하고 니켈, 망간, 코발트를 100% 재활용한 최초의 배터리셀을 생산했으며 레볼트 에트에서 재활용을 연간 12만 5천 톤으로 확대할 계획이라고 발표했다.
- 2022년 2월 스웨덴 볼렝게의 크반스베덴 공장에서 노스볼트 펨(Northvolt Fem)을 설립한다고 발표했으며, 이 공장에서 연간 100GWh의 양극재를 생산할 것이다.
- 2022년 3월 독일 북부 슐레스비히-홀슈타인 하이데에 연간 생산능력 60GWh 규모의 노스볼트 드라이(Northvolt Drei) 배터리 기가팩토리를 설립한다.
- 2022년 5월 노스볼트 에트는 첫 번째 셀을 공급하면서 자동차 제조업체에 상업적으로 출하한 최초의 유럽 배터리 기업이 되었다.
- 노스볼트는 2030년까지 전체 원자재 수요의 50%를 재활용 배터리에서 조달할 수 있도록 재활용 역량을 구축하는 계획을 지원하기 위해 현재까지 BMW, 플루언스, 스카니아, 폭스바겐, 볼보자동차, 폴스타 등 주요 고객사로부터 500억 달러 이상의 계약을 확보하고 있다.

자료: northvolt, "We are Northvolt". https://northvolt.com/about/(검색일: 2023.8.5); northvolt, "Europe's largest electric vehicle battery recycling plant begins operations". https://northvolt.com/articles/hydrovolt/(검색일: 2023.8.5)

또한 노스볼트는 각 공장에서 자체적으로 리볼트 재활용 프로그램을 운영하고 있는데, 이를 통해 2030년 목표의 절반가량을 공급하고 나머지 절반은 하이드로볼트를 통해 공급할 수 있을 것으로 예상하고 있다.

EU의 규제가 마련 중임에 따라 자동차 제조업체에 수명이 다한 배터리를 안전하게 폐기하도록 요구함으로써 배터리 재활용 수요가 많이 증가할 것으로 예상된다. 하이드로볼트는 경쟁이 상당히 치열할 것으로 예상하지만, 선발주자라는 지위를 가지고 자동차 제조업체, 보험사, 규제 당국으로부터 도움을 받을 수 있는 위치를 선점할 수 있으리라 기대하고 있다.

노스볼트의 환경 책임자 엠마 네렌하임(Emma Nehrenheim)은 시장에 나와 있는 모든 제조업체가 하이드로볼트에 많은 관심을 보이고 있으며 시장이 성장하고 물량이 증가함에 따라 재활용 업체에 대한 수요가 크게 늘어날 것이기 때문에 그 필요성은 실로 크다는 점을 강조했다(Milne, 2022.5.16).

(2) 스웨덴 노스볼트와 영국 EMR 합작 JV

함부르크의 빌브룩(Billbrook) 지구에서 사용 후 전기차 배터리를 재활용하는 시설이 목요일에 가동을 시작했다. 운영자는 스웨덴 배터리 제조업체인 노스볼트와 영국의 세계적인 금속 재활용 업체인 유럽 메탈 리사이클링(EMR)이다. 1만 2천 제곱미터의 면적에 1만 톤의 배터리팩을 해체할 수 있는 시설이 건설되었다.

두 파트너 회사는 새로운 재활용 공장에서 각자의 노하우를 제공하게 된다. 배터리팩 방전 및 분해는 배터리 재활용 과정의 첫 번째 단계이다. 금속 재활용 산업에서 70년 이상 경험을 보유한 EMR은 전문 지식과 공정 경험을 활용하여 고품질 구리와 알루미늄을 부드럽게 제거하여 그 재료를 활용한다. 차세대 전기자동차에 지속가능한 장비를 갖추려면 전기자동차용 배터리 프레임을 생산하는 데 원자재가 필요하기 때문이다.

그 후 해체된 팩에서 얻은 나머지 배터리 모듈은 재활용을 위해 노스볼트의 생산 시설로 전달된다. 거기서 플라스틱, 알루미늄, 구리를 회수할 수 있도록 모듈을 파쇄한다. 블랙매스(Black Mass)로 알려진 나머지 물질은 북부 스웨덴의 리볼트 에트 재활용 공장에서 노스볼트의 비중 측정기술로 처리되어 리튬, 니켈, 망간, 코발트와 같은 배터리 물질을 재활용하게 된다(Healey, 2023.8.24).

다음 단계에서는 이 재료가 노스볼트 양극재 생산으로 전달되어 배터리 현장 생산을 지원한다. "리볼트 에트"가 완공되면 연간 12만 5천 톤의 블랙매스를 처리할 수 있을 것으로 예상한다. 이는 셀레프테오(Skellefteå)에 있는 첫 번째 노스볼트 기가팩토리(Northvolt Gigafactory)인 노스볼트 에트에서 음극재 생산에 필요한 원자재 요구 사항의 약 절반에 해당하는 양이다.

공정의 모든 단계에서 EMR과 노스볼트가 재활용한 재료는 배터리 생산에 필요한 광물을 얻는 완전히 새로운 방법이라 자평한다. 이는 채광을 통한 기존 원자재 추출보다 경제적, 환경적으로 더 유리한 방식이다. 노스볼트는 유럽에서 구매한 배터리팩과 모듈을 통해 견인 배터리를 공급한다. 또한 이 시설은 다양한 디자인의 폐기 배터리팩 외에도 리콜된 배터리팩을 접수하고 처리할 수 있는 시스템도 갖추고 있다. 이처럼 다양한 배치 옵션을 갖춘 이 시설은 EV 배터리 재활용 솔루션 및 용량이 필요한 자동차 고객과 기타 잠재적 파트너에게 제공되어 노스볼트의 제품 포트폴리오에서 핵심적인 역할을 할 것이다(Hamburg News Wirtschaftsnachrichten aus der Metropolregion. 2023.8.30).

함부르크에 본사를 둔 이 회사는 구리와 알루미늄 재활용 경험을 바탕으로 현장에서 원료를 추출하고 이 원재료는 차세대 전기차에 장착될 배터리 프레임 생산에 재사용할 수 있다. 또한 남은 배터리 모듈은 노스볼트의 다른 생산 시설에서 재활용된다. EMR은 배터리를 재활용하는 것이 채굴을 통해 원료를 추출하는 기존 방식보다 경제적, 환경적으로 더 유익하다는 점을 강조한다. 노스볼트는 유럽 전역에서 구매한 배터리팩과 모듈로 새 공장의 폐배터리를 공급할 예정이다. 폐기된 배터리팩뿐만 아니라 리콜된 배터리팩도 처리하게 된다(Hamburg News Wirtschaftsnachrichten aus der Metropolregion, 2023.8.30).

함부르크 시장 피터 첸처(Peter Tschentscher)는 함부르크-빌브룩(Hamburg-Billbrook)의 할제크슈트라세(Halsekstrasse)에 위치한 이 벤처가 재활용을 통해 원자재를 절약하고 환경을 보호하고 독일 자동차 산업에 더 나은 관점을 제공할 수 있다고 강조했다. 또한 희귀하고 값비싼 원자재 수입에 대한 의존도를 낮추고 순환경제 측면에서 진전을 이룰 수 있다는 점에서 독일 e-모빌리티의 미래를 위한 중요한 프로젝트라는 점도 강조했다. 그리고 전기자동차는 앞으로 내연기관 자동차를 점점 더 많이 대체하여 개인 교통수단의 기후 친화적 전환에 기여할 것이라고 언급했다(Zeit Online, 2023.8.24).

노스볼트의 최고 환경 책임자인 네렌하임은 EMR은 세계 최고의 금속 재활용 업체이자 이 프로젝트의 훌륭한 파트너라며, 배터리를 효과적으로 재활용하는 능력은 전기자동차 혁명을 가능한 한 지속가능하게 만드는 데 매우 중요하다는 점에서 함부르크에 있는 시설을 통해 대량의 금속을 처리할 준비가 되어 있으며, 유럽 배터리를 재활용하고 순환 배터리 산업을 구축하는 데 있어 진전을 이룰 것이라는 점을 강조했다(Healey, 2023.8.24).

EMR 이사 무랏 바이람(Murat Bayram)은 유럽에서 가장 혁신적인 배터리 제조업체 중 하나와 협력함으로써 두 회사는 EV 배터리 생산을 위한 진정한 순환 공급망을 구축하는 데 상당한 진전을 이룰 수 있었으며, 이를 위해 공유된 신뢰와 협력 분위기는 필수였다는 점을 강조했다. EMR의 수십 년간의 성공은 모든 도전을 지속적으로 극복함으로써 달성되었으며 기후위기도 협력을 통해 극복해야 함을 시사했다.

2) 자동체 제조업체 후발주자에서 선두주자로: 폭스바겐

(1) 재활용 관련 기술개발

폭스바겐은 연방 경제 및 기후 행동부가 자금을 지원하는 폐쇄 루프 원자재 컨소시엄 프로젝트를 진행하고 있으며 그 목표는 희귀한 원자재를 영구적으로 회복하여 공급의 지속가능성과 공급 안보를 강화하려는 것이라고 밝혔다. 산업계와 과학계의 파트너들은 재활용을 통해 견인 배터리의 가장 가치 있는 구성요소를 회수하고 여러 번 연속적으로 재사용할 수 있음을 공동으로 증명하고자 한다. HVBatCycle 연구 컨소시엄은 양극 금속, 전해질 및 흑연을 폐쇄형 재료 순환(폐쇄 루프)으로 영구적으로 유지하는 것을 목표로 하고 있다. 폭스바겐 그룹의 주도하에 타니오비스(TANIOBIS GmbH), 제이 슈말츠(J. Schmalz GmbH), 비스콤(Viscom AG)은 아헨공과대학교(RWTH Aachen University), 브라운슈바이크공과대학교(TU Braunschweig), 프라운호퍼 표면 공학 및 박막 연구소(IST)의 연구진과 함께 3년간 필요한 공정을 연구 및 개발할 예정이다. 이 프로젝트는 연방 경제 및 기후 행동부의 지원을 받아 진행된다.[3]

유럽의 배터리 생산은 가능한 한 많은 분야에서 지속가능성에 초점을

표 6-2 폭스바겐의 HVBatCycle 프로젝트 파트너

- 배터리 전략 및 지속가능성 전략의 일환으로, **폭스바겐 AG**는 셀 재료의 폐쇄루프 실현에 큰 관심을 가지고 있으며, 이 프로젝트의 조정 및 관리를 맡았다. 잘츠기터 부품 공장의 기계식 재활용 파일럿 공장을 통해 그룹의 기술 부서는 차량 배터리에서 재활용 가능한 소재의 생산 및 공급을 보장한다. 또한 잘츠기터에 위치한 우수 센터의 셀 제조 전문성은 완전히 재활용된 재료로 새로운 셀을 생산하는 데 사용된다.
- **타니오비스(TANIOBIS GmbH)**는 용매 추출을 포함한 습식야금 제조공정에 사용되는 니오븀과 탄탈륨을 함유한 분말을 고품질로 공급하는 업체로 JX 니폰 마이닝 앤 메탈스(JX Nippon Mining & Metals)의 자회사로서 이 프로젝트에 사용될 리튬이온 배터리의 습식야금 재활용에 대한 심도 있는 지식을 보유하고 있다. 이를 바탕으로 타니오비스는 인증된 분석 실험실을 갖춘 케미파크 오커(Chemiepark Oker) 부지에 필요한 습식야금 및 화열야금 인프라를 구축하고 운영할 예정이다.
- **J. 슈말츠 유한회사(J. Schmalz GmbH)**는 세계 최고의 진공기술 공급업체이자 이 분야의 몇 안 되는 종합공급업체 중 하나이다. 진공 자동화 사업 부문에서 슈말츠는 산업용 로봇용 그리퍼 조립에 필요한 모든 진공 부품을 공급한다. 또한 슈말츠의 센서 기술은 공정 효율성과 안전성을 보장한다. 과학 기관과의 공동 프로젝트를 통해 실리콘 웨이퍼와 음극 및 양극 호일용 처리 시스템을 구축했다.
- **비스콤(Viscom AG)**은 배터리셀 산업에서 사용하기 위한 X-선 측정 솔루션을 개발한다. 제품 포트폴리오는 실험실 시스템부터 고속에서 100% 품질 관리를 위한 완전한 인라인 솔루션까지 다양하다. 비스콤은 파우치 또는 프리즘 셀과 같은 다양한 셀 포맷을 전문으로 하며, 소비자용 제품부터 에너지저장장치, e-모빌리티 셀에 이르기까지 다양한 크기의 셀을 생산한다.
- **브라운슈바이크공과대학교의 학제 간 연구센터 배터리 랩팩토리 브라운슈바이크 (The Battery LabFactory Braunschweig: BLB)**는 독일 내 배터리 연구 분야를 선도하는 기관 중 하나이다. BLB는 현재 및 미래 세대의 배터리 순환 생산, 진단 및 모델링/시뮬레이션을 위한 R&D 플랫폼으로 파일럿 플랜트에서 엔지니어링 프로세스 노하우, 재료과학 전문지식, 자연과학의 배터리셀 시스템 지식 및 건전한 분석 기술을 결합한다.
- **공작 기계 및 생산 기술 연구소(Institute of Machine Tools and Production Technology: IWF)**는 배터리셀의 현재 및 미래 제조공정 체인에서 기술 및 자동화 문제에 중점을 두고 있다.
- **엘레니아 고전압 기술 및 전력 시스템 연구소(elenia Institute for High Voltage Technology and Power Systems)**는 배터리셀의 형성, 주기적 노화, 전기 및 전기화학적 특성화 분야에서 광범위한 경험을 보유하고 있다.
- **입자 기술 연구소(Institute for Particle Technology: iPAT)**에서는 배터리 재료 및 전극 생산을 위한 기계 및 입자기술 공정과 배터리 재활용을 위한 기계 및 열 공정을 연구한다.
- **화학 및 열 공정 공학 연구소(Institute of Chemical and Thermal Process Engineering: ICTV)**는 유체 혼합물 분리에 대한 광범위한 전문 지식을 보유하고 있다.

---

3   Volkswagen Group News, "Volkswagen-led research team to recycle batteries multiple times for the first time".

    https://www.volkswagen-newsroom.com/en/press-releases/volkswagen-led-research-team-to-recycle-batteries-multiple-times-for-the-first-time-8000(2023년 8월 5일 검색)

- **에너지 및 공정 시스템 공학 연구소(Institute of Energy and Process Systems Engineering: InES)**는 배터리 모델링과 시뮬레이션은 물론 전기화학분석 및 작동분석 분야에서 다년간의 경험을 보유하고 있다.
- **프라운호퍼 표면 공학 및 박막 연구소(Fraunhofer Institute for Surface Engineering and Thin Films: IST)**는 재료 합성 및 기능화, 표면 처리 및 개질, 필름 생산 및 응용, 필름 특성화 및 표면 분석, 생산기술 분야에서 집중적인 연구 개발을 수행한다. 프라운호퍼 에너지 저장 및 관리 시스템 프로젝트 센터(ZESS)의 핵심 주제인 배터리 연구는 관련 공정 및 제조 기술뿐만 아니라 전체적이고 지속가능한 수명 주기 설계를 포함한 재료 및 에너지 저장 개발에 중점을 두고 있다.
- **RWTH 아헨공과대학교의 야금 공정 공학 및 금속 재활용 연구소(Institute for Metallurgical Process Engineering and Metal Recycling: IME)**는 배터리 재활용 공정에 대한 응용 중심 연구에서 다년간 경험을 보유하고 있으며, 열 및 습식야금 공정을 사용하여 배터리에 포함된 귀금속을 회수하는 데 중점을 두고 있다. 이 연구소는 다양한 재활용 개념을 테스트할 수 있는 포괄적인 인프라를 갖추고 있으며, 여기에는 대량 또는 전체 배터리 모듈을 처리할 수 있는 오토 융커 GmbH의 혁신적인 열분해로도 갖추고 있다. IME는 연구소 내 인증 실험실을 통해 가능한 배터리 재활용 프로세스를 조사하는 데 필요한 여러 가지 중요한 분석 방법을 활용할 수 있다.

자료: Volkswagen, "Volkswagen-led research team to recycle batteries multiple times for the first time". https://northvolt.com/about/(검색일: 2023.8.5); northvolt, "Europe's largest electric vehicle battery recycling plant begins operations". https://www.volkswagen-newsroom.com/en/press-releases/volkswagen-led-research-team-to-recycle-batteries-multiple-times-for-the-first-time-8000(검색일: 2023.8.5)

맞춰야만 성공할 수 있으며, 지속가능한 배터리는 높은 환경 및 사회적 기준을 따르는 에너지 및 운송 전환에 매우 중요하다는 점을 강조하며 배터리 재활용과 재사용에 대한 정치적 중요성을 가진다.

또한 배터리와 생산 폐기물의 재활용은 폭스바겐이 계획 중인 공장의 원자재 공급을 확보하는 데 결정적인 기여를 한다는 점에서 HVBatCycle 프로젝트를 통해 재활용 프로세스에 대한 전체적인 관점을 확보하고 이를 통해 배터리 재료의 폐쇄 루프를 구현하는 것이 중요하다는 점을 강조하며 원자재 공급망 문제 해결과 환경 전환을 위해 필수적인 폐배터리의 재활용과 재사용의 중요성을 강조한다. 연구 프로젝트의 주요 내용은 다음과 같다.

폐쇄형 원자재 주기 및 다중 재활용

광산이나 염전과 같은 1차 자원에서 나오는 원료를 적게 사용하려면 필수 원료를 한 번이 아닌 여러 차례 회수해야 한다. 이를 위해 재활용 재료로 만든 배터리셀을 다시 재활용하여 여러 번 재활용해도 재료 품질에 영향을 미치지 않음을 입증했다. 루프를 폐쇄하려면 복잡한 다중 분야의 프로세스가 필요하다. 효율적이고 생태적, 경제적으로 합리적인 재활용을 위해서는 모든 공정이 서로 조율되어 최고의 안전요건 아래에 선별된 고품질의 2차 소재를 생산해야 한다. 이는 특히 확장성과 경제적 효율성에 관한 것이다.

탈중앙화를 통한 독립성, 2차재료 사용을 통한 이점

컨소시엄 프로젝트는 에너지 요구량이 적고 유럽에서 특정 재활용 프로세스의 비교적 간단한 분산 배포 가능성이 특징인 기계-수력 야금 재활용 경로에 초점을 맞춘다. 이는 지역순환경제를 촉진하고 전략적으로 중요한 원자재를 확보하여 유럽의 다른 지역에 대한 의존도를 크게 낮출 수 있다는 장점이 있다. HVBatCycle 프로젝트는 재활용 및 에너지 효율성을 극대화하고 환경에 미치는 영향을 최소화하는 동시에 높은 경제성을 갖춘 엔드 투엔드 밸류체인을 구축할 수 있는 효율적인 프로세스와 혁신적인 솔루션을 발굴하는 것을 목표로 한다.

해체 공정 자동화 및 전극 재료 회수 자동화

구체적인 혁신적 개발 접근 방식은 수요 지향적, 즉 경제적으로 최적화된 방전 및 셀 또는 전극 수준까지 노후화된 배터리 시스템을 대부분 자동화하여 해체하는 것이다. 여기에는 활성 물질과 캐리어 포일을 거의 손실

없이 분리하고 흑연과 휘발성이 높은 전해질 성분을 회수하는 것도 포함된다.

물과 화학 용매를 사용하여 흑연과 배터리 금속으로 구성된 "블랙매스"의 다음 습식제련 공정에서는 용해성 형태의 리튬을 조기에 선택적으로 추출하고 혼합 수산화물 농축액으로 함유된 금속을 침출, 침전 및 정제하는 데 중점을 둔다. 여기서는 음극 활물질의 새로운 물질 합성과 관련하여 새로운 완전 고성능 음극 물질을 생산하기 위해 금속 화합물의 분리가 실제로 필요한지를 조사한다.

전해질 및 흑연 처리 연구는 적절한 공정 개발을 통해 중요한 전해질 성분과 흑연을 효율적으로 처리하여 셀 생산에서 배터리에 적합한 품질로 다시 사용할 수 있음을 보여주기 위한 것이다. 모든 공정 단계에는 생태학적 및 경제적 수명주기 분석이 총체적으로 수반된다.

(2) 폭스바겐 미국, 레드우드 머티리얼즈와 함께 전기차 배터리 재활용을 위한 공급망 구축

이 프로젝트는 두 가지 목표가 있다. 첫째, 공동 목표는 미국 운전자에게 접근 가능하고 지속가능한 e-모빌리티를 제공하는 것이다. 둘째, 레드우드 머티리얼즈, 국내 공급망에서 배터리 소재를 재제조하는 것을 목표로 폭스바겐 및 아우디 전기자동차의 배터리를 재활용하고자 한다.

폭스바겐 미국(VWGoA: Volkswagen Group of America, Inc.)과 레드우드 머티리얼즈(이하 레드우드)는 미국 운전자들에게 보다 접근 가능하고 지속 가능한 전기 이동성을 제공하기 위해 폭스바겐 및 아우디 전기자동차 배터리를 재활용하는 공급망을 구축하기 위한 협력을 시도한다. 이번 협력은 전기 전환을 위한 모든 주요 역량을 현지화하려는 폭스바겐 미국의 전

략과 미국 유일의 리튬이온 배터리 폐쇄 루프 공급망을 구축하려는 레드
우드의 목표를 발전시킴으로써 북미 국내 전기차 산업에 대한 투자이다.[4]

폭스바겐 미국의 사장 겸 CEO인 스콧 키오(Scott Keogh)는 폭스바겐이
전기화(electrification)에 올인한다는 것은 모든 순간에 지속가능한 솔루션
을 추진한다는 의미라고 말했다. 그리고 레드우드 머티리얼즈는 미국에
서 전기차 도입을 가속화하는 데 도움을 주는 훌륭한 파트너로서 이 협력
을 통해 전기차 순환경제를 위한 폐쇄형 루프 달성 목표에 한걸음 더 다가
갈 수 있게 되었으며, 미국 소비자에게 전기차를 선택해야 하는 또 다른
이유를 제공할 수 있게 되었다는 점을 강조했다.

새로운 전기차 배터리 재활용 협력은 폭스바겐과 아우디 브랜드를 시
작으로 약 1천 개의 딜러로 구성된 폭스바겐 미국의 전국적 네트워크를
통해 촉진하고자 한다. 이번 협업의 핵심은 배터리 수명주기에 대한 총체
적인 접근 방식이다. 차량이 조립 라인을 떠나는 순간부터 수명이 다할
때까지 배터리 부품을 보다 지속가능하게 활용할 수 있도록 지원함으로
써 폭스바겐이 전기화 포트폴리오로 전환하는 과정에서 현지 배터리 용
량과 전문성을 활용할 수 있다(Redwood Materials, 2022.7.13).

폭스바겐 미국 브랜드는 2030년까지 25종 이상의 새로운 배터리전기차
를 선보일 계획이며, 지금부터 북미에서 현재 및 미래 차량을 위한 배터리
재활용 역량을 구축해 이 목표에 다가서려고 한다. 또한 새로운 전기차
배터리 재활용 협력은 채터누가에 있는 배터리 엔지니어링 랩(BEL)과 같
은 폭스바겐의 연구 시설에서 생산된 프로토타입 배터리를 통합할 것이다.[5]

---

4   Ibid.
5   Ibid.

레드우드 머티리얼즈는 딜러 및 폭스바겐 시설과 직접 협력하여 수명이 다한 배터리와 자재를 식별한 후 안전하게 포장하여 네바다 시설로 운반한다. 미국 아우디 사장 다니엘 바이슬란트(Daniel Weissland)는 에너지 전환은 우리 사업 전반에 걸쳐 많은 분야에서 약속의 이행을 의미한다며, 현재 판매 중인 순수 전기차 아우디 e-트론 모델 라인업 외에도 모든 전기자동차의 수명주기 동안 환경에 미치는 영향을 더욱 줄이기 위해 레드우드 머티리얼즈와 뜻을 같이하는 파트너를 확보하는 일의 중요성을 강조하며 관련 기술을 보유한 파트너와의 협력 의지를 나타냈다.[6]

레드우드는 이미 네바다 주에서 매년 6만 대의 전기차 배터리에 해당하는 6GWh 이상의 리튬이온 배터리를 재활용하고 있다. 레드우드로 들어오는 배터리는 수명이 다한 소비자 기기, 배터리 생산 스크랩, 전기자동차 배터리로 구성되어 있으며, 현재 북미에서 재활용되는 리튬이온 배터리의 대부분을 차지한다. 레드우드는 코발트, 구리, 니켈, 리튬 등의 원재료를 추출하여 핵심 배터리의 구성요소인 양극 동박과 음극으로 정제 및 재제조한 후 국내 배터리셀 제조업체에 제품을 다시 공급한다.

레드우드 머티리얼즈의 설립자 겸 CEO인 J.B. 스트라우벨은 e-mobility와 청정에너지로의 전환이 다가오고 있으며, 이러한 기술을 구동하는 배터리는 엄청난 기회를 제공하며, 매년 점점 더 많은 배터리가 수명을 다함에 따라 무한히 재활용할 수 있는 자원이 늘어나고 있음을 강조한다. 레드우드와 폭스바겐 미국은 리튬이온 배터리의 환경발자국을 개선하고 비용을 절감하며 결과적으로 전기자동차의 접근성과 채택을 높이는 데 도움이 되는 국내 순환형 배터리 공급망을 구축한다는 비전을 공유하고

---

6   Ibid.

있다고 밝혔다(Redwood Materials, 2022.7.13). 폭스바겐 미국과 레드우드 머티리얼즈의 협력은 업계 전반에 걸쳐 이루어질 경우 배터리 비용과 원자재 공급망 문제를 해결할 수 있는 순환형 전기차 경제로의 전환에 한 발짝 더 다가갈 수 있을 것으로 전망한다.

폭스바겐 미국은 2030년까지 미국 판매량의 55%를 순수 전기차로 전환하는 것이 목표이다. 이 목표를 달성하기 위해 현지화된 EV 엔지니어링 및 R&D 역량 , 자사 브랜드를 위한 EV 조립 및 부품 생산, 전용 배터리셀 생산 계획이 필요하다.

3) 헝가리, 배터리 수퍼파워? 배터리 식민지?

지난 30년간 외국 자본이 주도하는 경제 성장은 헝가리 경제 정책의 핵심요소였다. 자동차 산업이 하이브리드 및 전기 자동차로 점점 전환됨에 따라 배터리 생산의 중요성이 점점 더 커지고 있다. 배터리 생산량을 늘린다면 헝가리는 세계 경제의 한 축을 담당할 수 있다. 헝가리는 지난 수십 년 동안 전문으로 자동차 및 전자제품을 생산해왔다. 따라서 헝가리는 배터리 제조에 필요한 역량과 기술을 보유하고 있다. 그렇다면 헝가리는 현재 세계 배터리 생산 사다리에서 어느 위치에 있을까? 검토대상기간 초기, 즉 1995~1996년경 헝가리의 수출액은 약 570만 달러였다. 이 금액은 전 세계 배터리 수출의 0.07%에 불과했다. 이후 헝가리는 2004년까지 배터리 수출을 20배 이상 늘렸다. 상황은 2015년에 크게 바뀌기 시작했는데, 헝가리 배터리 수출액이 급증한 것이다. 2021년 국내 수출액은 41억 달러를 넘어섰으며, 이 부문에서 전 세계 수출의 약 4.38%를 차지했다. 헝가리의 역할은 크게 확대되어, 2020년에는 세계 6위의 전기차용 배터리 수출국이 되었다.

그러나 다른 한편으로, 배터리와 배터리 생산이 둘 다 환경을 심하게 오염시키고 생산에 많은 에너지가 필요하다는 사실을 상기할 필요가 있다. 이는 현재 가장 중요한 목표인 지속가능성과 에너지 위기에 대한 대처에 반하며, 지속가능한 발전을 어느 정도까지 달성할 수 있는지에 대해 의문을 제기한다. 반면 헝가리가 주요 강국으로 부상함에 따라 배터리 생산이 수출 구조에서 차지하는 비중이 점점 더 커질 수 있다. 그러나 문제는 이러한 과도한 성장이 헝가리 경제를 어느 정도까지 취약하게 만들 것인가 하는 점이다(Daily News Hungary, 2023.2.12).

배터리 재활용 공장이 헝가리 알소솔카(lsózsolca)에 건설될 예정이다. 이 프로젝트에 안드라다 그룹이 3,920만 유로를 투자한다. 이 새로운 공장은 현지에 기반을 둔 배터리 제조업체 삼성SDI와 SK의 리튬이온 생산 폐기물을 수거하고 재활용하기 위해 특별히 설계될 예정이다(Daily News Hungary, 2023.8.28).

알소솔카 북동쪽 산업 단지에 계획된 이 공장은 약 6만 제곱미터의 면적에 연간 1만 톤의 처리 능력을 갖출 것이다. 이 공장은 40톤의 유해 폐기물 저장 용량도 갖추게 된다. 최근 한국 기업의 유사한 프로젝트가 규정 위반으로 라이선스가 취소되었다. 취소 이유는 공장에서 유독성 및 발암성 물질을 취급했으나 주 당국에 신고하지 않았기 때문이다. 코마롬 공장에서 근로자 12명이 병원으로 이송되었고, 한국 기업이 헝가리 의회 의원에게 보낸 답변서를 보면 유독성 및 발암성 물질인 NCM 분말(니켈-코발트-망간-리튬 산화물)과 전해질이 사용되었다. 전문가들은 이 사건을 모든 규정은 엄격하게 준수해야 한다는 증거로 받아들인다. 한편 안드라다 그룹은 독일의 법적 기준을 충족하는 것으로 알려진 최첨단 리튬이온 재활용 기술에 의존하고 있음을 강조했다(Daily News Hungary, 2023.8.25).

야당인 파르베제드-녹색당의 공동 대표인 레베카 사보 의원은 헝가리가 '배터리 공동묘지'가 되지 않도록 폐기물 관리법 개정안을 제출할 예정이라고 밝혔다. 사보 의원은 기자 회견에서 헝가리를 '배터리 제국'으로 만들려는 정부 전략은 엄청난 양의 물, 에너지, 토지가 필요하므로 매우 위험하다고 강조했다. 헝가리가 '배터리 처리 시설'이 되는 것을 원하지 않으며, 정부 계획이 실행되면 배터리 제조 과정에서 발생하는 많은 폐기물이 다른 유럽 지역에서도 헝가리로 유입될 수 있다고 덧붙였다. 배터리 폐기물은 반드시 재활용되어야 하며, 물과 전기가 부족한 헝가리가 해외에서 반송된 배터리 폐기물을 처리하기 위해 추가로 폐배터리를 확보하지 않는 편이 최선이라고 했다. 헝가리 당국의 규정은 이러한 산업이 안전하게 운영될 수 있을 만큼 충분히 엄격하지 않다고 강조했다. 그리고 당은 해외에서 사용을 중단한 결함이 있는 배터리를 재처리하기 위해 헝가리로 반송해서는 안 된다는 내용을 담은 폐기물 관리법 개정안을 제출하기 위해 준비 중이라고 덧붙였다(Daily News Hungary, 2023.8.28).

이미 2023년 2월부터 헝가리 야당은 정부가 수자원을 어느 정도까지 사용할 계획인지, 어떤 환경적 영향과 위험이 수반되는지, 지금까지 운영 과정에서 공공의 이익에 어떤 피해를 입혔는지 입증할 수 있는 정보를 요구해왔다. 또한 배터리 공장 인허가 과정에서 발생했던 혼란과 헝가리 중부 사례에서처럼 관련 관공서가 제조업체에 모니터링 활동을 수행하도록 의무화하지 않은 상황에 대해서도 마찬가지로 문제를 제기해왔다. 사보 의원은 헝가리의 상수도 시스템이 붕괴 직전인데도 정부는 배터리 제조 업체의 물 수요를 충족하기 위해 막대한 공적 자금을 지출하고 있다고 말했다. 그리고 오늘날 가장 중요한 과제이자 가장 큰 도전은 수자원 보호이며, 이를 국가 전략적 우선순위로 다뤄야 한다고 덧붙였었다(Daily News Hungary, 2023.2.2).

4) 한국 성일과 삼성의 JV, 독일에 재활용 공장 건설

한국 기업 성일과 삼성물산은 튀링겐에 배터리 재활용 공장 건설 계획을 세우고 있다. 이 JV는 게라 부지에 약 4,500만 유로를 투자하여 약 100개의 일자리를 창출하게 된다. 시장이 긍정적으로 발전하면 2030년까지 총 7,400만 유로가 게라-크레츠슈비츠(Gera-Cretzschwitz) 산업단지 내 프로젝트에 유입될 수 있을 것으로 예상된다. 2023년 초 튀링겐 주 루돌슈타트-슈바르자(Rudolstadt-Schwarza)에서 비슷한 리튬이온 배터리 재활용 프로젝트가 실패한 적이 있다(Zeit Online, 2023.9.7).

게라 산업단지에 들어설 이 공장은 연간 2만 2천 톤의 배터리를 처리할 예정이며, 건설은 2024년 3월에 시작될 계획이다. 산업 부지는 튀링겐 주 유한회사(Landesentwicklungsgesellschaft)가 개발하며 그 면적은 약 3만 제곱미터에 달한다. 한편 두 기업의 JV는 2025년 1분기에 2개의 생산 설비 중 첫 번째 라인을 가동하고 2027년 1분기에눈 두 번째 라인을 가동할 계획이다. 재활용 공정은 먼저 폐배터리를 해체, 분쇄 및 건조하고 재료를 기계적으로 분리한 다음 마지막으로 재활용 가능한 원료를 회수하는 과정으로 이루어진다. 인허가 관련해서 자주 제기되는 생산 폐수에 대한 별도의 처리 솔루션도 계획하고 있다(Battery News.com, 2023.9.22).

4. 나가며: 한국의 배터리 재활용 및 재사용 산업에 대한 시사점

재활용은 배터리 산업에 지속가능성을 가져다주는 축복은 아니지만 배터리 생산에 드는 환경 비용을 줄이고 궁극적으로 전기자동차 혁명에 크게 기여할 수 있는 중요한 퍼즐 조각이라고 할 수 있다. 또한 배터리 재활용에서 우리는 순환성이 모든 제조 산업의 핵심 특성이 되어야 하는 이유와 방법을 보여줄 기회를 발견할 수 있다.

유럽은 자동차 산업의 본산으로 내연기관에서 전기차로 자동차 산업의 패러다임이 급변하고 있다. 현재 EU 및 주도적인 회원국 그리고 관련 업계의 움직임을 살펴보면, 유럽은 다른 어떤 지역보다도 빨리 전기차 중심의 자동차 생산 설비와 문화가 정착할 것으로 보인다. 반면 앞서 살펴본 바와 같이 EU와 그 회원국들은 전기차 전환은 서둘렀지만, 정작 핵심이 되는 배터리 산업은 국제분업체계와 글로벌 공급망을 활용하여 조달해왔다. 유럽 기업들이 배터리 제조에서 뒤처진 원인은 배터리 산업 중 제조 분야에 노동 집약적 요소가 많고, 높은 수준의 환경 규제에 순응하기가 어려웠기 때문이다. 반면 미중 전략경쟁과 같은 대외환경 변화와 장기간 지속되어온 유럽 전반의 탈제조업화 현상, 중국 기업의 유럽 핵심기업 인수는 공급망과 관련한 유럽인의 인식을 차츰 바꿔놓았다. 특히 코로나19 팬데믹으로 인한 공급망 혼란 현상과 러시아의 우크라이나 침공으로 인한 에너지 안보 위기는 이러한 경향을 더욱 부추겼다. 한편 EU가 추진하는 유럽 그린딜과 디지털 전환은 시장의 자연스러운 속도보다 더 빠른 대응을 요구하고 있다(강유덕·김주희, 2022).

결국 이 분야의 경제안보의 중요성이 강조되어야 한다. EU가 표방하는 전략적 자율성, 디지털 주권과 같은 비전은 안정적인 산업 공급망을 역내에 구축하는 것을 전제로 한다. 거시적인 목표, 비전이 정립되어 있으므로 EU의 산업 정책은 더 강력해질 것으로 예상된다. 반면에 EU의 산업 정책은 미국형 산업 정책과는 매우 다른데, '개방형 전략적 자율성'이라는 다소 긴 표어에서 그 차이점을 엿볼 수 있다(강유덕, 2022: 489~519; 김주희, 2021: 71~100). EU가 추구하는 산업생태계 조성은 국가적 차원의 보호주의 활성화가 아니라 안정적인 공급망을 복원하는 데 초점이 맞춰져 있다. 이 공급망 복원 계획에는 역외 기업들도 참여할 수 있으며, 이에 한국 기업들도 어느 선까지 참여할 것인지를 결정할 필요가 있다(강유덕·김주희, 2022).

EU의 배터리 산업 육성정책이 성공한다는 전제하에 2025년경이면 유럽 기업들이 배터리 대량생산 체제에 돌입할 것으로 예상된다. 따라서 한국의 배터리 산업은 현재의 기술 수준 및 제품군에 머물러 있으면 안 되고, 계속 기술을 개발함으로써 유럽 기업과의 격차를 유지해야 할 필요가 있다. 또한 배터리 공급망의 세부 분야에서 EU가 강점이 있는 부분과 한국이 강점이 있는 부분을 잘 구분함으로써 산업 협력의 기회를 창출하고, 지속적인 전문화를 유지할 필요가 있을 것이다(강유덕·김주희, 2022).

2020년 EU 내 배터리 생산능력은 연간 50GWh이며, 대부분 폴란드와 헝가리에서 생산되었다. 폴란드 생산은 한국 기업인 LG화학이, 헝가리 생산은 SK이노베이션과 삼성SDI가 담당했기 때문에 사실상 유럽의 배터리 생산은 모두 한국 기업에 의해 이루어진 셈이다. 유럽 내 배터리 생산능력을 합산할 경우, 전 세계 생산량인 741.8GWh의 6.8%에 불과했다(Mathieu, 2021: 14). 반면 이러한 생산능력은 EU 또는 회원국 정부 차원의 정책적 지원에 의한 것만은 아니다. 여전히 EU 내에서 배터리 생산의 단계 중 상당 부분은 유럽에 생산 시설을 둔 중국과 한국을 필두로 동아시아 기업에 의해 이루어지고 있다. 이는 유럽의 전기차 생산업체 인근에 배터리 생산 시설을 위치시킨 비유럽 기업들의 전략적 판단에 따른 것이다(강유덕·김주희, 2022). 전기차 생산업체와 물리적으로 가까운 지역에 위치할 때 좀 더 안정적인 공급망을 구축할 수 있고, 긴밀한 비즈니스 관계를 만드는 데도 유리하다. 폐배터리 관련 기업들이 폐배터리 재활용 공장의 입지를 주요 자동차 기업의 생산 거점을 중심으로 결정하고 있다는 점을 눈여겨볼 필요가 있다.

상위 자동차 공급업체의 매출은 작년에 20% 증가하여 위기 이후 다시 정상 궤도에 올랐다. 반면 이윤은 여전히 이전 최고치에서 크게 벗어나지 못하고 있으며, 심지어 전 세계적으로도 2021년 대비 0.5% 포인트 감소했다(PwC, 2023c).

성공에 익숙한 독일 공급업체의 경우, 2019년 이후 성장률이 낮아지고 글로벌 시장 점유율이 거의 3% 포인트 하락하는 등 지역별 비교에서 중요한 변화가 나타나고 있다. 반면 자동차 부문의 변화 과정에서, 특히 아시아 공급업체들은 미래 기술에 집중한 덕분에 상당한 성과를 거두었다고 판단하고 있다(PwC, 2023c).

독일 공급업체의 한 가지 희망은 연구개발 지출에서 독일이 1위를 차지하고 있다는 점이다. 독일 공급업체는 약 160억 유로를 투자하여 다른 어떤 지역보다 많은 투자를 하고 있다. 그러나 얼마나 빨리 성공을 거둘 수 있을지, 혁신을 어떻게 확장할 수 있을지는 여전히 미지수라는 평가이다. 배터리 재활용 분야는 아직도 상당한 연구가 필요하며 또한 진행 중이다. 컨소시엄의 형성을 통한 연구 분야에서의 산학연 협력 또한 고려해볼 만하다.

참고문헌

강유덕. 2022. 「유럽연합(EU)의 반도체 산업 정책이 개방형 전략적 자율성에 갖는 의의」. ≪한국과 국제사회≫, 제6권 6호, 489~519쪽

강유덕·김주희. 2022. 「유럽연합(EU)의 전기차 배터리 산업정책: 프랑스와 독일 사례를 중심으로」. 김연규 외 엮음. 『글로벌 전기차 배터리 전쟁: 기술과 정책』. 서울: 다해.

김주희. 2021. 「미·중 경쟁 시대 독일의 전략적 자율성」. ≪한독사회과학논총≫, 제31권 4호, 71~100쪽.

안상욱·김주희. 2021. 「EU 회원국 및 기업의 운송분야 기후변화 대응: 독일 사례를 중심으로」. ≪통합유럽연구≫, 제12권 2호, 93~113쪽.

Batteries News. 2023.9.2. "The Slovenian Andrada Group Is Building The World's Most Modern Battery Recycling Plant In Alsózsolca, Northeastern Hungary".
https://batteriesnews.com/electra-battery-materials-reports-q2-2023-results-provides-update-cobalt-refinery-project-and-black-mass-recycling-trial/(검색일: 2023.9.10)

Battery News.com. 2023.9.22. "Korean JV Builds Recycling Plant in Germany".
https://battery-news.de/en/2023/09/12/korean-jv-builds-recycling-plant-in-germany/
(검색일: 2023.10.1)

BloombergNEF. 2016.6. "Bekanntmachung Richtlinie zur Förderung des Absatzes von elektrisch betriebenen Fahrzeugen." *Umweltbonus*, Vol. 29.

BloombergNEF. 2018. "Bekanntmachung Richtlinie zur Förderung des Absatzes von elektrisch betriebenen Fahrzeugen." *Umweltbonus*, Vol. 26(February 2018).

Bundesamt für Wirtschaft und Ausfuhrkontrolle. 2020.7.20. "Elektromobilität(Umweltbonus) Zwischenbilanz zum Antragstand vom 01".
https://www.bafa.de/SharedDocs/Downloads/DE/Energie/emob_zwischenbilanz.pdf?__blob=publicationFile&v=56(검색일: 2023.11.1)

Daily News Hungary. 2023.2.12. "Hungary becoming a battery superpower: is it a good idea?".
https://dailynewshungary.com/hungary-becoming-a-battery-superpower-is-it-a-good-idea(검색일: 2023.9.1)

Daily News Hungary. 2023.2.2. "Chaos around battery plants in Hungary".
https://dailynewshungary.com/chaos-around-battery-plants-in-hungary(검색일: 2023.9.1)

Daily News Hungary. 2023.8.25. "Accidents, illnesses in battery plants in Hungary: new law comes?".
https://dailynewshungary.com/accidents-illnesses-in-battery-plants-in-hungary-new-law-comes/(검색일: 2023.9.1)

Daily News Hungary. 2023.8.28. "Another huge battery plant to be built in Hungary".
https://dailynewshungary.com/another-huge-battery-plant-to-be-built-in-hungary/#goo
gle_vignette(검색일: 2023.9.1)

Dnistran, Lulain. 2023.7.19. "Tesla Requests Approval To Expand Berlin GigafactoryThe
Austin-based EV brand wants to transform its German factory into the biggest car plant
in Europe." *INSIDEEVs*.
https://insideevs.com/news/677703/tesla-berlin-gigafactory-expansion-request/(검색일:
2023.9.20)

Electrek. 2020.11.7. "SVOLT to build German battery factory in Saarland".
https://www.electrive.com/2020/11/17/svolt-to-build-24-gwh-battery-factory-in-german
-saarland/(검색일: 2022.9.20)

Electrek. 2021.7.12. "Farasis battery production in Saxony delayed".
https://www.electrive.com/2021/07/12/farasis-battery-production-in-saxony-delayed/
(검색일: 2022.9.20)

Electrek. 2022.8.12. "CATL announces giant new 100 GWh battery plant in Hungary".
https://electrek.co/2022/08/12/catl-announces-giant-new-100-gwh-battery-plant-hungar
y/(검색일: 2022.9.20)

Electrek. 2022.9.10. "SVOLT confirms 2nd battery cell plant in Germany".
https://www.electrive.com/2022/09/10/svolt-confirms-2nd-battery-cell-plant-in-german
y/(검색일: 2022.9.20)

European Commission. 2010. "EUROPE 2020: A European Strategy for Smart. Sustainable and
Inclusive Growth." COM(2010)202.

European Commission. 2019.12.9. "La Commission autorise une aide publique de 3, 2 mil-
liards € dans le secteur des batteries".
https://ec.europa.eu/france/news/20191209/alliance_europeenne_batteries_fr(검색일:
2020.8.5)

Global Battery Alliance. 2019. "A Vision for a Sustainable Battery Value Chain in 2030 Un-
locking the Full Potential to Power Sustainable Development and Climate Change
Mitigation." World Economic Forum.

Hamburg News Wirtschaftsnachrichten aus der Metropolregion. 2023.8.30. "Northvolt und
EMR eröffnen Batterierecycling-Anlage in Hamburg In der neuen Anlage in Hamburg-
Billbrook werden Rohstoffe aus Elektroauto-Batterien zurückgewonnen".
https://www.hamburg-news.hamburg/unternehmen/northvolt-und-emr-eroeffnen-batt
erierecycling-anlage-hamburg(검색일: 2023.9.1)

Healey, Olivia. 2023.8.24. "Northvolt und EMR nehmen Recycling-Analage für Elecktro-
auto-Batterien in Betrieb".
https://de.emrgroup.com/neuesten-nachrichten/Northvolt-und-EMR-nehmen-Recycling

-Anlage-fur-Elektroauto-Batterien-in-Betrieb(검색일: 2023.9.1)

Mathieu, Carole. 2021. "Green Batteries: a Competitive Advantage for Europe's Electric Vehicle Value Chain?". Etudes de l'IFRI.

Milne, Richard. 2022.5.16. "Northvolt and Norsk Hydro to expand battery recycling JV in Europe". *The Financial Times.*
https://www.ft.com/content/8cfd8e43-f4d6-446d-81ee-dc274e1cfacf(검색일: 2022.8.20)

PwC. 2023a. "Digital Auto Report 2023 How fast will the mobility ecosystem really transform?". strategy&.

PwC. 2023b. "EU recycling market". strategy&.

PwC. 2023c. "Im Wettbewerb um die Zukunft Studie sur Entwicklung der Automotivezulieferindustrie". strategy&.

PwC. 2023d. "Technology-differentiating Battery-Electric Platforms". strategy&.

Redwood Materials. 2022.7.13. "Redwood Materials and Volkswagen Group of America announce partnership".
https://www.redwoodmaterials.com/news/redwood-and-volkswagen-partnership/(검색일: 2023.8.5)

Sharova, V., P. Wolff, B. Konersmann, F. Ferstl, R. Stanek, and M. Hackmann. 2020. "Evaluation of Lithium-Ion Battery Cell Value Chain". *Working Paper Forschungsförderung*, No. 168.

Volkswagen. 2022.7.12. "Volkswagen Group of America and Redwood Materials to create supply chain for EV battery recycling".
https://media.vw.com/en-us/releases/1695(검색일: 2023.9.1)

Zeit Online. 2023.8.24. "Recyclinganlage für E-Auto-Batterien in Hamburg nimmt Betrieb auf".
https://www.zeit.de/news/2023-08/23/recyclinganlage-fuer-e-auto-batterien-nimmt-betrieb-auf#:~:text=Im%20Hamburger%20Stadtteil%20Billbrook%20hat,European%20Metal%20Recycling%20(EMR)(검색일: 2023.9.1)

Zeit Online. 2023.9.7. "Neuer Anlauf für Anlage zum Batterierecycling in Thüringen".
https://www.zeit.de/news/2023-09/07/neuer-anlauf-fuer-anlage-zum-batterierecycling-in-thueringen(검색일: 2023.9.10)

▬

모토그래프. "테슬라, 독일 배터리공장 투자 계획 철회…인플레 감축법 영향".
https://www.motorgraph.com/news/articleView.html?idxno=30688(검색일: 2023.9.20)

BMWi. "Elektroautos werden immer beliebter".
https://www.bmwi.de/Redaktion/DE/Infografiken/Industrie/elektroautos-werden-immer-beliebter.html(검색일: 2023.7.27)

Northvolt. "Europe's largest electric vehicle battery recycling plant begins operations".

https://northvolt.com/articles/hydrovolt/(검색일: 2023.8.5)

Northvolt. "We are Northvolt".

https://northvolt.com/about/(검색일: 2023.8.5)

Volkswagen Group News. "Volkswagen-led research team to recycle batteries multiple times for the first time".

https://www.volkswagen-newsroom.com/en/press-releases/volkswagen-led-research-team-to-recycle-batteries-multiple-times-for-the-first-time-8000(검색일: 2023.8.5)

일본의 폐배터리 재활용 정책 및 배터리 디지털 이력 제도

김현정 동아대학교 국제전문대학원 부교수

1. 일본의 폐배터리 재활용 현황

1) 배터리 재활용을 위한 관민 협력체계

배터리 순환경제는 재활용(Recycle)과 재사용(Re-use) 방식으로 구현된다. 재활용은 수명을 다해 재사용이 어려운 폐배터리를 다시 자원으로 가공하여 새로운 배터리 제조에 필요한 원재료로 활용하는 것이며, 재사용은 전기차 등에 사용한 후 수명이 남은 폐배터리를 모아서 일련의 과정을 거친 후에 다양한 용도로 재사용하는 것을 의미한다.[1] 폐배터리 재활용은

---

[1] Battery Inside, "세상의 모든 배터리에 대한 궁금증: 폐배터리는 어떻게 재사용·재활용되나요?".
   https://inside.lgensol.com/2022/11/%EC%84%B8%EC%83%81%EC%9D%98-%EB%AA

사용 후 배터리를 셀(cell) 단위에서 분해하여 희유금속을 추출 및 재활용하는 방식이며, 재사용은 폐배터리를 모듈 및 팩 단위에서 ESS(Energy Storage System, 에너지저장장치) 및 UPS(Uninterrupted Power Supply, 무정전 전원 공급 장치)로 활용하는 방식이다(삼정KPMG 경제연구원, 2022: 4). 배터리는 종류도 다양하며 고가의 희유금속으로 구성되기 때문에 이를 추출하거나 재사용할 수 있는 순환경제의 대상이다.

사용 후 배터리는 그림 7-1과 같이 재활용 또는 재사용 과정을 거친다. 폐배터리의 배출부터 분리, 보관, 회수, 성능 검사 후 재활용 혹은 재사용 공정을 거쳐 순환되는 것이다. 배터리 사용이 급증함에 따라, 유럽, 중국, 한국 등에서 배터리 재활용 및 재사용 정책이 추진되고 있는 가운데, 일본에서도 소형 배터리나 차량용 배터리 등에 대해 제조 기업의 공동 회수 체계가 구축되고 있다. 하지만 이는 기업 차원에서 추진되고 있는 사항으로, 현재까지 회수율 목표 등의 정책적 사안은 법제화가 되지 못하고 있다. 다만 경제산업성(經濟産業省) 성령(省令)으로 소형 충전식 배터리 재자원화의 목표치를 리튬이온(Li-ion) 전지 30%로 두고 있을 뿐이다. 특히 전기차 배터리의 처리에서는 적정 조건을 만족할 경우 가장 경제적이고 합리적인 방법을 선별하여 재사용하도록 하고 있다. 현재 일본에서 해체 사업자가 분리한 배터리는 재사용이나 재활용을 목적으로 수출되는 경우도 있으며, 이 총량은 제거한 배터리의 20~30%로 보고된다.[2] 현재까지 일본 내

%A8%EB%93%A0-%EB%B0%B0%ED%84%B0%EB%A6%AC%EC%97%90-%EB%8C%80%ED%95%9C-%EA%B6%81%EA%B8%88%EC%A6%9D-%ED%8F%90%EB%B0%B0%ED%84%B0%EB%A6%AC%EB%8A%94-%EC%96%B4%EB%96%BB/(검색일: 2023.7.1)

[2] 三菱総合研究所(MRI), "ものづくりを支える蓄電池リサイクル実現を". https://www.mri.co.jp/knowledge/mreview/2023033.html(검색일: 2023.7.1)

그림 7-1 **전기차 폐배터리를 중심으로 본 재활용 및 재사용 밸류체인**

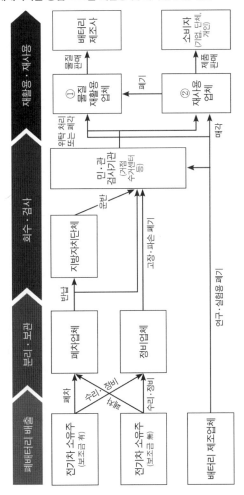

자료: 삼정KPMG 경제연구원(2022: 5).

배터리 재활용 및 재사용에 대한 정책 대응이 강화되지 않은 이유는 폐배 터리의 배출이 현시점에서 적고, 폐기로 인한 환경문제도 현재화되어 있 지 않기 때문이다. 그러나 배터리 순환경제에 관한 국제사회의 압력이 높 아지고 있으며, 해당 분야가 또 하나의 경쟁 분야로 지목되고 있어 일본

그림 7-2 **일본 배터리 산업전략 개요**

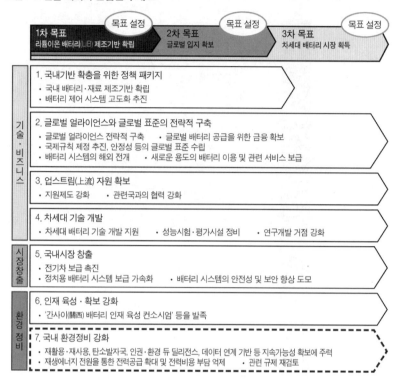

자료: 한국산업기술진흥원, "일본 배터리 산업 전략(日經濟産業省, 8.31)".
https://www.kiat.or.kr/front/board/boardContentsView.do?board_id=71&contents
_id=5bd41ae86200415da90974b3460d1ecd&MenuId=(검색일: 2023.7.1);
蓄電池産業戰略檢討官民協議會, "蓄電池産業戰略".
https://www.meti.go.jp/policy/mono_info_service/joho/conference/battery_strateg
y/battery_saisyu_torimatome.pdf(검색일: 2023.7.1)

사회에서도 관심을 기울이고 있다. 장기적 관점에서 봤을 때 재활용으로
회수된 희유금속의 재공급은 배터리나 자동차 산업 발전에 기여한다.

　일본 정부는 배터리 산업 발전과 폐배터리 순환경제 활성화를 위한 전
략으로 관민 협력체계를 구축하고 있다. 전통적인 제조업과 금융 분야에
서 일본 산업은 정부가 정책 방향을 제시하여 기업을 선도하는 발전국가

모델의 전형이었다. 그러나 2000년대 전후 디지털 등 지식 기반 기술산업 등에서 일본 정부는 경쟁력 향상을 위해 관민 협력체계를 구축하는 경우가 많다. 배터리 분야에서도 일본 정부는 2021년 '축전지산업전략검토관민협의회(蓄電池産業戰略檢討官民協議會)'(이하 협의회)를 설립하여 산업의 환경 변화에 대해 정보를 공유하고, 주요 전략의 검토를 시행하고 있다. 협의회는 설립 이후 2023년 4월까지 총 일곱 차례 연구회를 개최했으며, 2022년 8월 배터리 산업 전략을 공표했다(그림 7-2 참조).

일본의 배터리 산업 전략은 기술 및 비즈니스 영역, 시장진출 전략 그리고 환경정비 분야로 구성된다. 일본 정부의 배터리 산업정책 전략은 다음과 같다. 첫째, 리튬이온 배터리의 제조기반 확립을 위해 2030년까지 일본 국내 제조기반 150GWh/년 확보, 둘째, 글로벌 입지 확립을 위해 2030년까지 제조 능력 600GWh/년 확보, 셋째, 차세대 배터리 시장 획득을 위해 2030년경 전고체 배터리 본격 실용화 및 기술 리더 지위 유지를 주요 목표로 설정했다.[3] 이 중 환경정비 부문에서 폐배터리의 재활용 및 재사용에 관한 전략 내용이 적시되었다. 나아가 협의회는 배터리 순환경제 구축을 위해 2022년 '축전지의 지속가능성에 관한 연구회(蓄電池のサステナビリティに関する研究會)'(이하 연구회)를 발족시켰다. 해당 연구회는 협의회 산하 분과회의로 설립되었으며, 이 연구회에 관한 사무는 경제산업성 상무정보정책국 정보산업과 전지산업실(經濟産業省 商務情報政策局 情報産業課 電池産業室)이 담당한다.[4] 해당 연구회는 2022년 1월부터 2023년 4월까

---

3   한국산업기술진흥원, "일본 배터리 산업 전략(日經濟産業省, 8.31)".
     https://www.kiat.or.kr/front/board/boardContentsView.do?board_id=71&contents_i
     d=5bd41ae86200415da90974b3460d1ecd&MenuId=(검색일: 2023.7.1)
4   經濟産業省, "蓄電池のサステナビリティに関する研究會の開催について(案)".

그림 7-3 JBRC 홈페이지

자료: JBRC(https://www.jbrc.com/)(검색일: 2023.7.1)

지 총 네 차례 연구회를 개최했다. 이 연구회는 '배터리의 탄소발자국(蓄電池のカーボンフットプリント)' 시범사업, '배터리의 인권 및 환경 실사의무(蓄電池の人権・環境デュー・ディリジェンス)'에 관한 설문 조사, 데이터 제휴 기반 구축 전략을 제시해왔다.[5]

이와 같이 '축전지의 지속가능성에 관한 연구회'가 사용 후 배터리 재활

---

https://www.meti.go.jp/shingikai/mono_info_service/chikudenchi_sustainability/pdf/004_02_00.pdf(검색일: 2023.7.1)

5   經濟産業省, "第4回 蓄電池のサステナビリティに関する硏究會".
     https://www.meti.go.jp/shingikai/mono_info_service/chikudenchi_sustainability/004.html(검색일: 2023.7.1)

용 및 재사용에 관한 순환 체계, 기술, 발전 전략 등을 제시한 가운데, 일본에서는 실제 폐배터리의 수거 및 폐기를 담당하는 기관 및 조직이 지정되었다. 이는 배터리가 일회성인 1차전지인지 2차전지인지, 또한 배터리 사이즈가 소형인지 중대형인지에 따라 구분된다.[6] 이 중 소형 충전식 배터리의 재활용은 2001년 「자원유효이용촉진법」에 근거하며, 일반사단법인 JBRC(Japan Portable Rechargeable Battery Recycling Center)에 의해 소형 충전식 배터리(니카드 전지, 니켈수소 전지, 리튬이온 전지)의 회수·재활용은 JBRC가 전적으로 시행하고 있다.

사용 후 배터리의 재활용 및 재사용에 대해 미쓰비시 종합연구소(三菱綜合硏究所(MRI))는 재사용 촉진과 재활용 산업의 경쟁력이 핵심임을 강조하며 다음 두 가지 사항을 지적했다. 첫째, 국내에서 중고 배터리 재사용의 확대이다. 재사용 효율화에 유효한 기재로서 '디지털 제품 여권 제도'가 있다. 해당 제도를 활용하면 사업자들 사이에서 제조 정보와 잔존 성능 등 필요한 정보를 공유할 수 있어, 유럽에서는 '배터리 여권 제도'의 도입이 진행되고 있다. 또 기업이 제품을 소유하고 대여하는 사업 모델(구독이나 임대·렌탈)이라면 개인이 소유하는 경우에 비해 폐기 단계에서 이를 관리할 수 있어 재사용과 재활용에 연계하기 쉽다. 둘째, 재활용 산업의 국제 경쟁력 강화가 필요하다. 재활용 후 배터리 자원의 국내 수요를 확대함과 동시에 기술 혁신을 추진하고 공급망에서 연계한 사업 모델의 확립을 서두를 필요가 있다. 이것이 실현되면 아시아권을 포함해 해외에서 배터리의 스크랩(スクラップ)을 일본으로 환류시키는 구상이 실현될 수 있

---

6   배터리 폐기 혹은 재활용·재사용에 관한 정책 및 담당기관의 세부 내용은 제2절에서 다룬다.

다.[7] 일본 정부는 저비용·고효율의 재활용 기술 개발 및 조기 실용화를 추진 중이다. 현재 신에너지·산업기술종합개발기구(NEDO: 新エネルギー·産業技術總合開發機構)의 그린이노베이션 기금에서 재활용기술개발사업이 지원되고 있다.[8]

2) 사용 후 배터리의 재자원화 현황

일본 내 소형 2차전지의 수거 및 재자원화(재활용)는 JBRC가 담당한다. JBRC의 사업 내용은 첫째, 소형 충전식 배터리의 회수 및 재자원화 시스템의 구축·운영, 둘째, 관련 업계나 지자체, 시민단체 등과의 협력 및 정보 제공, 셋째, 소형 충전식 배터리 재활용에 관한 홍보, 넷째, 소형 충전식 배터리 재활용에 관한 시정촌(市町村)과의 제휴, 다섯째, 소형 충전식 배터리 재활용에 관한 실적 공표, 여섯째, 전국에서 배출 협력점 등의 배출 장소 확산이다.[9]

JBRC는 회원업체를 대상으로 배터리 수거를 진행하고 있다. JBRC의 수거 대상 배터리는 「자원유효이용촉진법」에서 지정한 대상 범위 내 기기에 한정된다. 주로 공구, 자전거, 노트북, 비디오카메라, 면도기 등 소형 기기 내 배터리가 주요 대상이다. 배터리의 종류도 니카드 전지, 니켈수

---

7 三菱綜合研究所(MRI), "ものづくりを支える蓄電池リサイクル實現を".
   https://www.mri.co.jp/knowledge/mreview/2023033.html(검색일: 2023.7.1)
8 國立環境研究所, "新エネルギー·産業技術總合開發機構、二次電池技術開發ロードマップ(Battery RM2010)を策定".
   https://tenbou.nies.go.jp/news/jnews/detail.php?i=3668(검색일: 2023.7.1)
9 JBRC, "「小型充電式電池」の回收から再資源化まで".
   https://www.jbrc.com/whats_jbrc/business/(검색일: 2023.7.1)

표 7-1 JBRC의 수거 대상 배터리

품목	수거 대상 배터리	대상 외 배터리
JBRC 회원 (배터리 제조업체, 기기 제조업체, 수입업체)	회원	비회원
기기 용도	「자원유효이용촉진법」 대상 범위 내 기기	자동차용 배터리

배터리 종류	• 니카드 전지
	• 니켈수소 전지
	• 리튬이온 전지
	[사용기기]
	  – 전동 공구·유도등, 비상등
	  – 경보 설비
	  – 전동 어시스트 자전거
	  – 노트북
	  – 비디오카메라
	  – 면도기 등
		• 1차전지(일회용 전지)
		• 건전지(망간·알칼리)
		• 리튬 1차전지
		• 코인 전지
		• 버튼 전지

폐배터리 상태	• 타흔이나 압괴 등 외부 데미지가 없는 배터리	• 타흔이나 압괴 등, 외부 데미지가 있는 배터리 • 전지팩으로부터 해체된 배터리 • 기기로부터 파쇄기 등으로 꺼낸 배터리
분별 상태	• 니카드 전지, 니켈수소 전지, 리튬이온 전지를 분별하고 페일 캔으로 포장(황색 재활용 박스 캔은 분별 불필요)	• 페일 캔으로, 전지 종류마다 분별되지 않고 혼재 상태 (황색 리사이클 박스 캔의 전지를 페일 캔에 옮기는 경우는 분별불필요)

자료: JBRC, "「小型充電式電池」の回收から再資源化まで".
https://www.jbrc.com/whats_jbrc/business/(검색일: 2023.7.1)

소 전지, 리튬이온 전지로 구분된다. 차량용 배터리 그리고 1차전지, 건전지, 코인 전지 등은 JBRC의 수거 대상이 아니다.

JBRC의 회원 등록은 해당 법인 홈페이지에서도 가능하다. 회원이 될 수 있는 주요 대상은 첫째, 소형 충전식 배터리의 제조·판매 사업자, 둘째, 소형 충전식 배터리 사용기기의 제조·판매 사업자, 셋째, 소형 충전식 배터리 수입 판매 사업자, 넷째, 소형 충전식 배터리 사용기기의 수입 판매 사업자, 다섯째, 일반사단법인 전지공업회, 여섯째, 그 외 JBRC 목적에

그림 7-4 JBRC의 회원등록 과정

자료: JBRC, "新規『JBRC會員』登錄".
https://www.jbrc.com/member/new_member/(검색일: 2023.7.1)

부합하는 법인 및 단체이다. 2023년 약 350개 법인이 JBRC 회원으로 등록되어 있다. JBRC는 전국적으로 소형 충전식 전지의 재활용 활동을 추진하고 있으며, 회수 재자원화 비용은 JBRC 회원이 부담하고 있다.

JBRC 신규 등록을 원하는 업체는 JBRC로부터 내려 받은 '입회 사전조사·응답표(입회 사전상담)'를 작성하여 담당자에게 이메일을 보낸다. 응답표의 내용을 토대로 JBRC는 동 업체가 회원이 되기에 타당한지를 검토한 후에 심사결과를 회신한다. 입회 심사가 승인되면 회원으로 활동할 수 있다.

2012~2023년 6월까지 JBRC가 회수한 사용 후 배터리 양(톤)은 그림 7-5와 같다. 2012~2019년 JBRC의 사용 후 배터리 회수량은 연평균 약 1,049.8톤으로 큰 변화는 없지만 2020년 수치가 확연히 증가했다. JBRC의 사용 후 배터리 회수량은 2020년 1,986톤, 2021년 1,894톤, 2022년 1,706톤을 기록하고 있다(그림 7-5 참조).

그림 7-5 JBRC의 사용 후 배터리 회수량

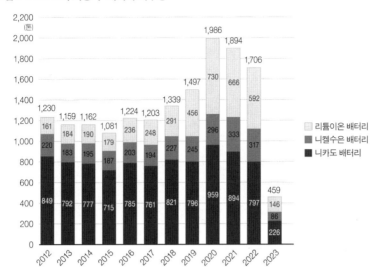

주: 2023년 회수량은 6월까지의 합계.
자료: JBRC, "回收量グラフ(年次推移)".
　　 https://www.jbrc.com/recycle/graph_year/(검색일: 2023.7.1)

표 7-2 배터리별 재자원화율 실적

배터리 구분	법정 목표치	연도 실적치										
		2012	2013	2014	2015	2016	2017	2018	2019	2020	2021	2022
니카도 전지	60	73	72	71	71	72	72	72	72	74	76	76
니켈수은 전지	55	77	77	77	77	77	77	77	77	77	77	77
리튬이온 전지	30	39	44	42	39	37	52	52	53	53	53	53

주: 재자원화율(%)=재자원화물 중량×금속원소 함유율/처리 대상 배터리 중량(부속부품 제외)
　　 ×100
자료: JBRC, "再資源化率實績表".
　　 https://www.jbrc.com/recycle/graph_recycling/(검색일: 2023.7.1)

JBRC의 사용 후 배터리 회수량 실적이 2020년에 크게 증가한 이유는 리튬이온 배터리 수거가 증가했기 때문이다. 표 7-2 배터리별 재자원화율 실적에서도 수거량의 결과가 반영된 것으로 나타났다. 배터리별 재자원화율 실적에서 니카도 전지, 니켈수은 전지, 리튬이온 전지 모두가 법정 목표치(각 60%, 55%, 30%)를 넘어섰다.

니카도 전지와 니켈수은 전지는 2012년부터 2022년에 이르기까지 재자원화율 실적에 큰 변화가 없으나, 리튬이온 전지는 2012년 39%에서 2022년 53%로 신장되었다.

3) 폐배터리 재사용 비즈니스 모델: 닛산

지속가능사회를 구축하기 위해, 주요국은 전기차(EV)로의 전환 전략을 선택하고 있으나 EV에 전력을 공급하는 리튬이온 배터리에 대한 논란은 여전히 남아 있다. 배터리에 사용되는 원료의 대부분은 위험물이며, 조달이나 재이용이 어렵다. 주요국에서 전기차 보급이 활발히 진행되고 있으나, EV용 배터리의 재자원화나 재사용은 전기차가 폐차 혹은 중고차 매매에 임하는 시점부터 활성화되므로 적어도 10년 내에는 수익 사업이 될 수 없을 것으로 판단된다.

배터리 재사용의 문제이다. EV 배터리는 주행 거리를 확보하기 위해 용량의 70~80%까지 열화가 진행되면 교환 시기로 간주되어 폐기되는데, EV 배터리 재사용에 관한 기술 지원 및 다른 용도 활용에 대한 전략적 지원이 필요하다.[10] 이에 일본의 전기차 배터리 생산 기업은 자사 차원에서

10　木通秀樹, "電気自動車(EV)の普及で期待される電池の循環市場形成".

그림 7-6 미쓰비시의 차량용 배터리 회수·수거 안내

자료: 三菱自動車, "自動車リサイクル/自動車リサイクル法への對應/駆動用・アシストバッ
テリーのリサイクル".
https://www.mitsubishi-motors.com/jp/sustainability/environment/recyclelow/batt
ery.html(검색일: 2023.7.1)

차종별 배터리의 제거·회수 매뉴얼을 갖추고 있다. 미쓰비시 자동차제

EV, 플러그인 하이브리드 자동차(PHEV)에 탑재되는 배터리(리튬이온 전지

또는 니켈수소 전지)의 제거·회수에 관한 상세 정보(PDF 온라인 매뉴얼)를 게

시하고 있다.[11] 2022년 바이든 대통령이 서명한 미국 인플레이션 감축법

---

https://www.jri.co.jp/page.jsp?id=102648(검색일: 2022.9.30)

11   三菱自動車, "自動車リサイクル/自動車リサイクル法への對應/駆動用・アシストバッテリーの-

(IRA: Inflation Reduction Act)에 따르면, EV 구매 시 세액공제를 받기 위해서는 배터리에 포함된 주요 광물의 최소 비율이 미국 또는 미국과 자유무역협정(FTA: Free Trade Agreement)을 체결한 국가에서 채굴·가공된 것이어야만 한다. 유럽연합(EU)은 유럽 시장에서 판매하는 배터리의 제조 환경 및 실사 기준에 대한 엄격한 규정을 채택하고 있다. 이에 따르면 폐배터리로부터 리튬 회수 목표를 2027년 말까지 50%, 2031년 말까지 80%로 설정했으며, 니켈-카드뮴 배터리의 재활용 효율 목표는 2025년 말까지 80%, 기타 폐배터리는 2025년 말 50%로 설정했다.[12]

이 중 주요 모빌리티 기업은 폐배터리 비즈니스 모델을 선도적으로 구축하기 위해 노력하고 있다. 일본 닛산(日産)은 ESS 개발업체와 협력하여 재사용·재제조 ESS를 판매하는 폐배터리 비즈니스 모델을 제시했다.

또한 닛산과 스미토모 주식회사(住友商事株式會社)는 2010년 합작법인 4R ENERGY(フォーアールエナジー(4R)) 주식회사를 설립했다. 합작법인은 폐배터리 회수·재생산·재제조를 수행하여 차량용 배터리뿐 아니라 가정용 배터리 재사용 분야에도 적용하기 위해 사업을 진행하고 있다.

4R ENERGY는 전기자동차의 재사용 배터리를 대규모 전력 용도에 적용하는 기술개발을 진행하여, 후쿠시마 현(福島縣)에 위치한 4R ENERGY 사업소 내에 'EV 배터리·스테이션 나미에(EVバッテリー・ステーション浪江)'를 완공했다.

リサイクル". https://www.mitsubishi-motors.com/jp/sustainability/environment/recyclelow/battery.html(검색일: 2023.7.1)

12 European Council, "Council adopts new regulation on batteries and waste batteries". https://www.consilium.europa.eu/en/press/press-releases/2023/07/10/council-adopts-new-regulation-on-batteries-and-waste-batteries/(검색일: 2023.8.1)

그림 7-7 **닛산의 전기차 배터리 재제조·재사용 사업 모델**

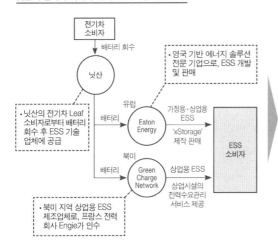

자료: 삼정KPMG 경제연구원(2022: 19).

그림 7-8 **전기차 배터리 순환경제에서 'EV 배터리·스테이션 나미에'의 역할**

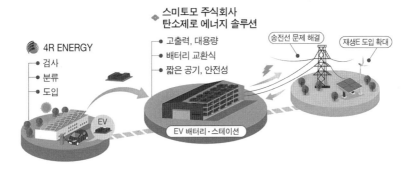

자료: 住友商事, "「EVバッテリー・ステーション浪江」の完工について: 2024年の需給調整
市場参入を見据え、大規模電力用途向け蓄電システムを構築". https://www.sumitomocorp.com/ja/jp/news/release/2022/group/15640(검색일: 2023.7.1)

표 7-3 **닛산과 스미토모 합작법인 4R ENERGY의 사업 개요**

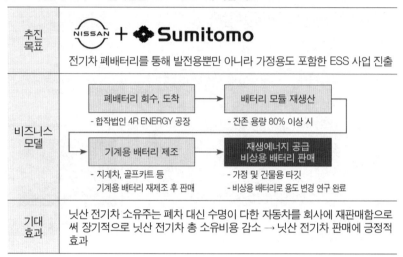

추진 목표	**NISSAN + ◆ Sumitomo** 전기차 폐배터리를 통해 발전용뿐만 아니라 가정용도 포함한 ESS 사업 진출
비즈니스 모델	폐배터리 회수, 도착 → 배터리 모듈 재생산 - 합작법인 4R ENERGY 공장　- 잔존 용량 80% 이상 시 ↓ 기계용 배터리 제조 → 재생에너지 공급 비상용 배터리 판매 - 지게차, 골프카트 등　- 가정 및 건물용 타깃 기계용 배터리 재제조 후 판매　- 비상용 배터리로 용도 변경 연구 완료
기대 효과	닛산 전기차 소유주는 폐차 대신 수명이 다한 자동차를 회사에 재판매함으로써 장기적으로 닛산 전기차 총 소유비용 감소 → 닛산 전기차 판매에 긍정적 효과

자료: 삼정KPMG 경제연구원(2022: 17).

'EV 배터리·스테이션'은 회수한 재사용 배터리를 보관해 성능을 관리하는 것과 동시에, 축전 센터로서 전력 계통용 수급조정 서비스를 제공하는 순환형 사업 모델이다. 'EV 배터리·스테이션'은 2022년 4월부터 본격적인 운용을 개시하여 본 기술의 설계나 유용성·신뢰성을 검증해왔으며, 2024년에는 수급조정시장(需給調整市場)[13]을 통해 대형축전사업을 개시할 것으로 알려졌다.[14] 스미토모 주식회사는 나미에(浪江) 초와 제휴 협정서를

---

[13]　수급조정시장(需給調整市場)은 전력수요 변화에 따라 발전소 등에서 수요와 공급을 일치시키는 데 필요한 전력인 '조정력'을 거래하는 시장이다. 기존에는 각 지역에서 라이선스가 부여된 일반 송배전 사업자가 '조정력' 조달을 담당했지만, 다양한 사업자가 한 시장에 참가함으로써 가격경쟁 촉진이 기대되고 있다(住友商事, 2022). 2024년부터는 모든 상품이 수급조정시장에서 거래된다.

[14]　住友商事, "「EVバッテリー・ステーション浪江」の完工について: 2024年の需給調整市場参入を見据え、 大規模電力用途向け蓄電システムを構築".

체결하여 본 설비를 확충한 복수의 대형 축전 프로젝트를 주변 지역에서 검토하고 있다.

2. 일본의 폐배터리 재활용에 관한 주요 정책

일본 사회는 탄소중립사회를 구축하기 위해 배터리 발전 및 폐배터리 재활용에 관한 전략을 이행하고 있다. 현재 배터리는 리튬이온 2차전지 (LiB)를 주로 소비하고 있으며, 특히 EV 용도의 배터리 이용이 급격히 높아지고 있다. 배터리 원료 수요도 급증하여, 2차전지에 사용되는 리튬이나 코발트, 니켈 등을 포함한 배터리 원료의 연간 수요는 2040년에 2020년 대비 30배 이상일 것으로 예측된다(International Energy Agency, 2021).

이러한 상황에서 주요국들은 배터리 재활용 기준 및 정책 등을 마련해왔다. EV와 축전지의 제조, 소비와 더불어 환경과 경제의 양립을 목표로 축전지 자원의 순환 체계를 구축할 필요가 있다.

1) 녹색성장전략 중 2차전지 재자원화·재사용 정책

2020년 12월 경제산업성은 '2050년 탄소중립에 따른 녹색성장전략 (2050年カーボンニュートラルに伴うグリーン成長戦略)'을 공표했다.

해당 전략은 친환경차 보급 목표 및 사용 후 배터리의 재자원화·재사용

---

https://www.sumitomocorp.com/ja/jp/news/release/2022/group/15640(검색일: 2023.7.1)

표 7-4 **일본의 2050년 녹색성장전략 중 배터리 전략**

[2차전지]

현재와 과제	향후 전략

• 연구개발 리드에서 스케일화에 어려움을 겪음
→ 대량 생산과 성능 향상이 과제
• EV는 HV의 50~100배 배터리 탑재
• 유럽 등에서 배터리 산업 정책 및 규제
• '배터리 얼라이언스'에 약 3900억 엔(~2031) 연구비 지원
• 전지 공장 투자 지원 (1000억 엔 등)
• 배터리 지침 개정 : 배터리 수명주기의 이산화탄소 배출량 라벨 규제 등
• 차량용 배터리 : 한·중 점유율 증가, 일본산 세계 점유율 저하
• 배터리 기술: 한·중 추격
  −2차전지 특허: 일본 37%, 중국 28%
• 국내 가정용 배터리 시장: 한국계 약 70%, 일본계 약 30%
	• 대규모화·연구개발 지원, 2차전지 비즈니스 창조
	→ 2030년을 향해 세계에서 약 2배(8조→19조 엔), 차량용은 약 5배(2조→10조 엔) 성장 시장 흡수
	• 2030년까지 가능한 한 빠르게 다음 사항 진행
	  · 전기자동차와 가솔린차의 경제성이 동등해지는 차재용의 전지팩 가격 1만 엔/kWh 이하,
	  · 태양광 병설형의 가정용 축전지가 경제성을 갖는 시스템 가격 7만 엔/kWh 이하(공사비 포함)
	• 2030년 이후, 더욱 축전지 성능 향상이 기대되는 차세대 전지의 실용화
	① 배터리 산업의 규모화를 통한 저가격화
	  예: 축전지·자원·재료에 대규모 투자, 정치용 축전지 도입 지원 등
	② 연구개발·기술실증
	  예: 2차전지 리튬이온 전지·혁신형 전지의 성능 향상, 2차전지 재료 성능 향상, 고속·고품질·저탄소 제조 프로세스, 재사용·리사이클, 정치용 2차전지를 활용한 전력 수급의 조정력 제공 등
	③ 규칙 정비·표준화
	  예: 2차전지 라이프사이클에서 이산화탄소 배출 표시제, 재료의 윤리적 조달, 재사용 촉진 등에 관한 국제규칙·표준화, 가정용 전지의 성능라벨 개발·표준화, 조정력 시장(2024년 개설) 참가를 향한 제도 설계, 계통용 2차전지의 전기사업법상 위치 지정 명확화 등

자료: 經濟産業省(2020: 30).

내용을 담고 있다. 경제산업성은 2050년까지 자동차 라이프사이클 전체에 대한 탄소중립화 목표를 제시함과 동시에 배터리 산업의 경쟁력 강화를 도모하기로 했다. 경제산업성은 승용차의 경우 2035년까지 신차 판매로 전동차 100%를 실현하고, 상용차의 경우 소형차는 신차 판매로 2030년까지 전동차 20~30%, 2040년까지 전동차·탈탄소 연료차 100%를 목표로 하며, 대형차는 2020년대에 5천 대 선행 도입을 목표로 하는 것과 동시에, 2030년까지 2040년의 전동차 보급 목표를 설정했다. 이에 따른 배터리의 목표도 2030년까지 가능한 한 조기에 국내 자동차용 축전지 제조 능력을 100GWh까지 높이며, 가정용·업무용·산업용 축전지의 합계로 2030년까지 누적 도입량 약 24GWh를 목표로 설정했다.[15]

해당 정책에서 배터리 재사용·재활용에 관해 언급한 내용은 다음과 같다. "사용 후 배터리를 이용할 수 있는 경우에는 다시 차량용으로서 활용하고, 이용할 수 없게 되었을 경우에는 광물자원을 효율 회수한다. 또한 후술하는 표준화 등의 대처를 진행함과 동시에, 축전지의 재사용·재활용 촉진을 위한 제도적 틀을 포함하여 검토한다"는 내용이다. 이 외에 정부 차원에서 차량용 배터리 재사용·재활용에 관한 정책목표 수치 등을 제시한 내용은 없다.

2) 사용 후 배터리의 처리 및 재활용 정책

일본은 「자원의 유효한 이용의 촉진에 관한 법률(資源の有効な利用の促進に関する法律)」(이하 「자원유효이용촉진법」)과 '폐기물처리법광역인정제도(廃棄物処理法廣域認定制度)'를 통해 사용한 배터리의 처리 및 재활용을 관리한다. 한국에서는 배터리 순환과 관련해서 폐배터리 재활용, 폐배터리 재사용으로 구분하여 사용하나, 일본은 '2차전지 재활용' 및 '배터리 재자원화'라는 용어를 사용한다. 이는 소형 2차전지 폐배터리의 경우 재활용 대상이며, 전기차 배터리 등 중대형 배터리는 재자원화되는 사항을 구분하는 용어이다. 제조 사업자 또는 수입업자에 의해 소형 2차전지의 회수와 재

---

15   經濟産業省, "自動車·蓄電池産業".
      https://www.meti.go.jp/policy/energy_environment/global_warming/ggs/05_jidosha.
      html(검색일: 2023.7.1)

표 7-5 회수·재활용 대상인 소형 2차전지 사용 제품(지정 재자원화 제품)

• 전원 장치(모바일 배터리)	• 전동 공구	• 유도등
• 화재경보 설비	• 휴대용 데이터 수집 장치	• 간이 무선용 통신 장치
• 방범경계 장치	• 무선 전화	• 아마추어용 무선기
• 전동 자전거	• 팩시밀리 장치	• 비디오카메라
• 전동 휠체어	• 교환기	• 헤드폰 스테레오
• PC	• 휴대폰용 장치	• 전기 청소기
• 프린터	• MCA 시스템용 통신 장치	• 전기 면도기
• 전기 칫솔	• 혈압계	• 가정용 전기 치료
• 비상용 조명 기구	• 의약품 주입기	• 전기 기포 발생기
• 전동식 암구	• 전기 마사지기	

자료: 經濟産業省, "小型二次電池のリサイクル(資源有効利用促進法)".
https://www.meti.go.jp/policy/it_policy/kaden/index03.html(검색일: 2023.7.1)

표 7-6 「자원유효이용촉진법」에 제시된 제조업자의 의무

구분	소형 2차전지		소형 2차전지 사용 제품	
	제조 사업자	수입 사업자	제조 사업자	수입 사업자
자가 회수	○	○	○	○
재자원화	○	○	○	○
환경 배려 설계	-	-	○	×
리사이클 마크 등의 표시 의무	○	○	○	×

자료: 經濟産業省, "小型二次電池のリサイクル(資源有効利用促進法)".
https://www.meti.go.jp/policy/it_policy/kaden/index03.html(검색일: 2023.7.1)

자원화가 의무화된 소형 2차전지 사용 제품은 표 7-5와 같다.

또한 경제산업성은 「자원유효이용촉진법」을 통해 배터리 제조사와 배터리 사용 제품 제조업자의 의무를 표 7-6과 같이 제정했다.

2001년에 시행된 「자원유효이용촉진법」에 근거해, 소형 충전식 배터리 제조회사나 이 배터리의 사용기기 메이커, 그 수입 사업자 등에 소형 충전식 배터리의 회수·재자원화가 의무화되었다. 또한 '폐기물처리법광역인정제도'는 제품의 제조 등을 실시하는 자가 그 제품이 폐기물이 되었

표 7-7 **사용한 배터리의 구분**

충전식 배터리						1차전지(비충전식)						
사업자 (업무용)			일반 (가정용)			지자체		가정용		업무용		마그네슘 공기 전지 (비상용, 방재용)
대형 배터리	소형 배터리	납 배터리	대형 배터리	소형 배터리	납 배터리	버튼 배터리	그 외	버튼 배터리	그 외	버튼 배터리	그 외	

자료: 一般社團法人電池工業會, "使用濟み電池の處分についてのお問合せ".
https://www.baj.or.jp/battery/recycle/disposal.html(검색일: 2023.7.1)

을 때의 처리를 광역적(전국적)으로 하려는 경우, 폐기물의 감량이나 재자 원화에 대해서 적정한 처리가 확보되면 환경부 장관이 인정했을 때, 각각 의 지방공공단체에서 폐기물 처리업 허가를 취득할 필요를 없애는 특례 제도이다.[16]

일본 정부는 배터리의 처리 및 재활용에 관하여 세부적인 방침을 제시 한다. 표 7-7에서와 같이 사용한 배터리를 폐기할 배터리의 종류별(충전 식·비충전식), 사용 장소별, 규격별로 구분하여 폐기 관리한다.

1차전지(비충전식 배터리)의 경우 재활용이 불가하므로 사용 장소별 폐 기 지침이 제시된다. 버튼 배터리는 원래 수은을 사용하지 않으면서 일반 폐기물로 분류된다. 따라서 배터리공업회(一般社團法人電池工業會)에서 전국 에 점포를 운영하여 회수한다. 개인의 경우 버튼 배터리를 지자체에 폐기 하는 경우가 많으며, 지자체가 회수에 관한 법적 책임은 없으나 적정하게 처리한다. 버튼 배터리 외에 1차전지의 경우 각 지자체에서 수집하여 처

---

16 JBRC, "「資源有效利用促進法」に基づき「小型充電式電池」のリサイクル活動を推進".
https://www.jbrc.com/whats_jbrc/outline/(검색일: 2023.7.1)

리한다. 특별히 마그네슘 공기 전지의 폐기는 유일한 제조사인 후루카와 전지(古河電気工業株式會社)가 담당한다.[17]

충전식 배터리의 경우 대형과 소형으로 폐기 지침이 나뉜다. 우선 대형 충전식 배터리는 처리 가능 대상 산업용 축전지를 확인해야 한다. 처리가능대상 산업용 축전지는 첫째, 개방형 납축전지(벤트형 거치 납축전지), 밀폐형 납축전지(제어 밸브식 거치 납축전지), 소형 제어 밸브식 납축전지, 둘째, 개방형 알칼리 축전지(거치 니켈-카드뮴 알칼리 축전지), 밀폐형 알칼리 축전지(씰형 니켈-카드뮴 알칼리 축전지), 셋째, 전기차용 납축전지, 선용 납축전지, 넷째, 전원 장치 및 그 부속품(정류기, 충전기, 인버터, 축전지판, 축전지 가대, 접속선 등)으로 나뉜다.[18]

고객이 축전지 제조사(광역 인정자)에 처리를 위탁한 경우, 적정 처리 책임을 광역 인정자가 지는 것도 가능하므로, 수집 운반업자 및 처리업자와 별도의 계약은 필요하지 않다(그림 7-9에서 광역 인정의 범위 참조).

소형 충전식 배터리 재활용은 2001년 제정된 「자원유효이용촉진법」에 근거한다. 이에 따라 '소형 2차전지 재자원화 추진센터(小形二次電池再資源化推進センター)'가 2001년 4월 발족했다. 소형 충전식 배터리의 회수·재자원화가 의무화된 소형 충전식 배터리 메이커나 해당 배터리의 사용기기 메이커, 그 수입 사업자가 센터 회원이다. 또한 2004년 4월 유한책임중간법인 JBRC[19]를 설립하여 같은 해 9월부터 폐기물처리법·광역인정단체 인정

---

17   古河電気工業株式會社, "サステナビリティ".
      https://www.furukawadenchi.co.jp/(검색일: 2023.7.1)
18   一般社団法人電池工業会, "産業用蓄電池のリサイクル".
      https://www.baj.or.jp/battery/lead-acid/index.html (검색일: 2023.7.1)
19   일본 내 중간법인법 폐지 이후, 2009년 6월부터 일반사단법인 JBRC가 되었다.

그림 7-9 사용 후 산업용 축전지의 처리 과정

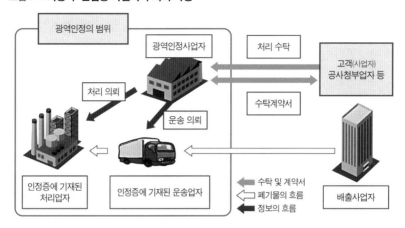

자료: 一般社團法人電池工業會, "産業用蓄電池のリサイクル".
https://www.baj.or.jp/battery/lead-acid/index.html(검색일: 2023.7.1)

그림 7-10 충전식 배터리의 재활용 마크

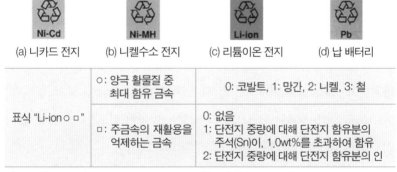

표식 "Li-ion ○ □"	○: 양극 활물질 중 최대 함유 금속	0: 코발트, 1: 망간, 2: 니켈, 3: 철
	□: 주금속의 재활용을 억제하는 금속	0: 없음 1: 단전지 중량에 대해 단전지 함유분의 주석(Sn)이, 1.0wt%를 초과하여 함유 2: 단전지 중량에 대해 단전지 함유분의 인

자료: 經濟産業省, "小型二次電池のリサイクル(資源有效利用促進法)".
https://www.meti.go.jp/policy/it_policy/kaden/index03.html(검색일: 2023.7.1);
一般社團法人電池工業會, "小型充電式電池のリサイクル".
https://www.baj.or.jp/battery/recycle/recycle04.html(검색일: 2023.7.1)

을 받아 활동하고 있다. 이에 따라 소형 충전식 전지(니카드 전지, 니켈수소 전지, 리튬이온 전지)의 회수·재활용은 JBRC가 전적으로 시행하고 있다.

「자원유효이용촉진법」에 따라, 일본 내 충전식 배터리는 그림 7-10과 같은 재활용 마크 및 표식을 부착해야 한다. 성령으로 소형 충전식 배터리 재자원화의 목표치가 리튬이온 전지 30% 이상을 목표화하고 있으나, 전지의 재활용 과정에서 현행 기술로는 주석(Sn)과 인(P)을 주 금속으로부터 분리하는 것은 매우 어려운 상황이다.[20] 이 외에 납·알칼리 배터리는 특별 관리 산업 폐기물로서 처리업자 혹은 제조업체에 위탁이 필요하다.

3) 배터리의 인권·환경 실사의무

2월 EU집행위원회는 역내 기업활동에서 인권이나 환경에의 악영향을 방지하기 위해 '기업의 지속가능성 실사에 대한 지침(CSDD: Proposal for a Directive on Corporate Sustainability Due Diligence)'을 공표했다. 해당 지침은 기업에 공급망 내 노동, 환경 등 침해에 대한 실사의무를 부여하는 것으로, 역내 및 역외 공급망에 있는 일정 규모 이상의 기업 전체를 대상으로 한다. 따라서 주요국들은 자국 내 CSDD와 유사한 실사의무 관련 법안을 마련하고 있다. 특히 배터리는 EU의 배터리법(Regulation concerning Batteries and waste batteries) 시행으로 그 영향을 받아야 하므로, 제3국은 배터리 공급망 내 인권·환경 실사의무를 법제화하고 있다.

이에 일본 정부는 EU의 CSDD 및 배터리법에 부합할 수 있도록 배터리의 인권·환경 실사의무를 정비하고 있다. 배터리는 일본 정부가 목표하는 2050년 탄소중립 실현을 향해 자동차의 전기화 및 재생가능에너지의 주

---

20 一般社團法人電池工業會, "日本市場におけるリチウムイオン電池のリサイクルマーク表示について". https://www.baj.or.jp/battery/recycle/recycle11.html(검색일: 2023.7.1)

표 7-8 **인권·환경 실사의무 시행 사업**

논점	시행 사업의 진행 방법	EU 배터리법
대상	코발트, 니켈, 리튬, 흑연의 채굴, 정·제련 가공 공정	코발트, 니켈, 리튬, 흑연의 채굴, 정·제련 가공 공정
공급망 내 리스크	• 대기 • 물 • 토양 • 생물다양성 • 인간의 건강 • 노동위생·안전 • 아동노동을 포함한 노동자의 권리 • 인권 • 지역사회 생활	• 대기 • 물 • 토양 • 생물다양성 • 인간의 건강 • 노동위생·안전 • 아동노동을 포함한 노동자의 권리 • 인권 • 지역사회 생활
리스크 평가 방법	• 대상 원자재와 관련 조달처를 대상으로 환경·사회적 영향의 유무를 확인 • 확인 방법(현지 기업에의 청문조사 실시 유무)에 대해서도 확인	• 자세한 평가 방법은 현재 확인되지 않음 • 향후 집행위원회가 책정
평가 타당성, 검증 등의 프로세스	• 위험 확인 절차의 실행 가능성을 확인 • 공급망의 인권 존중을 위한 가이드라인 검토회에서 진행	• OECD '분쟁 지역 및 고위험 지역으로부터의 광물의 책임 있는 공급 체인을 위한 듀 딜리전스 가이던스' 등을 근거로 기업은 프로세스에 대해 제3자 인증을 받아야 함 • 그리반스 메커니즘(불만처리 창구)의 설치 필요

자료: 經濟産業省(2023a: 3).

력 전력화를 달성하기 위한 가장 중요한 기술의 하나이며, 디지털 사회의 기반을 지지하는 중요한 인프라 기술 중 하나이다. 따라서 경제산업성은 2022년 8월부터 배터리 제조에 관한 배터리의 '인권·환경 실사의무 시범 사업(人權·環境デュー·ディリジェンス(DD)試行事業)'을 시행하고 있다.

일본 정부가 EU의 CSDD 및 배터리법 시행에 맞추어 '인권·환경 실사 의무 시범사업'을 시행하며, EU의 관련 지침과의 정합성을 염두에 두고 사업을 진행하고 있다(표 7-8 참조).

EU 배터리법이 3자(집행위원회, 각료이사회, 유럽의회)가 합의하는 의결 절차를 거쳐 정식 발효 후 2024년부터 단계적 시행 예정인 가운데, 실질 사항들은 법안 발효 이후 2024~2028년 사이 집행위원회가 하위 규정을 제시할 예정이다. EU의 배터리 공급망 실사에서 배터리를 EU 시장에 출시하는 경제 운영자로 해당 활동을 수행하는 기업 및 자회사, 협력업체가 포함되며, 재사용··용도 변경·제재조 배터리도 적용 대상에 포함됨에 따라(KOTRA, 2023: 9), 일본 정부도 이와 같은 취지의 본 시행령을 마련할 가능성이 높다.

특히 배터리 공급체인에서 생길 수 있는 인권·환경 실사의무 관련 사항

표 7-9 배터리 공급체인에서 생길 수 있는 인권·환경 실사의무 관련 사항

환경	광산의 채굴 현장에서 분진이 발생. 주변 지역에 비산	대기에 영향
	채굴·정련에서 대량의 물을 뿌려 사용	수질에 영향
	채광·정련 때문에 약품을 대량으로 사용	수질, 토양에 영향
	광산 개발 시 대규모 삼림 벌채 등을 실시	생물다양성에 영향
	오염된 수질, 토양, 대기가 인체에 미치는 영향	건강피해, 지역 커뮤니티에 영향
노동	지하 깊이로 채굴 작업을 실시. 유해한 금속으로 인한 건강피해	노동안전에 영향 강제노동 리스크
	개인·영세업자가 방호구나 안전 대책이 불충분한 채로 채굴 실시	
	가난한 지역에서는 광산 채굴에 생계를 의존. 아동노동	아동노동 리스크

자료: 武尾伸隆(2022: 28).

그림 7-11 사용 후 산업용 배터리 공급체인에서 생길 수 있는 인권·환경 실사의무에 관한 이행 과정

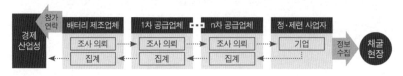

자료: 經濟産業省(2023a: 4).

은 표 7-9와 같다.

'인권·환경 실사의무 시범사업'에 참여하기 위해 배터리 제조업체는 경제산업성에 시범사업 참여 문의를 해야 한다. 참여업체는 그림 7-11과 같은 단계를 진행해야 한다.

경제산업성은 2022년 시범사업 시행 이후 배터리 공급체인 내 설문조사 응답을 수령해왔으며, 2023년 2월 회수를 마감하여 123개사의 리스크를 확인했다. 구체적으로 해당 조사는 원료 조달처를 대상으로 ① 환경·사회적 영향의 유무를 확인하고, 영향이 생기지 않은 경우는, ② 확인 방법(현지 기업에의 히어링 조사 실시의 유무)을 확인하는 것으로 하고, 우선은 해당 틀이 기능할 수 있는지를 중심으로 조사를 시행한 것이다(武尾伸隆, 2022: 29).

그림 7-12에서와 같이 시범사업 결과, 공급망 상부일수록 리스크 대응·조직·인증 등이 뛰어난 기업이 많은 경향이 있으며, 조달방침 공개·사내 DD조직 구축·불만 메커니즘 등 전체적으로 공급망 상부의 정·제련 업체만큼 대응하고 있다. 인권위험은 차이가 크지 않지만 환경(특히 생물다양성)은 공급망 상부일수록 대응의식이 높은 경향이 있으며, 정·제련 업자(전 65개사)는 제3자 감사의 취득률이 높고(70% 미만), 약 70%로 DD 결과의 공개율도 높다(經濟産業省, 2023a: 12).

경제산업성은 해당 시범사업을 통해 인권·환경 실사의무 시행 시 발생할 수 있는 문제점에 대해 다음과 같이 정리했다. 공급망 내 관리표 작성 방식이 정·제련 사업자까지 공급체인을 거슬러 올라가 조사할 수 있을 것인가? 해외 플레이어를 추적할 수 있을 것인가? 각 사업자는 현지 조사를 실시하는 것이 가능할 것인가? 시범사업 결과 코발트, 니켈, 리튬, 흑연 4개 광물에 대해 일부 공급체인에서는 관리표 회수가 실시되었지만 그럴

그림 7-12 **'인권·환경 실사의무 시범사업' 시행 결과**

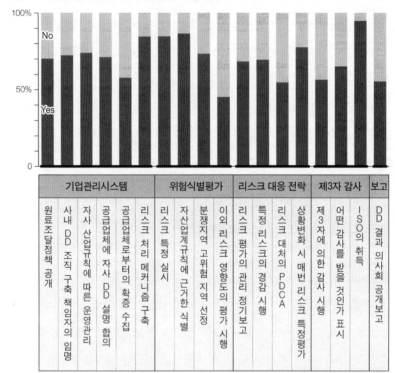

	기업관리시스템						위험식별평가				리스크 대응 전략				제3자 감사			보고
원료조달정책 공개	사내 DD 조직 구축 책임자의 임명	자사 산업규칙에 따른 운영관리	공급업체에 자사 DD 설명 합의	공급업체로부터의 확증 수집	리스크 처리 메커니즘 구축	리스크 특정 실시	자산업계규칙에 근거한 식별	분쟁지역 고위험 지역 선정	이외 리스크 영향도의 평가 시행	리스크 평가의 관리 정기보고	특정 리스크의 경감 시행	리스크 대처의 PDCA	상황변화 시 매번 리스크 특정평가	제3자에 의한 감사 시행	어떤 감사를 받을 것인가 표시	ISO의 취득	DD 결과 의 사회 공개보고		

자료: 經濟産業省(2023a: 11).

수 없었던 것도 있었다. 일부 해외 사업자로부터는 회답을 수집할 수 있었지만, 회수할 수 없는 사업자도 있었고, 다수 해외 사업자로부터의 회수는 회수 측에 부담이 걸린다는 지적이 있었으며, 전체적으로 40~50%, 일본 거점기업에서 30% 정도의 실시율, 공급체인 하류기업(전지 메이커·공급자)에사 현지 조사는 경제적인 측면에서 부담이 크다는 지적이 있었다(經濟産業省, 2023a: 10).

4) 리튬 배터리 등 처리 곤란물에 대한 대책

리튬 배터리는 파손·변형 등에 의해 발열·발화할 위험성이 있어 많은 지역의 폐기물 처리 시설에서 화재가 발생한다. 폐리튬 배터리나 리튬 배터리 사용 제품은 가정용인 경우 지자체를 통해 폐기해야 하며, 사업자의 경우 용도를 구분해 산업 폐기물 처리업자에게 위탁해야 한다.

리튬 배터리에는 리튬이온 배터리 및 그 외의 리튬 2차전지(금속 리튬 2차전지 등의 차세대 리튬 2차전지)가 포함된다. 현재 일본 내 모바일 기기, EV, 산업용 기기에 사용되는 리튬 축전지는 거의 모두 리튬이온 배터리이며, 시계나 메모리 백업 용도의 소용량 전지로는 코인형 리튬 배터리가 사용된다.[21] 2020년 제정된 「리튬 배터리 등 처리 곤란물에 대한 법령(リチウムイオン電池等處理困難物適正處理對策檢討業務)」은 환경성환경재생·자원순환국 폐기물적정처리추진과(環境省環境再生·資源循環局廢棄物適正處理推進課)에서 담당하고 있다. 환경성은 현재 리튬 배터리 사용의 표시 상황·분리 가능성을 확인하는 단계이며, 이러한 시행 과정을 거쳐 정책을 이행할 예정이다.

환경성은 2020년부터 리튬 배터리 배출량이 큰 품목 및 화재 발생의 원인으로서 빈번히 지적되는 품목에 대해 리튬 배터리 사용의 표시 유무 및 제품으로부터의 리튬 배터리 분리 가능성, 용이성 조사를 실시해왔다(環境省, 2022: 6).

또한 환경성은 각 시정촌의 리튬 배터리 회수 과정, 주민개도사업 등을 점검하고 있다. 환경성이 마련한 지자체의 이행 사항은 표 7-10과 같다.

---

21   環境省, "リチウム蓄電池関係".

https://www.env.go.jp/recycle/waste/lithium_1/index.html(검색일: 2023.7.1)

그림 7-13 2017년 니가타 시에서 발생한 리튬 배터리에 의한 발화

자료: 新潟市ウェブサイト, "充電池使用製品によるごみ處理施設の發火事故が多發しています". http://www.city.niigata.lg.jp/kurashi/gomi/oshirase/lib_syobunn.html(검색일: 2023.7.1)

표 7-10 2021년 환경성 지시, 시정촌에서의 리튬 배터리 등에서 기인하는 발연·발화 대책

관점	구체적 내용
주민에 대한 주의 고지	• 리튬 축전지 배출처의 구체적인 정보를 게재(웹 사이트 등에서 파악) • 소형 가전으로부터 전지를 분리할 수 없는 경우의 배출 방법이나 주의점을 지시 • 화재 사고의 사진·동영상 게재(웹사이트 등에서 파악)
리튬 배터리 배출처	• 시정촌 지자체의 자발적인 리튬 배터리 회수 • 분리수거를 통한 쓰레기 집적소에서 수집 • 시정촌의 공공시설 등에 리튬 배터리 박스를 설치하여 회수
수집운반 차량에의 혼입 운반 중 발화·연소 방지	• 리튬 배터리가 포함된 쓰레기를 압축하지 않음 • 수집 차량에 소화기 등을 탑재
처리 시설에서의 전 처리 철저	• 불연 쓰레기 등에서 빼내기(수작업 선별) • 시정촌에서 자발적으로 배터리 분리
처리 시설에서의 발화 감지·연소 방지	• 화재 감지기, 스프링클러 등 설치

자료: 環境省(2022: 32).

여기에 더해 환경성은 각 시정촌 지자체에 대해 주민에 대한 주의 고지, 리튬 배터리 배출처 제시, 수집운반 차량에의 혼입·운반 중 발화·연소 방지, 처리 시설에서의 전 처리 철저 그리고 처리 시설에서의 발화 감지·연소 방지 등의 관점에서 시정 사항을 전달하고 있다.

그림 7-14 **안전하게 리튬 배터리를 회수하기 위한 일본 지자체 및 기업의 배포 자료**

(a) 일본 용기 포장 리사이클 협회에
의한 리튬 축전지 등의
적정 배출을 촉진하는 포스터

(b) 니가타시의 자원과 쓰레기의 정보지
≪사이초 프레스≫에 있어서의
리튬 축전지 등에 관한 정보 발신 사례

(c) 홈페이지 공지(돗토리 현)

(d) SNS 공지(돗토리 현)

(e) 홍보지 공지(돗토리 현)

(f) 스테이션 회수용 컨테이너
전용패널 공지(돗토리 현)

(g) 절연용 마스킹 테이프 공지(돗토리 현)

자료: 公益財團法人, "日本容器包裝リサイクル協會ホームページ". https://www.jcpra.or.jp/
Portals/0/resource/ association/pamph/pdf/Li_poster_B.pdf(검색일: 2023.7.1);
新潟市の資源とごみの情報誌, "サイチョプレス vol.53". https://www.city.niigata.lg.
jp/kurashi/gomi/keihatsu/kankobutsu/saicyopress/backnumber/r1saicyopress/sai
cyopressvol53/index.html(검색일: 2023.7.1); 環境省(2022: 55~57).

3. 일본의 배터리 이력제

1) 민간 중심 협력체계 구축

2019년 GBA(Global Battery Alliance)는 파리협정 목표를 달성하기 위한 주요 동인으로서 지속가능하고 책임 있는 순환형 배터리 밸류체인을 빠르게 확장해야 할 필요성을 설명하는 '지속가능한 배터리 밸류체인 2030에 대한 비전(A vision for a sustainable battery value chain 2030)'을 발표했다. 이후 후속 공표된 '배터리 2030: 탄력성, 지속가능성 및 순환성(Battery 2030: Resilient, sustainable and circular)'에는 McKinsey와 협력을 통해, 광업에서 재활용에 이르기까지 전체 리튬이온 배터리 체인이 2022~2030년 동안 매년 30% 이상 성장하여 4천억 달러 이상, 시장 규모는 4.7TWh이 될 것이라는 내용을 담고 있다.[22] 배터리 여권이란 밸류체인 내 모든 이해관계자가 배터리 정보와 이력을 공유하여 안전성을 극대화하고, 수명주기 동안 배터리 사용을 최적화하여 사용연한 이후에도 실질적인 재활용이 보장되도록 하는 제도이다(김희영·강노경, 2022: 4). 이에 주요국들은 배터리 이력을 관리하기 위한 다양한 제도를 제시해왔다.

---

22   Global Battery Alliance, "GBA Battery Passport".
      https://www.globalbattery.org/battery-passport/(검색일: 2023.7.1)

그림 7-15 **BASC의 배터리 재활용 실현을 위한 방식**

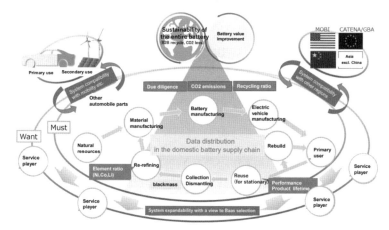

자료: 電池サプライチェーン協議會, "電池サプライチェーン強化に向けて".
https://www.meti.go.jp/policy/mono_info_service/joho/conference/battery_strateg
y/0005/03.pdf(검색일: 2023.7.1)

그림 7-16 **BASC의 회원업체**

자료: 電池サプライチェーン協議會, "Members".
https://www.basc-j.com/en/members/(검색일: 2023.7.1)

EU가 '배터리 순환경제'를 실현하기 위해 2026년부터 '배터리 여권 제도'를 시행할 예정인 가운데, 주요국들은 EU와 유사한 배터리 이력 추적 관리 시스템 구축을 진행하고 있다. 일본에서도 2021년 4월 배터리 이력 관리를 위해 일반사단법인 배터리공급망협의회(一般社團法人電池サプライチェーン協議會, BASC: BATTERY ASSOCIATION FOR SUPPLY CHAIN)가 설립되었다. BASC는 일본 내 배터리 및 부품 업체 30여 개사가 자발적으로 구성한 단체이다. BASC는 배터리 공급과 재활용 생태계 구축에 대한 건의를 정부에 전달했으며, 희소금속 제련 및 재활용 규칙제정 건의를 추진 중이다(김희영·강노경, 2022: 14).

BASC는 ① 배터리 재료, 부품 및 그 원료 및 배터리 공급망에 관한 조사 연구, ② 전지 재료, 부품 및 그 원료 및 전지 공급체인에 관한 환경 보전, 재자원화, 표준화, 품질 성능 및 제품 안전에 관한 시책 추진, ③ 배터리 재료, 부품 및 그 원료로 구성되는 전지 공급체인에 관한 내외관계기관 등과의 교류 및 협력을 수행한다. 이 외에도 BASC는 매년 회원기업을 대상으로 업계의 최신 투자상황을 추적하여 공표한다. BASC는 배터리 디지털 추적관리 시스템을 추진하기 위해 2022년 '배터리 디지털 방식안의 워킹리포트(電池デジタルスキーム案のワーキングレポート)'를 공표했으며, 2024년 운영을 목표로 일본자동차공업협회(JAMA: Japan Automobile Manufacturers Association), 일본자동차부품공업회(JAPIA: Japan Auto-parts industries Association), 경제산업성과 제휴하여 협의를 진행하고 있다.

2) 일본의 배터리 이력 추적관리 시스템

BASC는 2022년 4월 '배터리 공급망 디지털 플랫폼(digital scheme to support battery supply chain)'을 설계하고 제안했다. 해당 보고서에서는 BASC 내 조직인 '디지털제도준비위원회'가 글로벌 공급망 전체의 데이터 추적성을 위해 디지털 기술을 활용하고 유럽을 중심으로 한 새로운 규칙 제정의 필요성과 비전을 명확히 설명하고 있다.[23] 배터리 이력 추적관리 시스템의 구축은 단일 회사 혹은 관의 주도만으로 배터리 공급망 전반에 걸쳐 추적성과 데이터 교환을 달성하기 어렵고, 공급망에 참여하는 모든 기업과 조직의 협력이 필요하다.

현 단계에서 자동차 업계는 배터리 여권을 달성할 수 있는 다양한 플랫폼을 보유하고 있다. BASC는 따라서 디지털 이력 추적제에 관한 플랫폼 간 경쟁이 일어날 것으로 예측했다. 이에 BASC는 해당 보고서를 통해 다양한 시나리오를 검토했다. 우선 '자동차 산업으로 플랫폼을 통합할지 여부'에 대해 통합되지 않는 경우는, 단일 플랫폼을 산업으로 특정하지 않고 각 기업의 개별적인 배터리 여권 제도와의 협력을 강구해야 한다. 통합되는 경우는, '어떤 플랫폼이 중심이 될 것인가?'를 고려해야 한다. 이 경우 다중 플랫폼의 존재는 많은 폐해를 가져올 수 있으므로 업계는 제도 표준화를 위해 노력할 것이다. 따라서 하나의 제도가 표준화될 것을 상정할 수 있으며, BASC는 EU가 Gaia-X라는 클라우드상의 Catena-X 시스템을 이용하여 배터리 여권을 구현할 것이라는 전제로 EU 시스템과의 호환성·확장성을 갖춘 '일본식 배터리 공급망 디지털 플랫폼'을 제안했다(김희영·강노경, 2022: 14).

BASC가 제시한 '일본식 배터리 공급망 디지털 플랫폼'은 배터리 공급

---

23   BASC, "Working report [Draft digital scheme to support battery supply chain] has been posted", https://www.basc-j.com/en/news/?id=1(검색일: 2023.7.1)

그림 7-17 **BASC가 제시한 배터리 이력 추적관리 플랫폼**

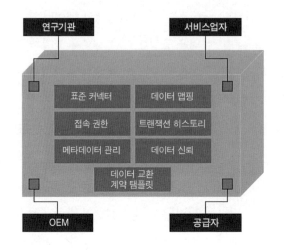

자료: BASC(2022: 29).

업체, 서비스 제공업체, OEM 업체 및 연구기관이 함께 접근하여 다음 7개 기능에 공동 참여해야 한다. 동 플랫폼은 ① 표준 커넥터(Standard connector), 즉 참여 기업이 데이터 교환 플랫폼에 접근하기 위한 연결 방법을 제공하며, ② 데이터 보유자가 데이터 공개 범위를 자유롭게 설정할 수 있는 권한 관리방법을 제시하며, ③ 데이터 교환을 위한 데이터 속성을 표시하고 관리하는 방법을 제공한다. 또한 ④ 데이터베이스 간에 동일한 것을 가리키는 콘텐츠를 연관시키는 기능이 작동하며, ⑤ 데이터 교환 이력을 확보하고, 데이터 사용자를 명확히 하며, 문제 발생 시 조치를 취할 수 있고, ⑥ 데이터의 변조 방지 인증, 데이터 진위성을 보장하기 위한 인증 증명 프레임워크로서 기능한다. 그리고 ⑦ 기업 간 데이터 교환 범위, 용도 등을 조정하는 데 필요한 계약 템플릿을 제시해야 한다(BASC, 2022: 29). BASC는 동 플랫폼 접근 권한에 대해 Gaia-X의 다양한 자산(노드, 서비스,

서비스 인스턴스 및 데이터)에 따라 참여자의 각 ID와 공개 범위는 자체 설명 (Self-Description)으로 관리하는 방식을 따르며, 데이터의 신뢰성 보장 및 변조 방지는 계약(제3자 인증 및 IDS 규칙 준수)과 기술(비밀성+ID) 개발 측면에서 검토를 진행하고 있다(BASC, 2022: 31, 35).

일본의 배터리 디지털 이력제는 이상과 같이 민간 단체인 BASC가 주도하고 있다. 이는 일본 정부가 디지털 산업 전략에서 관민 협업체제를 선호하는 데 부합한다. 일본 정부가 배터리 산업에 대해서는 경제산업성을 주축으로 정책을 선도하고 전략적 지원을 집중하고 있으나, 폐배터리 재활용 및 배터리 이력 제도 관리에 대해서는 관민 협력차원에서 관리하고 있는 것이다. 이는 폐배터리 문제가 아직 현재화되지 않은 것이 주요 원인이다. 하지만 기존의 제조업과 달리 배터리 산업은 원자재 확보, 생산 단계부터 재활용, 배터리 이력 제도의 플랫폼 구축 등 생태계 전반이 연계되어 있다. 따라서 EU 등 주요 지역에서 재활용과 배터리 이력 제도를 선도화하면 전방 산업인 생산에까지 영향을 미치게 된다. 이에 일본 사회는 관련분야 정책 및 플랫폼 생태계를 선도하는 EU의 배터리 디지털 이력 체계와 정합할 수 있는 제도를 구축하여 배터리 산업을 육성하기 위한 노력을 기울이고 있다.

참고문헌

김희영·강노경. 2022. "EU 배터리 여권으로 살펴본 이력 추적 플랫폼의 필요성". ≪Trade Focus≫. 2022-18호.

삼정KPMG 경제연구원. 2022. "배터리 순환경제, 전기차 폐배터리 시장의 부상과 기업의 대응 전략," ≪Business Focus≫, 2022-3월호.

KOTRA. 2023. 『EU 배터리 규정 Q&A』.

環境省. 2022. 『リチウム蓄電池等處理 困難物對策集』.

經濟産業省. 2023a. 『蓄電池の人權人·環境デュー·ディリジェンス』.

經濟産業省. 2020. 『2050年カーボンニュートラルに伴うグリーン成長戰略』.

武尾伸隆. 2022. 『蓄電池のサステイナビリティ: 蓄電池産業の現狀と今後の方向性』. 經濟産業省商務 情報政策局.

BASC Working Report. 2022. Digital Scheme to Support Battery Supply Chain.

International Energy Agency. 2021. The role of critical minerals in clean energy transitions.

■

Battery Inside. "세상의 모든 배터리에 대한 궁금증: 폐배터리는 어떻게 재사용·재활용되나요?". https://inside.lgensol.com/2022/11/%EC%84%B8%EC%83%81%EC%9D%98-%EB%AA%A8%EB%93%A0-%EB%B0%B0%ED%84%B0%EB%A6%AC%EC%97%90-%EB%8C%80%ED%95%9C-%EA%B6%81%EA%B8%88%EC%A6%9D-%ED%8F%90%EB%B0%B0%ED%84%B0%EB%A6%AC%EB%8A%94-%EC%96%B4%EB%96%BB/(검색일: 2023.7.1)

한국산업기술진흥원. "일본 배터리 산업 전략"(일경제산업성, 8.31). https://www.kiat.or.kr/front/board/boardContentsView.do?board_id=71&contents_id=5bd41ae86200415da90974b3460d1ecd&MenuId=(검색일: 2023.7.1)

經濟産業省. "蓄電池のサステナビリティに關する研究會の開催について(案)". https://www.meti.go.jp/shingikai/mono_info_service/chikudenchi_sustainability/pdf/004_02_00.pdf(검색일: 2023.7.1)

經濟産業省. "小型二次電池のリサイクル(資源有效利用促進法)". https://www.meti.go.jp/policy/it_policy/kaden/index03.html(검색일: 2023.7.1)

經濟産業省. "自動車·蓄電池産業". https://www.meti.go.jp/policy/energy_environment/global_warming/ggs/05_jidosha.html(검색일: 2023.7.1)

經濟産業省. "第4回 蓄電池のサステナビリティに關する研究會". https://www.meti.go.jp/shingikai/mono_info_service/chikudenchi_sustainability/004.html(검색일: 2023.7.1)

古河電氣工業株式會社. "サステナビリティ". https://www.furukawadenchi.co.jp/(검색일: 2023.7.1)

國立環境研究所. "新エネルギー・産業技術總合開發機構、二次電池技術開發ロードマップ(Battery RM 2010) を策定".

https://tenbou.nies.go.jp/news/jnews/detail.php?i=3668(검색일: 2023.7.1)

木通秀樹. "電氣自動車(EV)の普及で期待される電池の循環市場形成".

https://www.jri.co.jp/page.jsp?id=102648(검색일: 2022.9.30)

三菱自動車. "自動車リサイクル/自動車リサイクル法への對應/驅動用・アシストバッテリーのリサイクル".

https://www.mitsubishi-motors.com/jp/sustainability/environment/recyclelow/battery.html(검색일: 2023.7.1)

三菱總合研究所(MRI). "ものづくりを支える蓄電池リサイクル實現を".

https://www.mri.co.jp/knowledge/mreview/2023033.html(검색일: 2023.7.1)

新潟市ウェブサイト. "充電池使用製品によるごみ處理施設の發火事故が多發しています".

http://www.city.niigata.lg.jp/kurashi/gomi/oshirase/lib_syobunn.html(검색일: 2023.7.1)

一般社團法人電池工業會. "使用濟み電池の處分についてのお問合せ".

https://www.baj.or.jp/battery/recycle/disposal.html(검색일: 2023.7.1)

一般社團法人電池工業會. "産業用蓄電池のリサイクル".

https://www.baj.or.jp/battery/lead-acid/index.html(검색일: 2023.7.1)

一般社團法人電池工業會. "小型充電式電池のリサイクル".

https://www.baj.or.jp/battery/recycle/recycle04.html(검색일: 2023.7.1)

一般社團法人電池工業會. "日本市場におけるリチウムイオン電池のリサイクルマーク表示について".

https://www.baj.or.jp/battery/recycle/recycle11.html(검색일: 2023.7.1)

電池サプライチェーン協議會. "電池サプライチェーン强化に向けて".

https://www.meti.go.jp/policy/mono_info_service/joho/conference/battery_strategy/0005/03.pdf(검색일: 2023.7.1)

住友商事. "「EVバッテリー・ステーション浪江」の完工について~2024年の需給調整市場參入を見据え、大規模電力用途向け蓄電システムを構築~".

https://www.sumitomocorp.com/ja/jp/news/release/2022/group/15640(검색일: 2023.7.1)

蓄電池産業戰略檢討官民協議會. "蓄電池産業戰略".

https://www.meti.go.jp/policy/mono_info_service/joho/conference/battery_strategy/battery_saisyu_torimatome.pdf(검색일: 2023.7.1)

環境省. "リチウム蓄電池關係".

https://www.env.go.jp/recycle/waste/lithium_1/index.html(검색일: 2023.7.1)

BASC. "Working report [Draft digital scheme to support battery supply chain] has been posted".

https://www.basc-j.com/en/news/?id=1(검색일: 2023.7.1)

European Council. "Council adopts new regulation on batteries and waste batteries".
    https://www.consilium.europa.eu/en/press/press-releases/2023/07/10/council-adopts-
    new-regulation-on-batteries-and-waste-batteries/(검색일: 2023.8.1)
Global Battery Alliance. "GBA Battery Passport".
    https://www.globalbattery.org/battery-passport/(검색일: 2023.7.1)
Japan Portable Rechargeable Battery Recycling Center(JBRC). "「資源有効利用促進法」に基づき「小
    型充電式電池」のリサイクル活動を推進".
    https://www.jbrc.com/whats_jbrc/outline/(검색일: 2023.7.1)
Japan Portable Rechargeable Battery Recycling Center(JBRC). "産業用蓄電池のリサイクル".
    https://www.baj.or.jp/battery/lead-acid/index.html(검색일: 2023.7.1)

배터리의 지속가능성을 위한 기술정책

최정현 가천대학교 배터리공학과 교수

1. 리튬이온 배터리와 소재·공정 기술 개요

전 지구적인 급격한 기후변화에 대응하기 위한 세계 각국의 탄소중립 정책이 구체화되어 산업 전반에 의무화되고 있다. 대표적인 탄소발생 분야로 지목받던 수송분야는 최근 몇 년간 적극적인 보조금 지급 정책과 충전 인프라 보급 등을 통해 전기차로 전환이 활발히 진행 중이다. 신차 판매 중 전기자동차의 점유율이 5%를 넘어설 때 보조금 등 외부의 도움 없이 대중화 단계로 들어서는 시점인 티핑 포인트(tipping point)로 판단하고 있다. 전기자동차 보급의 선도국인 노르웨이는 2013년 티핑 포인트를 돌파하여 현재 80%가 넘는 전기차 점유율을 달성했으며, 중국, 프랑스, 독일 등 선진국들이 연이어 티핑 포인트에 도달했다. 전 세계의 전기자동차

표 8-1 전기자동차 보급의 티핑 포인트를 넘어선 대표적인 국가

국가	전기자동차 판매량*	신차 중 전기차 점유율**	5% 돌파 시점
노르웨이	27,203	83.5%	2013 Q3
아이스란드	1,630	51.7%	2017 Q3
오스트리아	7,772	14.8%	2018 Q3
중국	924,530	16.7%	2018 Q4
네덜란드	12,501	15.9%	2018 Q4
아일랜드	6,483	13.0%	2019 Q4
프랑스	44,774	12.3%	2020 Q1
스웨덴	20,024	28.7%	2020 Q1
스위스	8,898	16.4%	2020 Q1
영국	68,954	16.5%	2020 Q2
덴마크	5,945	17.4%	2020 Q3
독일	84,749	13.5%	2020 Q3
벨기에	10,898	11.0%	2020 Q4
핀란드	3,025	13.9%	2020 Q4
포르투갈	4,025	11.6%	2020 Q1
한국	29,306	6.5%	2021 Q2
이탈리아	14,263	4.2%	2021 Q3
뉴질랜드	2,896	6.2%	2021 Q3
미국	172,748	5.3%	2021 Q4

주: * 2022년 1Q 기준 ** 2021년 기준
자료: Bloomberg(재가공). https://www.bloomberg.com/news/articles/2022-07-09/us-electric-car-sales-reach-key-milestone

티핑 포인트 달성은 2025년경으로 예상되어, e-모빌리티로의 본격적인 전환을 눈앞에 둔 시점이다.

전기자동차의 급격한 보급 확대에는 각국의 보조금 정책이 큰 영향을 미친 것은 사실이나, 가장 주요한 요인은 자동차를 이용하는 소비자에게 충분한 수준의 가치와 편의성을 제공했기 때문이다. 과거 전기자동차가 실패했던 요인을 살펴보면 현재의 전기자동차 보급에 어떠한 요인이 영향을 미쳤는지 알 수 있다. 전기자동차 사실 내연기관 자동차의 크게 차

이 나지 않은 오랜 역사를 가지고 있다. 1895년 최초의 상업용 전기자동차로 출시된 토머스 파커의 전기자동차는 납축전지를 탑재하고 있었다. 이 당시 전기자동차의 주행 거리는 80km 수준으로 매우 짧았고, 제조 가격이 비싸서 대중적으로 보급되기 어려웠다. 특히 포드의 T-모델 출시로 이어진 내연기관 자동차의 대량생산은 내연기관 자동차 가격을 300달러 수준까지 낮추었는데, 전기자동차 가격이 1,000~3,000달러 수준이었던 것을 고려하면 획기적이었다. 유전 개발에 의한 휘발유 가격 안정화도 영향을 미쳤다. 가격 경쟁력과 긴 주행 거리는 내연기관 자동차가 주도권을 잡는 가장 큰 계기가 되었으며, 전기자동차는 1930년대를 마지막으로 시장에서 자취를 감춘다. 긴 암흑기가 끝나고 현대 전기자동차의 시대가 열리는 데는 전기자동차의 주행 거리와 충전 편의성을 대폭 끌어올린 신기술, 리튬이온 배터리의 개발이 중요하게 작용한다.

전기자동차는 탑재된 배터리에 저장된 전기에너지를 이용하여 운행하

그림 8-1 **전지의 종류별 에너지 밀도**

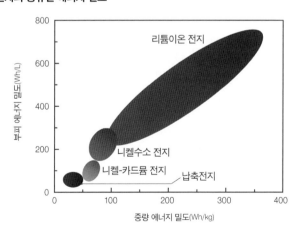

자료: Advanced Functional Materials(재가공); Chen et al.(2020).

기 때문에 배터리 에너지의 양, 즉 에너지 밀도가 주행 거리에 가장 큰 영향을 미친다. 초기 전기자동차에 탑재되었던 납축전지의 에너지 밀도는 100Wh/L이었으며, 1990년대에 전기자동차에 종종 이용되던 니켈수소 전지의 에너지 밀도는 200Wh/L였다(Cho et al., 2018). 내연기관 자동차의 효율을 고려한 휘발유의 에너지 밀도는 1,200Wh/L였는데, 전기자동차 모터의 높은 효율을 고려하더라도 납축전지와 니켈수소 전지는 에너지 밀도로 내연기관 자동차와 경쟁하기 어려웠다. 리튬이온 전지는 1991년 소니에 의해 최초로 상용화되는데, 현세대 리튬이온 전지의 에너지 밀도는 700Wh/L로 다른 전지와 비교해 3배 이상이다. 기술개발이 본격화된 2000년대부터 전기자동차에 리튬이온 배터리가 탑재되기 시작했고, 리튬이온 배터리는 전기자동차용 핵심부품으로 자리 잡았다.

리튬이온 배터리는 리튬이온이 양극과 음극 사이를 이동할 때 발생하는 화학적 반응의 결과로 전기를 만들어낸다. 배터리가 조립된 상태에서는 리튬이 양극에 머무르며, 충전 시 양극에 있던 리튬이 리튬이온 이동의 매개체인 전해액을 통해 음극으로 이동한다. 방전 시에는 음극에 있던 리튬이 다시 양극으로 돌아가며, 이때 발생한 전자가 전기 회로를 통해 흐르면서 전기에너지를 공급한다. 양극과 음극이 직접 맞닿으면 단락이 발생하므로 이를 막기 위해 분리막이 양극과 음극 사이를 가로막고 있다. 따라서 배터리의 용량과 전압은 반응에 직접 참여하는 양극과 음극에 의해 결정되며 이러한 두 물질을 활물질이라고 부른다.

양극 소재는 배터리에 리튬을 공급하는 공급원으로, 불안정한 리튬을 보관하기 위해 리튬을 산소와 결합시켜 안정화할 수 있는 리튬 전이금속[코발트(Co), 니켈(Ni), 망간(Mn) 등 주기율표상 4~7주기, 3~12족 원소] 산화물 형태로 이루어져 있다. 최초로 상용화되었으며 가장 대표적인 양극 소재

그림 8-2 **리튬이온 배터리의 구성과 원리**

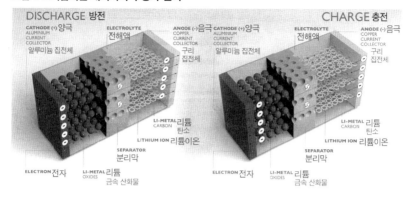

그림 8-3 **양극 소재의 종류별 결정 구조**

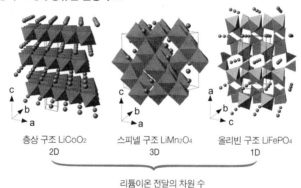

층상 구조 LiCoO₂
2D

스피넬 구조 LiMn₂O₄
3D

올리빈 구조 LiFePO₄
1D

리튬이온 전달의 차원 수

자료: Julien et al.(2014: 132~154).

LiCoO₂(LCO)는 노벨상 수상자인 존 굿이너프(John Goodenough) 교수가 제안했다. 현재까지도 IT 소자 등 소형 디바이스에 탑재되고 있는 LCO는 소재의 이론 용량, 밀도, 고전압과 안정적인 구조 때문에 이상적인 양극 소재로 꼽힌다. 그러나 안정적으로 구동하는 전압 범위 내에서 이용 시 이론 용량인 274mAh/g의 절반인 150mAh/g의 용량을 발현하여 높은 에너

그림 8-4 **양극 활물질 종류와 특징**

활물질	이론 용량 (mAh/g)	상용 용량 (mAh/g)	평균 전위 (V vs. Li/Li+)	밀도 (g/cc)	우수 특성	용도
$LiCoO_2$	274	~150	3.9	5.1	용량	IT Device
$LiNiO_2$	275	215	3.7	4.7	용량	-
$LiMn_2O_4$	148	~130	4.0	4.2	출력	전동공구, EV
$LiNi_{0.3}Co_{0.3}Mn_{0.3}O_2$	275~280	~180	3.7~3.8	4.8	용량	EV, ESS
$LiNi_{0.8}Co_{0.1}Mn_{0.1}O_2$	275~280	~220	3.7~3.8	4.8	용량	EV, ESS
$LiFePO_4$	170	160	3.4	3.6	안전성	EV

지 밀도를 달성하는 데는 어려움이 있다. 또한 소재 중 하나인 코발트의 가격이 비싸기 때문에 전기자동차용 중대형 배터리에는 적용하기 어렵다. 이로써 제안된 소재가 바로 삼원계 양극 소재인 Li[NiCoMn]O₂ (NCM)이다.

LCO, LiNiO₂(LNO), LiMn₂O₄(LMO)의 장점이 조합된 NCM은 높은 에너지 밀도와 출력 특성을 발휘할 수 있다. NCM에 함유된 니켈은 전이금속 중 유일하게 2가에서 4가까지 산화수가 변화할 수 있으며, 이로써 리튬과 더 많이 결합해 소재의 용량을 높일 수 있다. 코발트는 소재의 안정성을 부여하고, 망간은 출력 특성을 향상시킬 수 있다. 삼원계 양극은 용량을 향상하고 가격을 낮추기 위해 니켈 함량을 올리는 방향으로 개발되고 있다. 최근 전기자동차에 탑재되는 하이니켈 NCM은 니켈 함량을 80% 이상 함유한 삼원계 양극 소재로, 에너지 밀도와 가격 경쟁력을 함께 갖춘 전기자동차 상용화의 일등 공신이다. 그러나 삼원계 소재 내 니켈 함량의 증가는 배터리의 안정성을 저하시키는 요인이다. 충전 시 4가로 변화한 니켈 이온은 전해액과 부반응을 일으켜 가스를 발생시키며, 지속적인 가스 발생은 배터리 폭발의 원인으로 작용한다. 가장 진보된 삼원계 양극 소재

그림 8-5 삼원계 양극 내 니켈 함량 증가에 따른 에너지 밀도 변화

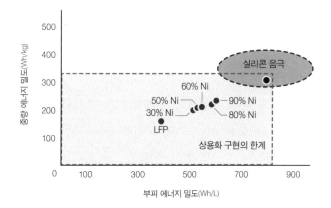

의 경우 니켈 함량이 90% 이상인데, 안전성 문제와 배터리 수명 특성 저하 문제로 에너지 밀도 증가에 한계에 다다른 상황이다.

　양극 활물질 개발의 한계점에 도달하자 주목받기 시작한 것은 음극 소재이다. 양극에서 나온 리튬을 음극에서 받아주어야 하므로, 양극 전극과 같은 용량 이상의 음극 전극으로 배터리를 구성해야 한다.[1] 따라서 리튬을 함유하지 않은 음극 또한 고용량 소재 개발 시 배터리의 에너지 밀도를 향상시킬 수 있는 요인이다. 일반적으로 음극은 흑연 소재를 사용한다. 흑연 소재는 자연에서 얻을 수 있는 천연흑연과 화석연료의 부산물인 코크스를 고온에서 처리해 만드는 인조흑연으로 나뉜다. 천연흑연은 가격이 저렴하고 용량이 높으나, 출력 특성과 수명 특성이 불리하다. 또한 충전 시 크게 팽창해 배터리가 부푸는 스웰링 현상을 일으켜 안전성에 문제가 있다. 반면 인조흑연은 출력 특성과 수명 특성이 유리하나, 가격이 비싸

1　음극에서 리튬을 받지 못하면 금속 리튬이 음극층 위에 증착되어 안전성에 문제를 발생시킨다. 이로 인해 일반적으로 배터리 설계 시 음극은 용량 기준 양극보다 1.1배가량 많이 넣도록 설계한다.

고 용량이 낮은 게 단점이다. 이 때문에 전기자동차용 배터리는 목적에 따라 천연흑연 또는 인조흑연을 사용하며, 최근에는 각각의 장점을 조합하여 두 소재를 섞어 음극을 구성한다.

흑연 소재의 이론 용량은 372mAh/g으로 상용 소재들의 용량이 이론 용량에 거의 근접해 있어, 흑연 소재의 개발로는 에너지 밀도의 한계를 뛰어넘기 어렵다. 이러한 한계를 극복하기 위해 제안된 소재가 바로 실리콘이다. 실리콘계 활물질은 기존 흑연 활물질 대비 4~5배 이상의 용량이어서 배터리의 에너지 밀도를 획기적으로 개선할 수 있다. 그러나 실리콘은

그림 8-6 **실리콘 음극 소재의 문제점**

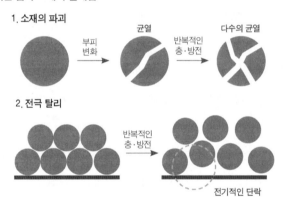

자료: Nature Reviews Materials(재가공); Choi et al.(2016).

표 8-2 **음극 활물질 종류와 특징**

구분	천연흑연	인조흑연	실리콘계
원료	천연흑연	피치/코크스	SiOx, Si/C
용량	350~360mAh/g	320~340mAh/g	600~1500mAh/g
출력	하	중	중
수명	중	상	하
장점	고용량	장수명	초고용량

충·방전 시 300%에 가까운 부피 변화를 일으켜 수명 중 소재가 부서지거나 전극을 파괴해 배터리의 수명 특성을 급격히 저하시키는 문제점이 있다. 이를 개선하기 위해 실리콘 소재는 탄소와 혼합하거나(Si/C) 실리콘 산화물(SiOx) 형태로 만들어 활물질로 활용한다. 실리콘계 활물질은 일반적으로 흑연계 음극 소재와 혼합하여 사용한다.

양·음극 활물질은 전극 공정을 통해 양·음극 전극으로 제조한다. 일반적으로 사용하는 습식 전극 공정은 코팅용 잉크인 슬러리를 제조하는 믹싱 공정, 집전체 위에 슬러리를 코팅하는 코팅 공정, 코팅된 슬러리를 건조하는 건조 공정, 전극 밀도를 맞추는 압연 공정으로 나뉜다. 슬러리는 활물질 소재와 전극 구조를 유지하는 바인더, 전극에 전기적 전도성을 부여하는 도전재 소재를 용매와 혼합하여 제조한다. 리튬을 포함하고 있어 수분에 민감한 양극의 경우 유기계 용매를 사용하여 슬러리를 제조하고, 음극의 경우 물을 용매로 사용한다. 균일하게 혼합된 슬러리는 집전체 역할을 하는 알루미늄(양극) 또는 구리(음극) 호일 위에 코팅하며, 코팅된 전극은 고온의 열풍으로 건조하여 전극 필름을 형성한다. 최종적으로 압연 공정을 거쳐 전극의 미세 구조와 밀도를 조절하며, 이렇게 생산된 전극을 정해진 규격으로 가공하여 배터리를 제조한다.

소재의 에너지 밀도 한계는 전극 공정 기술의 중요성을 더 강화하는 계기가 되었다. 배터리가 낼 수 있는 에너지를 배터리에 포함되는 모든 부품의 부피 또는 무게로 나눈 값이 에너지 밀도이므로, 배터리 내에 용량을 발현하는 양극 비율이 증가하면 에너지 밀도를 향상시킬 수 있다. 배터리의 핵심부품인 집전체는 분리막의 경우 반응에 참여하지 않는, 즉 용량을 발현하지 않는 부품이기 때문에 사용 비율을 줄이면 양의 비율을 올릴 수 있다. 이를 위해 개발된 기술이 바로 후막 전극 기술이다. 이 기술은 집전

그림 8-7 **전극 제조공정 모식도**

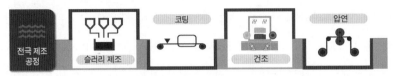

그림 8-8 **박막 전극과 후막 전극 적용 시 양·음극 비율 차이**

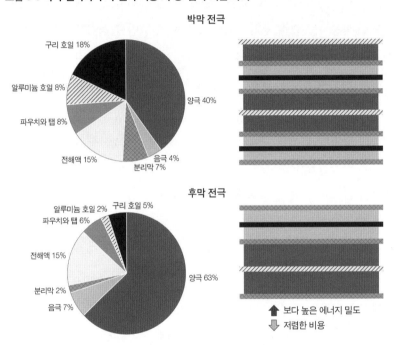

자료: Accounts of Materials Research(재가공); Takeuchi et al.(2022: 471~483).

체 위에 전극 소재를 두껍게 형상하는 기술로서, 전극 소재를 두껍게 코팅
하면 상대적으로 집전체와 분리막의 사용 비율을 감소시킬 수 있다. 배터
리 내 양극 비율이 40%인 배터리 양의 코팅 양을 6배 증가시키면, 배터리
내 양극 비율을 63%로 증가시킬 수 있다. 이렇게 되면 배터리의 에너지

밀도를 60% 증가시킬 수 있는데, 신규 양극 소재를 개발함으로써 향상되는 에너지 밀도가 보통 10% 전후인 것을 고려하면 매우 높은 수치이다. 따라서 최근 주요 배터리 제조사들은 후막 전극을 구현할 수 있는 신규 공정 기술을 개발하는 데 박차를 가하고 있다.

소재·공정 기술의 진보에 힘입어 최근 10여 년간 전기자동차용 배터리는 다른 어떤 산업분야보다도 빠르게 성장했다.[2] LG에너지솔루션은 2010년 이후의 배터리를 세대별로 정리했다. 본격적인 전기차 시대의 서막을 연 2010~2016년은 리튬이온 배터리 주도로 전기자동차 시장이 재편되기 시작한 시점이다. 에너지 밀도는 낮았지만 기존 니켈수소 전지 등에 비해 수명 특성과 출력 특성이 월등했다. 양극 소재는 니켈과 코발트, 망간이 1 : 1 : 1로 혼합된 $LiNi_{\frac{1}{3}}Co_{\frac{1}{3}}Mn_{\frac{1}{3}}O_2$ 소재가 주로 사용되었고, 음극은 배터리 설계에 따라 천연흑연 또는 인조흑연이 각각 사용되었다. 에너지 밀도가 낮아서 주행 거리는 150~200km이며, 이는 수도권 내 이동용으로 사용 가능한 수준이었다. 2세대 배터리는 양극 내 니켈 함량이 대폭 증가했고, 이는 배터리 가격 하락과 에너지 밀도 개선으로 이어졌다. 천연흑연과 인조흑연을 혼합해 사용하면서 배터리 설계에 대한 선택지가 넓어졌고, 급속 충전 시간도 개선되어 소비자의 편이성이 증대했다. 현재 개발 중인 3세대 배터리는 1회 충전 후 500km 주행이 가능해졌으며, 급속 충전 기술의 진보로 개발 단계의 배터리는 20분 이내에 80% 충전이 가능해졌다. 양극 내 니켈 함량이 80%를 넘어선 하이니켈 양극 소재가 본격적으로 적용되고 있으며, 음극에서는 실리콘계 소재가 적용되어 에너지 밀도 상승을

2   https://inside.lgensol.com/2022/10/%EC%9D%B8%ED%8F%AC%EA%B7%B8%EB%9E%98%ED%94%BD1-%EC%A0%84%EA%B8%B0%EC%B0%A8-%EC%84%B8%EB%8C%80%EB%B3%84-%ED%8A%B9%EC%A7%95/

표 8-3 전기자동차용 배터리의 세대별 분류

구분	에너지 밀도	충전 시간	양극재	음극재
1세대 (2010~2016)	250~350Wh/L	급속 60분	니켈 33%	천연흑연 또는 인조흑연
2세대 (2016~2021)	450~550Wh/L	급속 40분	니켈 60~70%	천연흑연+인조흑연
3세대 (2021~현재)	650~750Wh/L	급속 30분	니켈 80% 이상	천연흑연+인조흑연+실리콘계

자료: LG에너지솔루션(재가공).

견인했다. 후막 공정 기술 또한 에너지 밀도 상승의 주요 요인 중 하나였는데, 1세대 배터리 대비 3세대 배터리는 2~3배 두꺼운 양극이 적용되고 있다.

배터리의 기술적 진보가 두드러진 현시점에서 새로운 화두는 가격과 이용·생산의 지속가능성이다. 배터리 기술은 주행 거리에서는 이미 시장의 요구치에 거의 근접한 상황이며, 급속 충전에 관한 기술까지 궤도에 오르면 대부분의 운전자 편의성을 만족시킬 수 있을 것으로 예상된다. 이로써 대부분의 배터리 제조사들의 주요 개발목표는 보조금 없이 내연기관과 경쟁할 수 있는 가격 확보로 돌아선 상황이다. 리서치 회사 Boomberg BNEF는 배터리팩의 가격이 kWh당 100달러 이하가 되면 내연기관 자동차 대비 전기자동차가 가격 경쟁력을 갖출 것으로 예상했다.[3] 가파르게 개선되고 있던 배터리팩 가격은 희유금속 가격 변동으로 최근 몇 년간 답보 상태이며, 현재 kWh당 130달러 수준을 유지하고 있다. 금속의 가격을 제어하기가 어려운 상황에서 배터리 단가를 낮추려면 금속을 수급할 수

---

3   https://about.bnef.com/blog/race-to-net-zero-the-pressures-of-the-battery-boom-in-five-charts/

그림 8-9 배터리 가격 변동, 내연기관과 가격 동등성을 확보하기 위한 목표

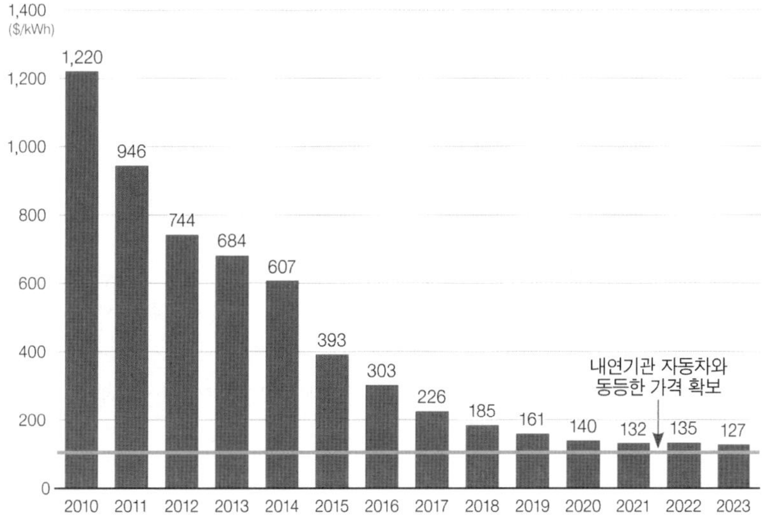

자료: BoombergNEF(재가공).

있는 새로운 방안을 확보하거나, 공정 효율화를 통해 배터리 생산 시 발생하는 비용을 최소화해야 한다. 흥미로운 점은 이를 달성하기 위한 기술이 배터리의 지속가능성과 연결된다는 것이다.

배터리의 지속가능성에 대해서는 EU의 배터리 규제안 발표를 시작으로 배터리 업체들이 본격적으로 관련 기술을 개발하기 시작했다. 2020년 12월 EU집행위원회에서 처음 제안된 배터리 규제안은 2022년 12월 의회와 이사회에서 잠정 합의에 도달하면서 2024년부터 단계적으로 시행될 계획이다. 배터리 규제안의 핵심은, EU에서 거래되는 배터리들은 성능이 우수해야 할 뿐만 아니라 생산과정에서도 지속가능성을 지켜야 한다는 점이다. 이에 따라 배터리 소재의 원료 채굴과 생산 시 환경과 인권 문제를 최소화해야 하며, 재활용 원료를 일정 비율 이상 사용해야 한다. 양극

그림 8-10 **EU의 배터리 규제안: 주요 내용**

배터리 주재료 재사용
금속 채굴 과정에서 벌어지는 인권 및 환경 문제를 최소화하고,
배터리 주재료의 일정 배율 이상을 재활용 원료로 사용해야 한다.

배터리 탄소발자국 공개
EU 시장에 출시된 모든 배터리는 2024년부터 탄소발자국을 공개해야 한다.
또한 2027년부터 탄소발자국 상한선을 넘으면 EU 내 판매할 수 없다.

폐배터리 수거 비율 상향
재활용 비율을 높이기 위해 폐배터리 수거 비율을 높일 계획이다.
(2020년 45% → 2025년 65% → 2030년 70%)

자료: POSCO(재가공). http://product.posco.com/homepage/product/kor/jsp/news/s91
w4000120v.jsp?SEQ=550

활물질의 주요 소재 중 하나인 코발트는 전 세계 매장량의 절반이 콩고에 매장되어 있다. 채굴 과정에서 발생하는 아동노동 착취, 환경파괴 문제로 국제사회의 우려가 커져 이에 대한 대응 노력이 필요하지만, 윤리적인 채굴 과정은 원자재 가격의 상승으로 이어져 원료 수급에 대한 근본적인 해결책이 요구된다. 또한 배터리 생산과정에서 탄소발자국 통제는 제조 공정 효율화 기술을 요구하며, 폐배터리 수거율 관리는 폐배터리 처리 방식의 기술개발을 필요로 한다. 이와 더불어 최근 무역 분쟁에 의한 희유금속 공급망 위기와 자원 고갈에 대한 우려는 신기술의 필요성을 불러일으키고 있다. 배터리의 원가 절감, 공정 효율화, 자원 재활용은 궁극적으로 배터리의 지속가능성을 지키는 방향으로 이어진다. 따라서 다음 절에서는 배터리의 지속가능성을 위한 공정 기술 효율화, 재활용 기술을 통한 소재 제조 기술, 그리고 배터리 재사용에 대해 다루고자 한다.

2. 지속가능성을 위한 배터리 제조 기술 및 소재 기술

1) 배터리 제조 기술 효율화

배터리 전극의 후막화는 에너지 밀도를 개선하고 공정성을 향상시켜 비용을 절감할 수 있기 때문에, 이에 대한 기술개발이 활발히 이루어지고 있다. 전극 제조에 사용하는 기존의 공정은 용매를 사용하는 습식 기반이다. 연속식 생산이 쉽고 공정성이 좋아 널리 사용되지만, 최근 후막 전극 제조의 공정 한계에 부딪혀 어려움을 겪고 있다. 가장 큰 문제점은 전극 건조 공정 중 발생하는 모세관 현상으로 바인더가 용매가 증발하는 방향인 상부로 이동하는 바인더 편재 현상이다. 전극의 구조적 안정성과 집전체와 접착성을 유지해야 하는 바인더가 상부로 쏠리면서, 건조된 전극의 결착력이 떨어져 쉽게 부서지거나 집전체에서 떨어져 나가는 문제가 발생한다. 또한 전극 표면의 기공을 바인더가 막아 전해액의 함침이 어려워지며, 이는 이온 전도도의 저하로 이어져 출력 특성이 떨어지거나 리튬이

그림 8-11 **전극 건조 중에 발생하는 바인더 편재 현상**

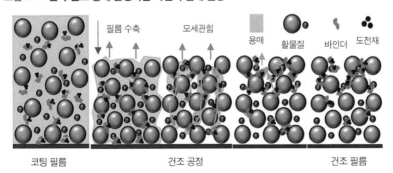

자료: Energy Technology(재가공); Kumberg et al.(2019).

전극 표면에 석출되어 안전성을 떨어뜨리는 요인으로 작용한다. 이러한 후막화의 어려움을 해소하기 위하여 전극 이중층 코팅 기술이 제안·적용되고 있지만, 용매를 사용하는 공정의 특성상 근본적인 해결이 어렵다.

양극 코팅용 용매로는 NMP라는 N-메틸피롤리돈 (N-Methyl-2-Pyrrolidone)을 사용한다. NMP는 바인더와 용해도가 좋고, 활물질과 반응하지 않아 전극 공정용 용매로는 이상적이다. 그러나 NMP는 생식 독성 물질이며, 피부 및 호흡기에 자극을 일으킬 수 있는 고유해성 물질이다. EU는 2018년 REACH 부속서 XVII를 개정하여 NMP 사용 규제를 공식화했으며, 미국도 NMP 사용 규제를 검토 중이다. 이러한 유해성 때문에 배터리 공정 라인에는 NMP 회수를 위한 설비가 대부분 포함된다. 또 다른 문제점은 전극 건조 시 사용하는 과도한 에너지양이다. 전극 건조 시 열풍 등을 이용하여 용매를 증발시키는데, 100℃ 이상의 열을 가하는 공정의 특성상 많은 에너지가 투입된다. 전체 배터리 제조 공정에 투입되는 에너지 중

표 8-4 배터리 제조 공정 중 소비되는 에너지

Manufacturing Process	Energy Consumption per Cell	Percentage
Slurry Mixing	0.11/kWh	0.83%
Coating	0.18/kWh	1.36%
Drying/Solvent Recovery	6.22/kWh	46.84%
Calendering	0.38/kWh	2.86%
Slitting	0.71/kWh	5.35%
Stacking	0.77/kWh	5.80%
Welding	0.25/kWh	1.88%
Enclosing	0.69/kWh	5.20%
Formation/Aging	0.07/kWh	0.53%
Dry Room	3.9/kWh	29.37%

자료: iScience(재가공); Wang et al.(2021).

46.84%가 전극의 건조 공정과 용매 회수에 사용된다. 이러한 에너지 소비는 배터리 가격을 증가시키는 요인으로 작용할 뿐만 아니라, 많은 양의 탄소를 발생시켜 탄소중립을 위한 배터리 사용이라는 근본적인 취지에도 어긋난다.

이러한 문제를 해소하기 위해 제안된 기술이 바로 용매를 사용하지 않는 건식 전극 기술이다. 건식 전극 기술은 고출력 에너지 저장 소자 중 하나인 슈퍼커패시터용 전극 제조용으로 1999년 미국의 맥스웰에서 개발했다. 슈퍼커패시터 전극에 주로 사용되던 건식 공정이 리튬이온 배터리용으로 주목받게 된 계기는 전기자동차 선도기업인 테슬라의 맥스웰 인수이다. 테슬라는 2019년 2억 3,500만 달러에 맥스웰을 인수하는데, 1년 후인 2020년 배터리 신기술 발표회에서 건식 공정을 배터리 제조에 적용할 것이라고 발표한다. 테슬라는 2021년에 맥스웰을 미국 내 슈퍼커패시터 제조사인 UCAP에 매각하는데, 건식 전극 기술만 흡수하고 되팔아 실리를 취했다는 평가가 많다. 비슷한 시기에 독일의 응용과학연구소인 프라운호퍼가 다양한 건식 공정 기술을 발표하여 배터리 적용 가능성을 높이기 시작했다. 국내 전지 3사도 뒤따라 건식 전극 공정 기술개발에 착수했고, 빠르면 2025년경에 양산 적용이 가능할 것으로 기대된다.

건식 전극 공정으로 여러 가지 방법이 제안되었지만, 가장 상용화에 근접하다고 평가받는 공정법은 맥스웰이 개발한 압출 성형 방식의 시트 타입의 전극 제조 방법이다. 이 방식의 핵심은 전단 응력에서 섬유화가 가능한 바인더이다. 바인더에 반복적으로 응력을 가하면 바인더가 그물망 형태로 섬유화되며, 그물망 형태의 바인더가 활물질과 도전재를 붙잡아 전극 구조를 유지하는 원리이다. 습식 공정과는 다르게 용매를 사용하지 않아 바인더 편재 현상으로부터 자유롭고, 고후막 전극 제조가 가능하다.

그림 8-12 **건식 공정의 섬유화 바인더**

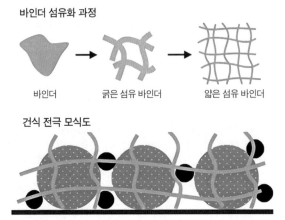

바인더 섬유화 과정

바인더 → 굵은 섬유 바인더 → 얇은 섬유 바인더

건식 전극 모식도

그림 8-13 **건식 전극 공정의 장점**

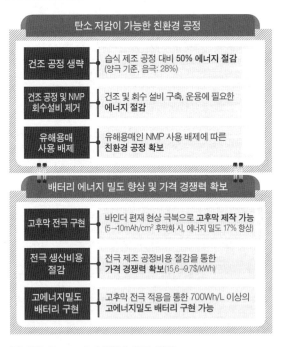

탄소 저감이 가능한 친환경 공정	
건조 공정 생략	습식 제조 공정 대비 **50% 에너지 절감** (양극 기준, 음극: 28%)
건조 공정 및 NMP 회수설비 제거	건조 및 회수 설비 구축, 운용에 필요한 **에너지 절감**
유해용매 사용 배제	유해용매인 NMP 사용 배제에 따른 **친환경 공정 확보**

배터리 에너지 밀도 향상 및 가격 경쟁력 확보	
고후막 전극 구현	바인더 편재 현상 극복으로 **고후막 제작 가능** (5→10mAh/cm² 후막화 시, 에너지 밀도 17% 향상)
전극 생산비용 절감	전극 제조 공정비용 절감을 통한 **가격 경쟁력 확보**(15.6→9.7$/kWh)
고에너지밀도 배터리 구현	고후막 전극 적용을 통한 700Wh/L 이상의 **고에너지밀도 배터리 구현 가능**

자료: iScience(재가공); Zhang et al.(2022: 876~898).

일반적으로 기존의 습식 공정 적용 시 제곱센티미터당 30mg 정도의 코팅양이 공정 한계였다. 건식 공정의 경우 후막화 한계치가 없으며, 기존 대비 2배 이상의 코팅 양으로 주요 전지사들이 양산 목표를 설정하고 있다. 또한 용매 자체의 가격이 싸고, 용매 회수 및 재처리가 가능하며, 건조 과정 중 소비되는 에너지를 절약할 수 있어 환경 친화적이고, 배터리 제조에 투입되는 비용을 대폭 절감할 수 있다. 배터리 단가는 일반적으로 에너지당 제조 단가로 산출하는데, 고에너지 밀도 배터리를 구현하면 에너지당 제조 단가를 낮추는 효과를 가져올 수 있다.

2) 업사이클링 기술을 이용한 저비용 음극 제조 기술

업싸이클링(Upcycling)은 재활용을 의미하는 리사이클링(Recycling)과 개선을 의미하는 업그레이드(Upgrade)를 합친 용어로, 버려지는 자원에 가치를 더해 새로운 제품으로 생산하는 것을 말한다. 자원순환과 경제적 가치 창출을 동시에 달성하는 방안이기 때문에, 배터리의 단가 개선과 제조 공정 중 탄소중립의 실현 측면에서 중요 기술로 발돋움하고 있다. 업사이클링이 가장 먼저 적용되고 있는 배터리 소재는 대표적인 음극 활물질인 인조흑연이다. 인조흑연의 제조는 화석연료 정제의 부산물인 콜타르(Coal Tar)에서 시작한다. 콜타르를 증류시킨 후 고온에서 열처리하면 코크스라 불리는 흑연의 전구체 물질을 만들 수 있다. 이 코크스를 작은 크기로 분쇄하고(분쇄 공정), 음극 활물질에 알맞은 크기로 뭉친 후(조립) 3,000℃ 이상의 고온에서 열처리하면 인조흑연을 얻을 수 있다.

인조흑연은 배터리용 활물질뿐만 아니라 사출 금형, 반도체, 기계 구조 등 매우 다양한 분야에 사용되는 소재이다. 이 흑연을 원하는 형상으로

그림 8-14 **인조흑연 제조 공정과 업사이클링 공정 비교**

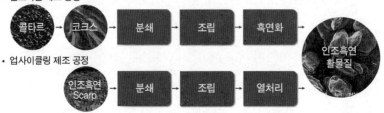

가공하는 공정 중에 70~80%가 스크랩 형태의 부산물로 버려진다. 이를 음극재용 흑연으로 적용하는 것이 대표적인 업사이클링 기술이다. 흑연의 원가를 결정하는 가장 큰 요인은 코크스의 가격과 열처리 공정에서 소모되는 비용이다. 버려지는 부산물을 이용하기 때문에 원료에 대한 비용이 거의 발생하지 않고, 이미 흑연화를 마친 인조흑연에서 나온 부산물을 사용하기 때문에 코크스를 가공할 때 필요한 고온 열처리가 필요 없어 공정 비용도 아낄 수 있다. 소재의 가격뿐만 아니라 소재의 제조 과정 중에 발생하는 탄소배출도 대폭 저감할 수 있어, 배터리의 지속가능성 달성에 크게 이바지할 수 있다.

흑연과 마찬가지로 최근 가장 빠르게 시장을 넓혀 가고 있는 실리콘계 음극 소재에도 업사이클링 기술이 활발히 연구되고 있다. 고용량 음극 소재인 실리콘의 원료는 kg당 1~2달러이나, 실리콘 원료를 활물질로 가공하기 위해서 많은 공정이 투입되어 소재 단가가 급격히 상승한다. 실리콘·탄소 복합체 제조는 실리콘을 나노화하는 데서 출발한다. 충·방전 중 부피가 팽창하여 일어나는 실리콘 소재의 파괴를 완화하려면 실리콘 크기를 150mm 이하로 작아지게 하면 된다(Huang et al., 2012: 1522~1531). 이를 위해 CVD 등을 이용하여 합성하는 보텀업(Bottom-up) 방식과 광산에

그림 8-15 **태양전지용 패널 가공 중에 발생하는 나노 실리콘**

| 태양전지용 웨이퍼 가공 | 실리콘 슬러지 폐기물 | 나노 구조 실리콘 더스트 |

실리콘 더스트
+ 냉각수

건조

자료: Choi et al.(2021).

서 캔 실리콘을 기계적으로 연마하여 작게 만드는 톱다운(Top-down) 방식
이 있다. 바텀업 방식으로는 고순도의 실리콘을 제조할 수 있으나 제조
단가가 비싸고 연속식 생산이 어려워서, 실리콘 소재를 나노화하는 데는
톱다운 방식이 많이 이용된다. 나노화된 실리콘의 기계적·전기적 특성과
전기 화학적 안정성을 확보하기 위해 탄소계 코팅을 추가하여 활물질을
완성한다. 제조 공정 중 실리콘의 원료 가격과 나노화 공정에 가장 많은
비용이 투입되는데, 높은 공정 비용 때문에 흑연 대비 소재 단가가 10배
이상, 용량을 고려해도 2~3배 이상 차이가 난다. 이러한 문제를 개선하기
위하여, 대표적인 실리콘계 활물질인 실리콘·탄소 복합체를 업사이클링
원료를 이용하여 제조하는 공정들이 개발되고 있다.

산업에서 가장 실리콘을 많이 사용하는 분야는 반도체와 태양전지이
다. 둘 다 웨이퍼 기반에서 소자를 제조하는데, 웨이퍼는 기둥 형상의 실
리콘 잉곳(ingot)을 잘라서 제조한다. 웨이퍼를 자르는 공정은 나무를 톱
으로 써는 공정과 유사하다. 이 공정 중에 톱밥 형태의 부산물이 발생하
는데, 전체의 40%가 넘는 실리콘이 슬러지 형태로 배출되어 폐기물이 된
다(Wang et al., 2020). 이 슬러지를 리튬이온 배터리용 활물질로 적용하는
업사이클링 기술이 연구자들에 의해 제안된다. 폐기 비용을 들여 처리해

야 하는 실리콘을 원료로 사용하기 때문에 원료 가격 면에서 장점이 될 수 있다. 또 다른 장점은 슬러지 내 실리콘의 크기이다. 슬러지 내 실리콘들은 1μm 이하의 나노 사이즈로 함유되어 있다. 원료 자체의 크기가 작아서 톱다운으로 제조하는 공정 중 투입되는 에너지의 저감이 가능하다.

3. 배터리 밸류체인 순환 기술

1) 배터리의 수명과 폐기

배터리 밸류체인 순환 기술을 이해하기 위해서는 배터리 상태를 정의하는 용어를 이해해야 한다. SoC(State of Charge)는 배터리의 충전 정도를 나타낸다. 완전히 충전된 상태는 SoC 100, 완전히 방전된 상태는 SoC 0이다. 배터리를 반복해서 사용하면 완전히 충전된 SoC 100 상태에서 발현되는 용량이 달라진다. 이는 배터리 내부의 열화에 의한 용량 손실 때문인데, 이런 용량의 손실분을 제외한 최대 용량의 수치를 SoH(State of Health, 배터리의 건강 상태)라고 한다. SoH는 현재 배터리의 최대 방전 용량을 배터리 출시 시점 기준 최대 용량으로 나눈 값이다.

배터리의 수명은 배터리 각 구성요소의 열화가 종합되어 일어난다. 배터리 열화의 핵심은 가역 리튬의 손실이다. 충·방전이 반복적으로 진행되면 배터리를 구성하는 양극, 음극, 전해액 등의 소재에서 열화가 발생한다. 각각의 구성요소별 열화 요인과 결과를 살펴보면, 음극의 경우 충·방전 중 부피 변화로 인하여 활물질들이 집전체에서 서서히 탈리된다. 리튬을 포함한 채로 탈리된 음극이 반응에 참여하지 못하면 배터리

그림 8-16 배터리의 SOC와 SOH의 정의

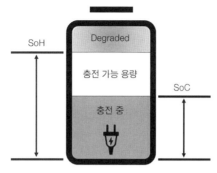

자료: Choi et al.(2021).

내의 가역 리튬 수가 줄어든다. 또한 음극 표면에서 형성되는 전해액 부반응물인 SEI(Solid Electrolyte Interphase)가 반복적으로 생성·파괴되면서 가역 리튬과 전해액을 소모시킨다. 가역 리튬의 손실은 양극 소재의 구조적 붕괴를 유발하는 원인이다. 전해액의 경우 장기간 소모가 진행되면 전해액 고갈로 이어져 배터리의 수명을 급락시킨다. 양극과 음극, 전해액 각각의 열화와 상호 작용이 복잡하게 이어져 배터리의 수명이 소모되며, 특정 SoH 이하로 떨어지면 수명이 종료되었다고 판단하여 배터리를 폐기하게 된다.

전기자동차의 보급이 급증함에 따라, 사용이 완료된 폐배터리 또한 빠르게 증가 중이다. 2020년까지 10.2만 톤 규모였던 배터리 폐기량은 2040년 연간 780만 톤에 다다를 것으로 예측된다. 배터리를 구성하는 리튬, 니켈, 코발트 등 희유금속은 자원이 한정적이고 가격이 높기 때문에, 폐배터리의 시장 가치 또한 매우 높게 측정된다. 2030년 6조 원 규모로 예상되는 폐배터리 시장은 2050년 600조 원까지 성장할 것으로 예상된다. 이는 자원의 순환적 측면뿐만 아니라, 상업적 시각에서도 폐배터

그림 8-17 배터리의 재사용 기술과 재활용 기술

REUSE
• 재목적화를 위한 재사용
• 에너지저장시스템 등에 활용

RECYCLE
• 전지의 분해 후 중요 소재 추출
• 새로운 배터리에 탑재를 위한 소재 재활용

자료: SK Innovation(재가공). https://skinnonews.com/global/archives/9236

리 처리 기술이 중요하다는 의미이다. 따라서 사용이 완료된 폐배터리를 단순히 폐기하는 것이 아니라, 배터리의 밸류체인에 재투입할 수 있는 순환 기술의 필요성이 대두되고 있다. 폐배터리의 순환 기술은 크게 재사용(Reuse) 기술과 재활용(Recycle) 기술로 나뉘는데, 각 기술은 배터리 상태에 따라 적용한다.

2) 배터리의 재사용 기술

전기자동차 배터리는 일반적으로 다른 적용 분야와 비교해 사용 환경이 거칠고, 이에 따라 안전성 문제가 발생할 여지가 많다. 전기자동차용배터리의 수명은 (보수적으로 보았을 때) SoH 80 시점에 종료되었다고 판단한다. 수명 종료 시점에도 많은 에너지를 저장하고 이용할 수 있으므로, 전기자동차보다 상대적으로 온화한 작동 환경에서 재사용할 수 있다. 이렇게 사용이 완료된 배터리의 재사용을 배터리의 두 번째 인생(Second life)이라고 정의한다. 재사용 기술은 배터리를 그대로 교체용이나 다른 분야에 사용하는 직접적 재사용 기술과 간단한 해체 및 재조립과정을 거쳐 새로 상품화하는 재제조 공정으로 나눌 수 있다. Second life는 초기 전기자동차용 배터리의 교환 목적으로 활용되고(SoH > 80), 발전용 전기를 저장하는 에너지 저장 시스템을 거쳐(SoH > 60), 비상용전원으로 이용되는 무정전 전원 공급 장치(UPS)로 적용 후(SoH > 30) 배

그림 8-18 **배터리의 Second life**

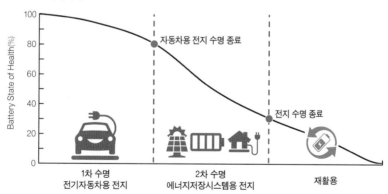

자료: Elektro-Automatik(재가공), https://elektroautomatik.com/ko/%EC%82%B0%EC%97%85/battery-recycling/second-life/

그림 8-19 배터리셀, 모듈, 팩 구성

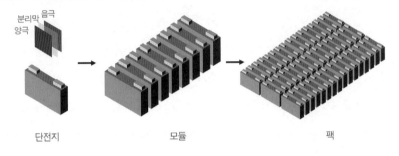

분리막 음극
양극

단전지   모듈   팩

터리로서의 삶을 마감한다.

전기자동차용 배터리는 단위 셀이 모인 모듈, 모듈이 모인 팩으로 구성된다. 예를 들어 BMW i3의 경우 배터리셀을 12개 묶어 모듈을 만들고, 이러한 모듈을 8개 묶어 팩으로 만든다. 모듈과 팩을 구성하는 이유는 배터리의 성능과 안전성을 극대화하기 위함이다. 배터리 모듈은 외부의 열, 진동, 물리적 충격으로부터 배터리셀을 보호하고, 셀 자체 팽창과 발열이 다른 배터리로 전달되지 않게 보호하는 역할을 한다. 배터리 팩은 이러한 모듈들을 모아 온도와 SoC, 전압 등을 관리하는 배터리 관리 시스템(BMS: Battery Management System)과 냉각 장치 등을 추가해 구성한 것이다. 배터리팩은 적용되는 전기자동차별로 크기와 모양이 상이하므로 규격화되지 않은 경우가 대부분이며, 사용이 완료된 전기자동차용 배터리는 팩 형태로 전문업체들이 수거한다.

수집된 폐배터리는 재사용 가능 여부를 판단하는 검사 공정과 재사용 가능한 배터리를 상품화하는 과정인 재목적화(Repurposing) 공정을 거친다. 배터리팩은 먼저 세척 후 외관 검사를 진행한다. 외관 검사에 문제가 없으면 배터리팩 분석이 진행되는데, 팩의 SoH가 높고 구성요소인 모듈과 배터리셀에 문제가 없으면 팩을 그대로 재사용할 수 있다. 팩을 해체하지 않아도 되기 때문에 안전하고 비용의 투입이 적어 경제적이나, 전기자동차별로 팩의 구성과 크기가 달라 적용에 제약이 존재하는 단점이 있다. 이로 인하여 배터리팩을 그대로 재사용하는 경우보다는 모듈 및 셀을 재조립하여 사용하는 재제조 형태가 재사용 기술로 많이 사용된다. 배터리팩을 해체하여 얻은 셀과 모듈 또한 팩과 마찬가지로 열화 상태에 대한 분석을 진행하고, SoH에 따라 등급을 매겨 적용이 가능한 분야에 맞게 재조립한다.

배터리 재사용이 아직 활발히 적용되지 않는 이유는 관련 배터리 설계와 기술에 대한 제약이 가장 크다. 재사용 배터리를 생산성 있게 제품화하기 위해서는 각기 다른 배터리를 조합하여 규격화하는 방법을 찾아야 하는데, 전기자동차용 배터리는 각 배터리 제조사, 전기자동차 업체와 제품마다 각기 다른 설계를 적용하기 때문에 규격화가 어렵다. 배터리를 처리하는 과정에서는 배터리팩 해체 시 모듈이나 셀에서 이벤트가 발생할 가능성이 커 안전 확보를 위한 시설이 필요하며, 이는 비용적인 부담으로 연결된다. 또한 장시간 운용을 통해 열화된 배터리 문제도 해소해야 하는데, 가장 큰 문제점은 배터리가 단기간에 특성을 잃어버리는 급락 문제이다. 급락은 배터리 내부의 전해액 고갈이나 리튬 덴드라이트 성장에 의한 단락 등에 의해 발생하는데, 정밀한 진단을 거치지 않으면 예측하기가 어렵다. 이러한 문제를 막기 위해서는 배터리를 회생시키는 공정 또는 빠른 속도로 수명을 진단하는 기술이 필요하나, 배터리를 재사용하기 위한 요소 기술은 전혀 없는 상태이다. 폐배터리의 재사용을 의무화하고 수집하는 규정에 대한 각국 정부의 준비와 더불어, 배터리 순환 기술을 확보하기 위해서는 기술개발 준비를 서둘러야 하는 시점이다.

3) 배터리의 재활용 기술

SoH가 30 이하로 저하되어 사용이 완전히 완료된 배터리는, 그 자체로 제품 가치는 상실했으나 배터리에 포함된 고가의 희유금속 때문에 여전히 가치가 높다. 100kWh 용량의 배터리에 탑재된 NCM811 양극재를 기준으로 하면, 탄산리튬 59.4kg, 니켈 75kg, 코발트 9.4kg, 망간 8.8kg을 회수할 수 있다. 금속원료 가격으로 환산하면 대략 6,400달러 수준인데, NCM811이 탑재된 새 배터리의 단가가 kWh당 140달러 수준임을 고려하면 여전히 45% 수준의 가치를 가지는 것이다(키움증권 리서치 센터, 2022). 이러한 가치를 활용하기 위하여 폐배터리의 금속을 추출하여 다시 배터리에 적용하는 기술이 바로 배터리 재활용 기술이다. 배터리 재활용 기술이 완성되면 생산 → 판매 → 사용 → 폐기로 끝나던 기존 전기차 배터리의 밸류체인을 생산 → 판매 → 사용 → 재사용 → 재활용

그림 8-20 **배터리 재사용 사이클**

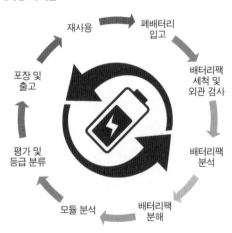

자료: KDB산업은행(재가공).

→ 생산으로 연결하는 순환 고리를 완성할 수 있다.

배터리 재활용 기술의 주요 목표는 양극 소재로, 배터리 밸류체인 중 재활용 원료가 투입되는 소재 제조 단계는 금속 원자재 확보, 제련, 소재 제조로 나뉜다. 일반적으로 광산에서 채굴한 금속원료는 화학적인 처리를 거쳐 시약 형태로 만들어진다(금속 원자재 확보). 주로 황산과 반응시켜 금속 황산화물(NiSO4, CoSO4, MnSO4) 형태의 시약을 제조하고(제련), 이를 공침 반응이라는 화학 반응을 이용해 금속 수산화물 (NiCoMn(OH)₂) 형태의 전구체를 합성한다. 여기에 수산화리튬(LiOH) 또는 탄산리튬(LiCO3)을 첨가 후 고온의 열처리를 거치면 삼원계 양극 소재를 제조할 수 있다 (소재 제조). 재활용 공정을 거쳐 제조되는 주요 산출물은 금속 황산화물과 탄산리튬, 그리고 양극 활물질 자체이다. 양극 합성에 가장 주요한 핵심요소를 밸류체인로 재순환시킬 수 있기 때문에, 경제적인 가치를 가져올 수 있을 뿐만 아니라 자원의 지속가능한 확보 문제도 해소할 수 있다.

그림 8-21 **양극 전구체 합성 공정**

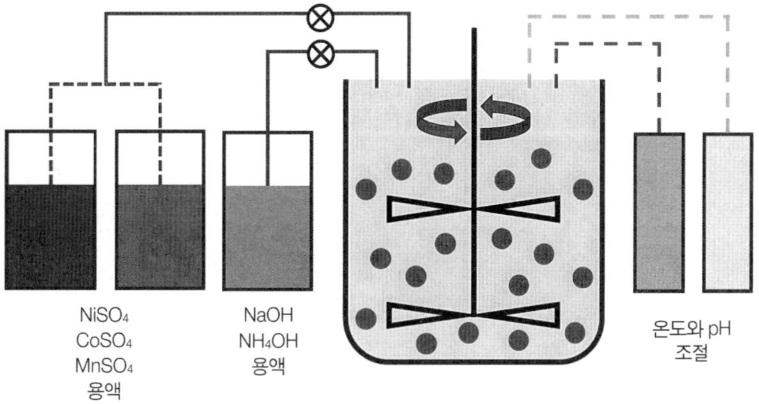

자료: Zhang et al.(2018: 16651~16659).

그림 8-22 **재활용 공정별 모식도**

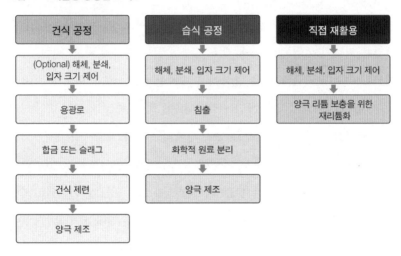

자료: Wang et al.(2019: 2622~2646).

폐배터리 재활용 기술은 크게 건식제련(pyrometallurgy), 습식제련(hydro-metallurgy) 그리고 직접 재활용(direct recycling) 기술로 나뉜다. 건식제련은 방전된 배터리를 용광로에 넣어 녹이고, 배터리 내의 유가금속을 합금 형태, 즉 원자재 형태로 회수하는 공정이다. 배터리를 해체할 필요가 없어 안전하고 공정이 간단하며, 폐·오수 발생이 적어 비교적 친환경적이다. 그러나 건식제련 공정은 핵심금속 중 하나인 리튬이 다른 저가 금속류와 슬래그화되어 회수하기가 어렵고, 이로 인하여 리튬을 추출하기 위해서는 복잡한 추가 공정이 필요한 문제점을 가지고 있다. 또 다른 재활용 공정 중 하나인 습식제련 공정은 배터리를 분쇄하여 블랙 파우더라 불리는 중간 원료를 만들고,[4] 이를 산 처리를 포함하는 화학적 처리를

---

4   건식제련 공정에서도 블랙 파우더를 활용한다.

거쳐 금속 황산화물 및 탄산리튬 등 제련된 금속을 만들어내는 공정이다. 고가의 금속을 비교적 높은 수율로 추출할 수 있어 재활용 기술을 개발하는 대부분의 업체가 채택하고 있는 방식이다. 그러나 습식 공정 중 사용되는 많은 양의 화학 약품과 복잡한 공정 때문에 큰 비용이 투입되며, 재활용 공정을 통해 생산에 대한 경제성을 확보하기가 어려운 상황이다. 직접 재활용 기술은 별다른 처리 없이 배터리 내의 활물질을 회수하여 그대로 사용하는 방식으로, 복잡한 공정 없이 재활용할 수 있는 기술이다. 그러나 전극에서 활물질을 회수하는 방식이 단순히 물리적으로 긁어내는 노동 집약적 형태여서 많은 양을 처리하는 공정을 개발하기가 어렵고, 이미 열화가 진행된 소재로 인하여 배터리의 성능을 충분히 발휘할 수 없다.

대표적인 재활용 공정 모두 현재 수준으로는 상용화가 어려워, 이를 보완하기 위한 연구개발이 다양한 방법으로 진행되고 있다. 건식제련과 습식제련의 경우 두 방식을 조합하여 돌파구를 찾거나, 현재 정립된 공정에서 추가 공정을 통해 회수율을 높이는 방식 등이 연구되고 있다. 대표적으로 건식 공정의 경우 화학적 반응을 거쳐 리튬을 추출하는 공정이 제안되고 있으며, 직접 재활용의 경우 열화된 양극 소재를 회복시키기 위한 re-lithiation(배터리 구동 중 비가역적인 반응으로 인해 양극 내에서 유실된 리튬을 재보충하는 공정)에 대한 기술이 중점적으로 개발 중이다. 그럼에도 불구하고 완성된 기술을 확보하기 위해서는 매우 긴 시간이 필요할 것으로 보이며, 일각에서는 재활용 기술이 궁극적으로 경제성을 확보하기 어려울 것이라는 부정적인 전망도 흘러나오고 있다.

4. 정리 및 시사점

과거 기존보다 더 좋은 성능을 확보하는 것이 가장 중요한 목표였던 배터리 기술은, 내연기관과의 가격 경쟁에서 우위를 점하기 위해 더 저렴한 배터리를 구현하는 기술을 개발하는 방향으로 전환되고 있다. 배터리 원가에서 가장 큰 비중을 차지하는 소재는 업사이클링과 재활용 기술을 기반으로 한 원료를 도입하기 시작했다. 배터리 공정 기술은 에너지 밀도당 단가를 낮추기 위해, 전극의 집적도를 올려 에너지 밀도를 향상시킬 수 있는 후막 기술을 적극적으로 도입하고 있으며, 공정 한계에 다다른 기존의 습식 기술을 대체하기 위해 건식 기술을 개발 중이다. 가격을 낮춰 시장의 선택을 받기 위해서였던 이러한 기술개발의 방향은, 배터리 제조 공정 전체의 에너지 투입량을 낮춰 제조 과정 중 탄소저감을 가능하게 한다.

폭발적으로 성장하는 배터리 시장은 그만큼 많은 양의 폐배터리를 내놓게 되었고, 이에 대한 처리를 고민해야 하는 시점에 다다랐다. 출고 시 대비 80% 이상의 SoH를 가진 폐배터리는 그냥 폐기하기에는 너무 많은 에너지를 낼 수 있어서, Second life를 찾아주려는 노력이 시작되었다. 이를 위한 배터리 재사용 기술은 전기자동차 대비 낮은 스팩의 배터리가 필요한 ESS, UPS 등에 적용되어 오랜 기간 시장에서 배터리가 일할 수 있도록 할 것이다. 완전히 사용이 종료된 배터리를 재활용 기술을 통해 밸류체인에 귀중한 희유금속을 공급할 수 있도록 치열한 기술개발이 진행되고 있다. 이러한 배터리 재활용과 재사용 기술은 배터리의 생애 동안 발생하는 탄소량을 직접적이고 확실하게 줄일 수 있으며, 매장량에 한계가 있는 희유금속을 다시 제공할 수 있다는 측면에서 순환적인 밸류체인을 완성하는 핵심 기술이 될 것이다.

배터리 기술은 정확한 방향성을 가지고 나아가고 있다고 평가할 수 있겠으나, 상대적으로 고민이 늦은 재사용 및 재활용 분야는 시장에 원료를 본격적으로 공급하기 위해서는 아직 수년의 시간이 필요할 것으로 보인다. 비교적 기술적 수준이 높고 이미 상용화 검증에 들어간 재사용 기술은, 기존의 열화된 배터리의 특성을 개선할 수 있는 추가적 기술개발과 더불어 ESS 등에 적용되는 Second life에 대한 운용기술 개발이 필요하다. 배터리 재활용 기술은 재활용 공정을 통해 얻은 원료의 가격이 기존 광물에서부터 출발하는 원료의 가격보다 저렴해야만 시장에서 이용될 수 있다. 이를 위해서는 배터리 내 희유금속을 높은 순도로 뽑아낼 수 있는 기술과 연평균 30%가 넘게 증가하고 있는 폐배터리를 처리하기 위한 양산성 있는 공정을 개발해야 한다. 또한 폐배터리에 대한 회수 주체가 아직 명확하지 않아, 폐배터리의 수거와 재사용 및 재활용을 담당하는 공급망 관리(SCM: Supply Chain Management) 체계를 필히 구축해야 한다. 지속가능한 배터리 기술로 표현되는 제조 공정 중 탄소저감, 밸류체인의 순환 기술은 시장을 유지하기 위해서 반드시 확보해야 하는 기술이다. EU의 배터리 규제안을 필두로 빠르게 다가올 배터리 지속가능성에 대한 기술확보 의무를 달성하기 위해서는 산업계뿐만 아니라 정부와 학계가 함께 고민하는 적극적이고 실질적인 로드맵 구성이 중요한 시점이다.

참고문헌

키움증권 리서치센터. 2022. "폐배터리 재활용 시장이 열린다! 폐배터리 재활용, 이유 있는 주가 상승".

Chen, Chih-Yao et al. 2020. "An Energy-Dense Solvent-Free Dual-Ion Battery." *Advanced Functional Materials*, Vol. 30, Article number: 2003557.

Cho, Jaephil et al. 2018. "Seed-mediated atomic-scale reconstruction of silver manganate nanoplates for oxygen reduction towards high-energy aluminum-air flow batteries." *Nature Communications*, Vol 9, September Article number: 3715.

Choi, J. et al. 2021. "A Strategic Approach to Use Upcycled Si Nanomaterials for Stable Operation of Lithium-Ion Batteries." *Nanomaterials*, Vol. 11, Article Number: 3248.

Choi, Jang Wook et al. 2016. "Promise and reality of post-lithium-ion batteries with high energy densities." *Nature Reviews Materials*, Vol. 1, Article number: 16013.

Huang, J. Y. et al. 2012. "Size-Dependent Fracture of Silicon Nanoparticles During Lithiation." *ACS Nano*, Vol. 6, pp. 1522~1531.

Julien, Christian M. et al. 2014. "Comparative Issues of Cathode Materials for Li-Ion Batteries." *Inorganics*, Vol. 2, pp. 132~154.

Kumberg, Jana et al. 2019. "Drying of Lithium-Ion Battery Anodes for Use inHigh-Energy Cells: Influence of Electrode Thicknesson Drying Time." *Energy Technology*, Vol. 7, Article number: 1900722.

Takeuchi, Esther S. et al. 2022. "Thick Electrode Design for Facile Electron and Ion Transport: Architectures." *Advanced Characterization, and Modeling, Accounts of Materials Research*, Vol. 3, pp. 471~483.

Wang, L. et al. 2020. "Recycling silicon-based industrial waste as sustainable sources of Si/SiO2 composites for high-performance Li-ion battery anodes." *Journal of Power Sources*, Vol. 449, Article Number: 227513.

Wang, Yan et al. 2019. "Recycling End-of-Life Electric Vehicle Lithium-Ion Batteries." *Joule*, Vol. 3, pp. 2622~2646

Wang, Yang et al. 2021. "Current and future lithium-ion battery manufacturing." *iScience*, Vol. 24, Article number: 102332.

Zhang, Lianqi et al. 2018. "Influence of Ni/Mn distributions on the structure and electrochemical properties of Ni-rich cathode materials." *Dalton Transactions*, Vol. 47, pp. 16651~16659.

Zhang, Qiang et al. 2022. "Dry electrode technology, the rising star in solid-state battery industrialization." *Matter*, Vol.5, pp. 876~898.

—

http://product.posco.com/homepage/product/kor/jsp/news/s91w4000120v.jsp?SEQ=550

https://elektroautomatik.com/ko/%EC%82%B0%EC%97%85/battery-recycling/second-life/

https://skinnonews.com/global/archives/9236

https://www.bloomberg.com/news/articles/2022-07-09/us-electric-car-sales-reach-key-milest
one

BoombergNEF

KDB산업은행.

LG에너지솔루션

지은이(수록순)

김연규   한양대학교 국제학대학원 및 에너지환경연구원 원장

한양대학교 국제학부 및 일반대학원 글로벌 기후환경학과 교수

산업통산자원부와 에너지기술평가원의 지원을 받아 국제협력을 기반으로 에너지인력양성사업을 진행하고 있다. 현재 지속가능형 산학협력모델인 IC-PBL을 도입하여 전기차 배터리, 그린수소, 원자력에너지, 자원순환, 녹색산업, 건축 등 분야에서 학제 간 경계를 넘어서는 창조적, 융복합에너지 및 환경 관련 연구를 수행하고 있다. 주요 저서로는『글로벌 전기차 배터리 전쟁: 기술과 정책』(2022, 공저),『가난한 미국, 부유한 중국』(2022) 등이 있다

노태우   한양대학교 국제학부 부교수

전략 및 국제경영전공으로 환경경영전략, 기업윤리, 글로벌전략, 개방형 혁신에 관한 연구를 하고 있다. *IEEE Transactions on Engineering Management, Technological Forecasting and Social Change, Journal of International Management, Industrial Marketing Management, Journal of Environmental Management, Journal of Cleaner Production, Journal of Business Ethics* 등 해외 저명 학술지와 여러 국내 학술지에 논문 130여 편을 게재했다.

안상욱   국립부경대학교 국제지역학부 교수

경제학 전공으로 기후변화 대응과 에너지 전환, 전기자동차와 배터리 산업 육성정책 및 핵심광물 공급망 확보 등에 관한 연구를 하고 있다. 주요 저서로는『글로벌 전기차 배터리 전쟁: 기술과 정책』(2022, 공저),『EU 미국 동아시아의 에너지 정책』(2018),『신기후체제하 글로벌 에너지 질서 변동과 한국의 에너지 전략』(2017, 공저) 등이 있다.

서창배　　국립부경대학교 중국학과 교수

경제학과 정치학을 전공했고, 중국경제·통상, 미중 전략경쟁, 중국 전략광물·소재부품산업, 그리고 한중 경제관계에 관한 연구를 수행하고 있다. 대외경제정책연구원(KIEP)에서 베이징대표처 대표로 활동했으며, 현재 KCI 등재지인 ≪중국지역연구(JCAS)≫의 편집위원장을 맡고 있다. 주요 저서 및 논문으로는『중국경제론』(2024, 공저),「중국의 핵심광물 자원 확보전략과 정치·경제적 의미 분석」(2023, 공저),『환태평양지역 경제 통합과 중국의 FTA 정책』(2019) 등이 있다.

강유덕　　한국외국어대학교 Language and Trade 학부 교수

국제무역, 유럽통합을 전공했고 관심연구분야는 통상정책, 경제통합 및 유럽경제에 관한 비교연구이다. 대외경제정책연구원(KIEP)에서 연구위원/유럽팀장으로 활동했다. 산업통상자원부와 대한무역투자공사(KOTRA), 대한상공회의소 등에 자문활동을 해왔으며, 현재 국제학술지 *Asia-Pacific Journal of EU Studies*의 편집인을 맡고 있다. *Journal of Economic Integration, Journal of European Integration, Journal of Contemporary European Studies, Journal of Economic Development* 등 국내외 학술지에 다수의 논문을 게재했다.

김주희　　국립부경대학교 정치외교학과 교수
　　　　　　지방분권발전연구소 글로벌 다층거버넌스 연구센터장

독일 베를린 자유대학교에서 국제정치경제 전공으로 경제안보시대 협력을 위한 새로운 다자주의, 그리고 유럽과 독일의 대외정책에 관한 연구를 하고 있다. 주요 논문으로는「유럽연합의 순환경제와 경제안보: 배터리 재활용 분야 유럽기업의 대응」(2023),「공급망 위기의 경제안보: 독일의 반도체 전략을 중심으로」(2022), "Making Multilateralism Matter: Middle Powers in the era of the U.S.-China Competition" (2021) 등이 있다.

김현정　　동아대학교 국제전문대학원 부교수

국제학 전공으로 유럽연합, 국제정치경제, 경제안보를 연구하고 있다. 주요 논문으로는「기술발전이 포스트 발전국가에 미치는 영향: 일본 배터리 순환경제 사례를 중심으로」(2023),「경제안보와 EU의 전략적 주권(strategic sovereignty)에 관한 논의」(2023),「일본의 반도체 산업 정책 및 전략: 반도체 패권 변화에 관한 역사적 경험을 중심으로」(2022) 등이 있다.

최정현　　가천대학교 배터리공학과 교수

삼성전자 종합기술원, 삼성SDI, 한국세라믹기술원을 거치며 전기자동차용 전지 소재 및 셀 기술을 개발했다. 현재는 고에너지밀도 전지 소재 및 공정 기술에 관한 연구를 수행 중이며, 주요 업적으로는 35건의 SCI급 논문과 8건의 등록 특허 등이 있다.

한울아카데미 2490

전기차 배터리 순환경제

ⓒ 김연규·노태우·안상욱·서창배·강유덕·김주희·김현정·최정현, 2023

지은이 | 김연규·노태우·안상욱·서창배·강유덕·김주희·김현정·최정현
펴낸이 | 김종수
펴낸곳 | 한울엠플러스(주)
편 집 | 배소영

초판 1쇄 인쇄 | 2023년 12월 23일
초판 1쇄 발행 | 2023년 12월 30일

주소 | 10881 경기도 파주시 광인사길 153 한울시소빌딩 3층
전화 | 031-955-0655
팩스 | 031-955-0656
홈페이지 | www.hanulmplus.kr
등록번호 | 제406-2015-000143호

Printed in Korea.
ISBN 978-89-460-7491-0 93320 (양장)
         978-89-460-8286-1 93320 (무선)

※ 책값은 겉표지에 표시되어 있습니다.
※ 이 책은 강의를 위한 학생판 교재를 따로 준비했습니다.
   강의 교재로 사용하실 때에는 본사로 연락해 주시기 바랍니다.

※ 본 도서는 산업통상자원부의 에너지 인력양성사업 '자원순환(재제조)산업 고도화 인력양성'의
   지원을 받아 제작되었습니다. (20214000000520)